Chinese for Living in China 4

真实生活汉语4

吴德安　（De-an Wu Swihart）
梁新欣　（Hsin-hsin Liang）
魏久安　（Julian K. Wheatley）　编著
李金玉　（Jinyu Li）

配有录音光盘

U0328768

北京大学出版社
PEKING UNIVERSITY PRESS

图书在版编目（CIP）数据

真实生活汉语.4/吴德安等编著.—北京：北京大学出版社，2017.11
ISBN 978-7-301-28794-1

Ⅰ.①真… Ⅱ.①吴… Ⅲ.①汉语—对外汉语教学—教材 Ⅳ.①H195.4

中国版本图书馆CIP数据核字（2017）第229140号

书　　名	真实生活汉语4
	ZHENSHI SHENGHUO HANYU 4
著作责任者	吴德安（De-an Wu Swihart）　梁新欣（Hsin-hsin Liang）　魏久安（Julian K. Wheatley）
	李金玉（Jinyu Li）编著
责任编辑	邓晓霞　路冬月
标准书号	ISBN 978-7-301-28794-1
出版发行	北京大学出版社
地　　址	北京市海淀区成府路205号　100871
网　　址	http://www.pup.cn　新浪微博：@北京大学出版社
电子信箱	zpup@pup.cn
电　　话	邮购部 62752015　发行部 62750672　编辑部 62753374
印 刷 者	北京大学印刷厂
经 销 者	新华书店
	889毫米×1194毫米　16开本　18.5印张　415千字
	2017年11月第1版　2017年11月第1次印刷
定　　价	115.00元（配有录音光盘）

未经许可，不得以任何方式复制或抄袭本书之部分或全部内容。
版权所有，侵权必究
举报电话：010-62752024　电子信箱：fd@pup.pku.edu.cn
图书如有印装质量问题，请与出版部联系，电话：010-62756370

Contents 目录

Preface
前 言
Qiányán ... i

Abbreviations
缩略语 ... viii
Suōlüèyǔ

Lesson Thirty-one   Buying a Cellphone
第三十一课   买手机   1
Dì-sānshíyī Kè   Mǎi shǒujī

In this lesson you will learn how to do the following
- Talk about Chinese cellphones
- Arrange to purchase a cellphone plan
- Find out how to buy a cellphone card
- Talk about Chinese telecommunication companies

Grammar
- "一来 yīlái……, 二来 èrlái……" (first..., second...)
- Word-formation in Chinese: four-character set phrases
- The literary conjunction "以及 yǐjí" (and)
- "不仅 bùjǐn……, 还 hái……" (not only..., but also...)
- "主要 zhǔyào" (main, major, essential, primary; the main thing, the essential point)

Culture Notes
- The three major cellphone companies in China
- Cellphone packages/combos
- Types and styles of cellphones

Lesson Thirty-two   Sending WeChat
第三十二课   发微信   24
Dì-sānshí'ér Kè   Fā Wēixìn

In this lesson you will learn how to do the following
- Send WeChat and date
- Find some places to go for entertainment in China

Grammar
- "即使 jíshǐ……, 还 hái/也 yě……" (even if..., still...)
- "称 chēng……为 wéi……" (address... as...)
- "上 shàng" used as a resultative complement
- "化 huà" used as suffix with certain adjectives or nouns to form verbs of transformation
- The construction "不是 bú shì……, 而是 ér shì……" (not..., but...)
- Rhetorical questions with "是不是 shì bu shì……更 gèng + Adj"

Culture Notes
- Texting message related security issues
- "微信 Wēixìn" (WeChat)

Lesson Thirty-three   Fitness Centers
第三十三课   健身房   47
Dì-sānshísān Kè   Jiànshēnfáng

In this lesson you will learn how to do the following
- Ask about fitness center fees
- Make arrangements for a part-time job
- Organize a program of exercises at a fitness center
- Describe the range of exercises offered by fitness centers

Grammar
- Question words as indefinites
- The construction "宁可 nìngkě……, 也 yě……" (would rather..., better to...)
- The conjunction "为的是 wèideshì" (so that, in order to, the reason is)
- "通过 tōngguò" (by means of, by way of, with)
- "还是 háishi……吧 ba" (better to, may as well)
- "A 和 hé B 相结合 xiāng jiéhé" (to combine A with B)

Culture Notes
- Fitness centers in China
- Fitness center cards

Lesson Thirty-one   Learning Taiji
第三十四课   学太极   72
Dì-sānshísì Kè   Xué Tàijí

In this lesson you will learn how to do the following
- Ask where you can find Taiji or Yoga classes, and get a private teacher
- Make arrangements to learn Taiji or Yoga
- Ask where you can find free Taiji classes in China
- Describe the various schools of Taiji

Grammar
- "初 chū + V" (for the first time, just begin to)
- "不是 bú shì……, 就是 jiù shì……" (if not A, then B; either A, or B)
- "不论 búlùn/不管 bùguǎn……, 都 dōu……" (not matter [what/how] ...; regardless of...)
- Using rhetorical questions to imply strong disagreement
- "其中有 qízhōng yǒu……, 此外还有 cǐwài hái yǒu……" (including..., and in addition...)

Culture Notes
- Taiji and Taijiquan
- The different forms of Taijiquan

i

真实生活汉语
Chinese for Living in China 4

Lesson Thirty-five The Travel Agency
第三十五课 旅行社 93
Dì-sānshíwǔ Kè Lǚxíngshè

In this lesson you will learn how to do the following
- Ask what sort of tours are possible, given your time constraints
- Make arrangements with a travel agency to go on a nature/culture tour
- Ask how you can get an English-speaking tour guide
- Describe the kind of places you'd like to visit

Grammar
- "对 duì" and "对于 duìyú" (about, in [regard to], with respect to, towards)
- "在 zài……以内 yǐnèi/之内 zhīnèi" (in, within, within the limits of)
- "经 jīng/经过 jīngguò……去 qù……" (to go... by way of...; to go... via...)
- "非 fēi……不可 bùkě/不行 bùxíng" (have to, need to, insist on)
- "与其 yǔqí A，不如 bùrú B" (rather than A, B would be better; to prefer B over A)

Culture Notes
- Tourist agencies in China
- How to select a good travel agent in China
- The names and codes of trains in China
- Types of hotel rooms in China

Lesson Thirty-six DIY Touring
第三十六课 自由行 118
Dì-sānshílù Kè Zìyóuxíng

In this lesson you will learn how to do the following
- Ask which would be the best place to go to on a DIY tour
- Ask what you should do on a DIY tour in China
- Make arrangements with a hotel and get discount tickets for air or boat travel
- Describe the local culture and food of the place(s) you what to travel to

Grammar
- The conjunction "随着 suízhe" (as, along with)
- "感到 gǎndào + [clause] + 很 hěn + Adj" (feel very... to...)
- "早就想 zǎo jiù xiǎng……，但是 dànshì/就是 jiùshì/可是 kěshì……" (have wanted... for a long time, but...)
- "A 给 gěi B 带来 dàilai……的影响 de yǐngxiǎng" (A is influential in bringing... to B)
- "恨不得 hènbude" (be very anxious, itch to)
- "A 跟 gēn B 有关系 yǒu guānxi/没关系 méi guānxi" (have something/nothing to do with...)
- "好 hǎo" used as a verb (the better to, so as to, so that)

Culture Notes
- "自助游 zìzhùyóu" and "自由行 zìyóuxíng" : two types of DIY touring
- "春运 Chūnyùn" : travel around the time of the Chinese Lunar New Year/ Spring Festival

Lesson Thirty-Seven Dafen Village
第三十七课 大芬村 143
Dì-sānshíqī Kè Dàfēn Cūn

In this lesson you will learn how to do the following
- Ask what you should know about Chinese art and crafts
- Make arrangements to visit museums or art villages
- Find out how to bargain at Chinese markets
- Talk about the Chinese art market

Grammar
- "A 相当于 xiāngdāng yú B" (for A to correspond to/ be equal to/ be commensurate with B)
- Extended use of the compound directional complement "起来 qǐlai"
- "当 dàng……一样 yíyàng + verb" (to [verb] as if the same as...)
- Alternatives to the preposition "被 bèi" (by): "给 gěi", "让 ràng", "叫 jiào"
- "以 yǐ……为主 wéi zhǔ" (mainly, mostly, chiefly, principally)
- "A 和 hé/与 yǔ B 挂钩 guà gōu/对接 duìjiē" (A is linked/connected with B)

Culture Notes
- The Shenzhen Special Economic Zone
- Dafen Village

Lesson Thirty-eight Panjiayuan
第三十八课 潘家园 171
Dì-sānshíbā Kè Pānjiāyuán

In this lesson you will learn how to do the following
- Find out the location of antique markets
- Make arrangements with a Chinese friend to visit a souvenir/antique/art market
- Learn about bargaining at places like art markets
- Talk about Chinese art objects

Grammar
- The phrase "具有 jùyǒu……特色 tèsè" (possess... special qualities, be characteristic of)
- The verb "当 dāng" (to take on the role of, to serve as, to act as)
- Conjoining clauses with "不光 bùguāng……, 也 yě……" (not only..., but also...)
- "……之类的 zhīlèi de" (things like, and such, and so forth, ect.)
- The adverb "反正 fǎnzheng" (in any case, anyway, anyhow, regardless)
- Conjunction "不然 bùrán" (or else, otherwise)

Culture Notes
- The top ten antique markets in China
- Suggestions on what to do when you visit Panjiayuan Antique Market

目录 / Contents

Lesson Thirty-nine Making Copies
第三十九课 复印 196
Dì-sānshíjiǔ Kè Fùyìn

In this lesson you will learn how to do the following
- Find out how to prepare a resume or curriculum vitae
- Make arrangements with a photocopy shop to print a resume for you
- Ask about getting name cards (business cards) of your own design printed
- Describe your experiences at a photocopy shop preparing materials for your job search

Grammar
- "听 tīng + [person] + 说 shuō……" (to hear someone say that...)
- The measure word "份 fèn"
- "供 gōng + [person] + 参考 cānkǎo/选择 xuǎnzé……" (for [someone] to refer to, to choose from, etc.)
- "带 dài" (to bear, to carry) in the sense of "include, come with"
- "先 xiān……, 等 děng……再 zài……" (first..., wait until... then...)
- "正 zhèng + V" (precisely, just now)

Culture Notes
- Photocopy shops do a lot more than just making copies
- Sizes and grades of paper used in photocopying
- Prices for having name cards made in China

Lesson Forty Seeking Employment
第四十课 求 职 218
Dì-sìshí Kè Qiúzhí

In this lesson you will learn how to do the following
- How to go about finding a job in China
- The sort of questions you might get asked in an interview
- How to present yourself in an interview
- How do deal with questions about salary, experience and suitability

Grammar
- "分之 fēn zhī" expressing fractions or percentages
- The conjunction "以便 yǐbiàn……" (so as to..., with the aim of...)
- "一方面 yì fāngmiàn……, 一方面 yì fāngmiàn……" (on the one hand..., on the other hand...)
- Minimizing expressions: "就行了 jiù xíng le", "就是了 jiùshì le" (and that'll be fine)
- "加深 jiāshēn 对 duì……的了解 de liǎojiě" (to deepen the understanding of...)
- "V + 下去 xiàqu" (to keep on, to go on [doing something])
- "并 bìng + Negative form" ([it's] not really...)

Culture Notes
- Finding a job in China
- Requirements for obtaining a job in China
- Getting a work permit and applying for a work visa

Vocabulary
词汇表 248
Cíhuì Biǎo

Listening Scripts
录音文本 276
Lùyīn Wénběn

iii

前 言 Qiányán

《真实生活汉语》全套共4册，每册10课，是适合欧美外国学生使用的初级到中级汉语教材。本套教材也适用于准备去中国学习、工作、旅行，希望尽快掌握一些在中国生活必备中文的外国人，或已经在中国生活，需要开始或进一步学习生活所需中文的外国人。

一、本书缘起

这套《真实生活汉语》系列教材是在《外国人实用生活汉语》（上、下）(北京大学出版社，2004年) 的基础上重新编写的。《外国人实用生活汉语》是为参加CTLC(组织英语国家大学毕业生去中国教英语的美国教育组织)与北京大学外国语学院合作的暑期外教强化培训(1997年开始)的外教编写的。这些外教在培训后去深圳的公立中小学担任英语老师，在中国至少工作一年。他们是英语为母语的外国人，有的学过中文，有的没有学过。《外国人实用生活汉语》的编写反映了他们的需要，是一套直接与他们在中国的日常生活紧密相关的汉语课本，所以很受他们的欢迎。至今为止，已有1000多名学生使用过那套教材。另外，《外国人实用生活汉语》也适合在中国留学或在中国工作居住一年以上的外国人使用。

经过10年的积累，这套全新的《真实生活汉语》把原教材扩充至4册，课文内容增加了一倍，并根据当前的生活用语重新编写，可供两年使用。一般的汉语教材在第二年时会从对话课文过渡到阅读课文，更强调汉字读写，本书则继续以对话交流为主。这套新教材已经在北京大学暑期强化中文课和深圳大学对外汉语课上试用了3年，反映良好。

基于上千学生的使用经验，我们希望《真实生活汉语》系列将为在中国生活的外国人继续提供有益的帮助。

二、编写理念

1.口语交流——培养学生听和说的能力

外国人在中国生活的关键是能与中国人进行口头交流，本书在设计上首要注重的是外国人在中国生活的会话需要，也就是注重培养学生听和说的实践能力。要培养这一能力，就需要精选生活在中国的外国人会遇到的典型情景会话。在中国的外国人都希望在课堂学到的汉语可以马上用到现实生活中去，这套书可以说满足了他们的需要。书中每课都与他们的现实生活有直接关系：换钱，买东西，理发，上饭馆，打的，看病，住宾馆，在学校上课或教书，在公司上班，租房，坐火车、飞机、地铁，安排在中国的旅游，文化参观，等等。本书作者根据多年对外国人在中国生活的调查，按照来华外国人的需要进行了精心选择，把他们最迫切需要的话题及用语都收入此书。因此《真实生活汉语》不但对话内容具有很强的真实性和实用性，而且对话语言简洁、生动、自然,非常适合学习者到中国后的生活需求。这些特点能极大地提高学生学习汉语的兴趣，增强他们的学习动力，使他们学得更快更好。教学实践表明，本教材受到了已经在中国或准备到中国去学习汉语的外国人的喜爱。

2.汉字学习——培养学生读和写的能力

怎样解决英语为母语的外国人学习汉字困难的问题？本书采取了一些教学策略。

首先，为了不让汉语学习变成"老牛拉着汽车走"，要想办法不让缓慢的汉字读写速度拖住他们汉语会话飞速进步的步伐。《真实生活汉语》是为英语为母语，而且没有汉语学习经验的人设计的。所以最开始是拼音会话，比如第一册中每课的语音中大量运用拼音练习词汇发音和对话；再逐渐进入到汉字加拼音，让他们先学会说话；最后逐渐进入汉字学习。对于母语为拼音文字的人来说，有这样一个从拼音到汉字的渐进过程会比较容易接受,而且可以帮助他们准确发音。本系列四册课本都是拼音与汉字同时出现，就是为了减轻英语为母语的学生在学汉语时读写汉字的负担。学生需要较长时间才能把汉字的形状和声音联系起来并记住；按他们母语的习惯，记住了每个汉字的声音才能帮助他们阅读中文。我们认为这个过程大约需要两年的时间。

其次，汉字的读写不是要学生们死记硬背，而是强调让他们学会如何在生活实践中使用这些学过的汉字。本书所有汉字下面都附有拼音，学生可以把拼音用作拐杖。比如学习对话时，老师可以让学生盖住课文的拼音部分，利用已经熟悉了的对话内容，只看汉字来试着复述课文内容。当然，老师应该为学生分析每个汉字的结构和细节，这样可以帮助他们认出和记住一些相同偏旁部首的字，也可以要求学生们手写汉字帮助记忆。老师应尽量将已经学过的汉字搭配成新词组，以帮助学生加深对汉字的理解并扩大词汇量。

本书采用的是标准简体字，但是在每课的词汇表中，如果简体字同时有繁体字写法，就把繁体字并列在旁边。学生可了解哪些汉字是有繁简两种字体的，并能辨认两种字形，因为在香港、台湾和海外的中国城都还使用繁体字。每课词汇表以外的其他部分则仅使用简体字。本书没有采用全书繁简字体对照是因为：其一是两种字体并用占用的空间太大，影响阅读；其二，也是最主要的原因，本书的主要目的是训练学生适应在中国大陆的生活，而中国大陆较少使用繁体字。由于本书强调培养学生的阅读能力，已经学过繁体字的学生，应能迅速适应简体字阅读，并逐渐学会用简体字写作。

三、教材结构形式

1. 课文：本书每课的课文都是对话。比如：在饭馆里顾客和服务员之间的交谈，学校里外教和中国老师之间的交谈，在超市向服务员询问并付款，在中国医院和大夫谈病情，在机场寻找丢失的行李或购买火车票、飞机票，等等。

2. 生词：每课的新词在词汇表中列出，包括汉字、拼音、词性以及英文翻译，并提供繁体字以便对照。

3. 用译文复述课文：每课的课文后面有英文译文，但那不是单纯地给课文提供翻译，而是希望学生借助英文暗示的会话情景，用中文复述本课的对话内容。

4. 语法点：每课都详细讲解本课对话中出现的重要语法点，以便学生们充分理解中文的句子结构。同时为学生设计句型练习，帮助他们利用句型自己生成新句子。

5. 练习：每课设计了丰富的练习和课堂活动帮助学生进一步掌握本课所学内容。练习包括：句式操练、发音训练、听力训练、交际活动、角色扮演，以及各种复习等。

6. 中国日常生活文化：每课介绍三四个与课文内容相关的，在中国生活必须了解的中国文化常识，比如：怎样在医院挂号，如何寻找丢失的行李，如何存取款等。

7. 拼音卡片（只在第一册有）：第1册书后附有拼音卡片，由石安妮（Anne Swihart）设计。每张卡片正面是拼音字母，背面讲如何发音——用英文的近似音进行说明，并带有插图提示。比如解释"b"的发音用"similar to boh in boy"，插图提示是一个男孩(boy)，这样就更容易被学生接受。学生们可以把所有卡片剪切下来使用。

对老师来说，把每课的内容材料转化为课堂活动的过程是一个挑战。课堂活动的重点应放在与口语交流相关的练习活动上，以提高学生在实际生活中与中国人交流的能力，满足学生的需要。

四、作者简介

吴德安（De-an Wu Swihart）博士：毕业于北京大学中文系，在普林斯顿大学获得博士学位。在美国和加拿大教授汉语、中国文学和文化20多年，任教明德学院和麦吉尔大学暑期学校、罗德学院、孟菲斯大学等。曾任CTLC与北京大学外语学院合作的暑期外教强化培训项目主任15年。现为美国大学中国教学中心主任。出版过意大利文和德文两本中文教材，还是其他两套汉语系列课本的主要作者，也出版过3本中英文诗歌小说。主要负责《真实生活汉语》系列教材的总体设计及初稿编写。

刘宪民（Xianmin Liu）博士：美国明尼苏达大学汉语语言学博士。在美执教20余年。目前任教于美国范德堡大学，是该校汉语语言教学项目主任及范德堡大学在中国的暑期项目主任。在此之前，曾任教于明尼苏达大学、俄勒冈大学、俄亥俄大学及哈佛大学。曾多次担任美国CET留华暑期项目教学主任。主要研究方向为汉语句法、语义、语用学及汉语教学语法。曾合著其他对外汉语教材。是《真实生活汉语》第1册第三作者和第2册第二作者。

魏久安（Julian K. Wheatley）博士：曾在康奈尔大学任教11年，在麻省理工大学任教9年，还曾在美国杜兰大学、新加坡南洋理工大学国立教育学院和香港教育学院任教。目前是美国大学中国教学中心的负责人之一。专门研究东南亚及中国的语言和语言学（特别是缅甸语和汉语）。是《真实生活汉语》1-4册的作者之一。

梁新欣（Hsin-hsin Liang）博士：美国密歇根大学语言学博士。曾任教于美国威斯康星大学、密歇根大学、康奈尔大学、明德学院中文暑校，及美国各大学联合汉语中心（ACC）。现任美国弗吉尼亚大学东亚语言文学及文化系副教授、现代中国语言项目主任，同时也是"弗大在上海"暑期中文项目主任。是《真实生活汉语》系列教材第3、4册的第二作者，以及第1、2册作者之一。

李金玉（Jinyu Li）：毕业于南京大学和澳大利亚国立大学，在美国莱斯大学获得硕士学位。在美国从事大学汉语教学20多年，在任教于哈佛大学的十几年间曾任多门中文课主任教师。现为塔夫茨大学中文部高级讲师。主要研究方向为中英文句法特点的比较、文化与语言、词汇教学。是《真实生活汉语》第2、3、4册的作者之一。

胡龙华（Lung-Hua Hu）：美国哥伦比亚大学英语教学硕士，曾任教于美国国务院外交学院台北华语学校、明德暑校、普林斯顿大学、普林斯顿北京培训班、哥伦比亚大学北京暑期培训班、杜克大学北京暑期培训班，现任布朗大学高级讲师及中文部主任、新英格兰中文教师协会副会长及执行长。在美国从事汉语教学二十余年，其"中级汉语课程"曾遴选为美国大学理事会美国十大最佳汉语课程之一。主要研究方向为汉语语音、语法、词汇教学。是《真实生活汉语》第2册作者之一。

五、鸣谢

衷心感谢帮助《真实生活汉语》成功出版的同事及朋友们，他们是：北京大学英语系的马乃强博士、于莹教授、陈冰老师，中国人民大学的陆姚老师，重庆大学的范红娟老师，深圳大学的朱庆红教授、贾陆依教授。他们曾为此书的编写提供过建议和修改意见，并且协助收集学生对此书的意见。此外，石安妮（Anne Swihart）女士设计了第1册的插图。我们在此向他们表示诚挚的感谢。

同时也要衷心感谢北京大学出版社，多位编辑提供了很多宝贵建议，为本系列教材的出版作出了很大贡献，在此一并表示感谢。

主笔：吴德安(De-an Wu Swihart)
参与作者：梁新欣（Hsin-hsin Liang）
魏久安（Julian K. Wheatley）
李金玉（Jinyu Li）

Preface

Chinese for Living in China is a textbook series in four volumes, each with ten lessons, which serves as a foundation for beginning and intermediate levels of language instruction and learning. It is designed for people studying Chinese with the intention of going to China to work or to continue their studies; and for people already in China, starting or continuing to learn the language there.

Conversational skills

Chinese for Living in China is designed for speakers of English who have no prior knowledge of Chinese. Since the key ingredient for living successfully in China is being able to talk to people – to communicate orally, *Chinese for Living in China* is organized first by conversational needs (listening and speaking). Initial conversational instruction proceeds incrementally, with *Pinyin* transcription providing access to language material and to correct pronunciation.

Lessons cover topics that are typically encountered by foreigners living in China: buying things, eating out, taking or teaching classes, mobile phones, banks, changing money, transportation, hotels and airports, doctor's visits, finding a place to stay, working in an office, making travel arrangements, finding employment, and so on. Many of these topics have immediate application in the daily lives of foreigners living in China and, as such, provide a powerful learning incentive which speeds up the process of mastery. The topics have been selected on the basis of the authors' own experiences, living, traveling, and working in China and observing the needs of their students.

Reading skills

The ability to communicate in Chinese can, with proper practice, proceed quite quickly. This provides learners with a sense of accomplishment. Learning the literary skills of reading and writing in characters, on the other hand, is much more challenging. It simply takes a long time to learn to reliably associate characters with sound. (Learners are doubly handicapped by not being able to utilize the sound hints found in the phonetic components of many characters which prove so useful to native speakers.)

Chinese for Living in China deals with the character problem in this way: In the first place, it does not let character recognition dictate the pace of spoken language learning. The dialogues that begin each lesson are natural, cover the topic sufficiently, and introduce new material at a rate that can be absorbed and utilized in conversation. In the second place, *Chinese for Living in China* emphasizes recognition of characters in context. Almost all Chinese material in the series is introduced in both characters and *Pinyin*. In the case of the narratives and dialogues, *Pinyin* is written below the character lines as continuous script. As learners become more familiar with the language through speaking practice in and out of class, they can cover the *Pinyin* lines and try to read the characters, using their familiarity with the text as a crutch, and checking the *Pinyin* as much as necessary. Naturally, a lot of attention will still need to be paid to hand-writing and character analysis to ensure proper attention to character detail. But as much as possible, characters will be learned by reading familiar material, where the focus can be on finding ways to associate characters with known words.

For character reading, *Chinese for Living in China* uses the simplified set of characters that is standard on the Mainland (as well as in Singapore). In vocabulary lists, whenever two forms exist, traditional characters are given alongside simplified ones. But elsewhere, only the simplified set is used. There are several reasons for the limited use of the traditional set. One is space and readability; having two versions of character material takes up excessive space and can be confusing. The main reason, however, is that the series is specifically geared to life on the Mainland where the traditional characters are rarely seen. In any case, given the emphasis on reading over writing in *Chinese for Living in China*, even those students who have started their study with traditional characters should be able to quickly adapt to reading the simplified, even if they cannot write them.

Organization

1. The dialogues: Lessons begin with a dialogue that illustrates the lesson's subject matter: a conversation between a customer ordering a meal and a waiter, for example; or one between two teachers (one foreign, one Chinese) and a supermarket worker about finding items and about check-out procedures; or a conversation between a foreign patient and a Chinese doctor in China; or a foreigner looking for lost luggage at an airport or buying train tickets; and so on.

2. Vocabulary: Individual words for each lesson are listed with characters, *Pinyin*, part-of-speech and English equivalents. For those cases in which the traditional form of the character differs from the simplified, the two are placed together in the vocabulary lists.

3. Re-enacting the dialogue: Along with the Chinese version of the texts, a fluid English translation is provided so that learners can cue the Chinese and, as a first step, practice producing Chinese, not just reading it.

4. Grammatical points: Important grammatical topics introduced in the course of the dialogues are discussed and further illustrated individually to help learners understand Chinese sentence structure and start to produce novel sentences themselves.

5. Exercises: Each lesson provides exercises and activities designed to help learners internalize new material. These include practice with sentence patterns, pronunciation drills, listening practice, and a host of communicative activities involving role play and group work.

6. Chinese everyday culture: Each lesson ends with three or four cultural notes relevant to the dialogues. These provide information crucial to everyday life in China: how to check in at a hospital, for example, how to find lost luggage, or how to deposit and withdraw money, etc.

7. *Pinyin* cards (Only Volume 1): At the back of the book there are ten pages of *Pinyin* cards, designed by Anne Swihart. On one side of each card is a letter- given in upper and lower case. On the other side is a picture of an object whose name in English begins with that letter. "Ff" is matched to the number "four" (Ff=f); "Qq", is matched to a wedge of "cheese" (Qq=ch). Along with the illustration is a hint (with color coding) that explains in terms of English spelling how the letter (on the front) is pronounced in *Pinyin*. So for "Qq", along with the picture of "cheese" is the hint "similar to chee in cheese"; with "Ff" and the picture of "4" is the hint "similar to foeh in four". The cards can be cut out and joined together to make *Pinyin* syllables (words) for self-testing.

For teachers, the process of transforming textbook material into classroom activities that serve the learner's needs is facilitated by the focus on the spoken language and the provision of communicatively relevant activities in each lesson.

Origins

Chinese for Living in China is based on an earlier two-volume series that was also published by the Peking University Press. It was called *Practical Chinese for English Speakers*, written by De-an Wu Swihart and Cong Meng, and edited by William H. O'Donnell. That series was written for overseas teachers participating in the Center for Teaching and Learning in China (CTLC). Since 1997, CTLC has been recruiting English teachers from English speaking countries to teach for at least a year in the Shenzhen school system. In collaboration with the Peking University School of Foreign Languages, CTLC has provided these teachers with an initial period of intensive training in the teaching of English in China, as well as intensive instruction in Mandarin. *Practical Chinese for English Speakers* was written to respond to the need for a textbook that would allow these teachers to make use of Chinese in their everyday lives.

The new *Chinese for Living in China* series has been completely revamped, with all content – including dialogues – rewritten to reflect changes in language usage and in society since the earlier volumes were written. The new series, with four volumes rather than the earlier two, doubles the amount of material and allows teachers and learners to use one series over the equivalent of two years of non-intensive language study. One of the unique features of the new series is that, while many texts shift from a conversational approach to a focus on reading and character recognition at the intermediate level, *Chinese for Living in China* retains the conversational format through all four volumes. Initial drafts of the new series have been tried and tested to good effect by over 1000 students over the last three years in CLTC's intensive language course at Peking University, and in the regular Chinese courses for foreigners at Shenzhen University. It is our hope that the series will continue to serve the many new learners who have plans to study, travel or work in China.

真实生活汉语
Chinese for Living in China 4

The authors

Dr. De-an Wu Swihart graduated from the Chinese Department at Peking University and received her Ph.D. from Princeton University. She has taught courses in Chinese language, literature and culture for over 20 years at a variety of institutions in the United States and Canada, including the University of Memphis, Rhodes College, Middlebury College Summer School, and McGill University Summer School. She has been director of the Summer Intensive Foreign Teachers' Training Program at Peking University, School of Foreign Languages for 15 years. She has been co-director of the Center for Teaching & Learning in China since 1997. She has published two Chinese textbooks in Italian and German and has been the main author of two other Chinese textbook series. She is also the author of three books on English and Chinese poetry and fiction. Dr. Swihart designed the *Chinese for Living in China* series and was responsible for initial drafts of all four volumes.

Dr. Xianmin Liu received her Ph.D. in Chinese linguistics from the University of Minnesota. She has taught for over twenty years in the U.S. She is currently teaching at Vanderbilt University, where she is the coordinator of the Chinese language program and director of the Vanderbilt Summer-in-China Program. Before joining the Vanderbilt faculty, she also taught at Minnesota, Oregon, Ohio and Harvard Universities. She has also served a number of times as the academic director for CET summer immersion programs in China. Her research interests include Chinese grammar, semantics and pragmatics, as well as Chinese language pedagogy. She has co-authored several Chinese textbooks for English speakers. She is third author for volume 1 of *Chinese for Living in China*, and second author for volume 2.

Dr. Julian K. Wheatley taught for eleven years at Cornell University and for nine years at MIT. More recently, he has been a guest teacher at the Singapore National Institute of Education, at the Hong Kong Institute of Education and at Tulane University. He is currently one of the directors of the CTLC program. His research and publications involve the languages and linguistics of mainland Southeast Asia and China (particularly Burmese and Chinese). He is co-author of all four volumes of *Chinese for Living in China*.

Dr. Hsin-hsin Liang received her doctorate in linguistics from the University of Michigan. She has taught at a number of institutions, including the University of Wisconsin, the University of Michigan, Cornell University, Middlebury Summer Program, and the Language Center of the Associated Colleges in China (ACC). She is currently associate professor of Chinese in the Department of East Asian Languages, Literatures and Cultures at the University of Virginia, where she is director of the modern Chinese language program and field director of the UVA-in-Shanghai Chinese language program. She is second author of volumes 3 and 4 of *Chinese for Living in China*, as well as one of the co-authors of volumes 1 and 2.

Jinyu Li received B.A. degrees from Nanjing University and from Australian National University, and an M.A. from Rice University. She has been involved with Chinese language teaching in the U.S. for almost 30 years. Before taking up her current position as senior lecturer at Tufts University, she was a preceptor at Harvard University, where she taught a variety of courses in the Chinese program. Her main areas of interest are Chinese-English comparative grammar, culture and language, and the teaching of vocabulary. She is one of the authors of volumes2, 3 and 4 of *Chinese for Living in China*.

Lung-Hua Hu received her Master's degree in TESOL (Teaching English to Speakers of Other Languages) at Teachers College, Columbia University in New York City. She taught at CLASS (the Chinese Language and Area Studies School under FSI) before moving to the United States in 1994. She is senior lecture and coordinator of the Chinese Language Program at Brown University, and had taught at Princeton University and its intensive summer program PiB (Princeton in Beijing), Middlebury College Summer Chinese School, Columbia University's summer program in Beijing, and Duke University's Beijing summer program. She currently serves as Vice President and Executive Director of NECLTA (New England Chinese Language Teachers Association), and served as its President in October 2016. Her "Intermediate Chinese" course was identified as one of the ten Best Practices in Teaching Chinese in the US by the College Board in 2006. Her research focuses on Chinese phonetics and phonology, syntax, and lexicon. She is a co-author of *Chinese for Living in China*, Volume 2.

Acknowledgments

The authors wish to express sincere thanks to colleagues and friends who have made the publication of *Chinese for Living in China* possible, and who provided valuable advice and suggestions for improvement, as well as helping to collect student feedback on draft versions of this book. They are: Dr. Ma Naiqiang, Professor Yu Ying and Senior Lecturer Chen Bin all from the English Department at Peking University; Lu Yao from Renmin University of China and Fan Hongjuan from

Chongqing University; Professors Zhu Qinghong and Jia Luyi from Shenzhen University. In addition, artist Anne Swihart designed the illustrations for the first volume of the series. We are deeply grateful for the help and support these people have provided towards making *Chinese for Living in China* a success.

The authors would also like to thank the people at Peking University Press, several editors provided useful suggestions for the series and we deeply appreciate their help and support.

Editor in chief: De-an Wu Swihart
Participating authors: Hsin-hsin Liang
Julian K. Wheatley
Jinyu Li

Abbreviations 缩略语 Suōlüèyǔ

Abbreviation	English	Pinyin	Chinese
Adj	Adjective	xíngróngcí	形容词
Adv	Adverb	fùcí	副词
Attr	Attributive	dìngyǔ	定语*
Aux	Auxiliary	zhùdòngcí	助动词
BF	Bound Form	zǔhé xíngshì	组合形式
Conj	Conjunction	liáncí	连词
Det	Determiner	xiàndìngcí	限定词
DirC	Directional Complement	qūxiàng bǔyǔ	趋向补语
Exp	Expression	xíguàn yòngyǔ	习惯用语
Intj	Interjection	tàncí	叹词
IntPron	Interrogative Pronoun	yíwèn dàicí	疑问代词
Meas	Measure Word	liàngcí	量词
N	Noun	míngcí	名词
Num	Numeral	shùcí	数词
Part	Particle	zhùcí	助词
Pot	Potential Form	kěnéng bǔyǔ	可能补语
Pref	Prefix	qiánzhuì	前缀
Prep	Preposition	jiècí	介词
Pron	Pronoun	dàicí	代词
PropN	Proper Noun	zhuānyǒu míngcí	专有名词
PW	Position Word	fāngwèicí	方位词
RC	Resultative Complement	jiéguǒ bǔyǔ	结果补语
Q	Quantifier	shùliàngcí	数量词
Suf	Suffix	hòuzhuì	后缀
V	Verb	dòngcí	动词
VO	Verb-object	dòngbīn jiégòu	动宾结构

*本书的"定语"就是一般所说的"非谓形容词"。
The "Attributive" in this book means what is generally called "non-predictive adjective".

Lesson Thirty-one   Buying a Cellphone
第三十一课   买手机
Dì-sānshíyī Kè   Mǎi shǒujī

In this lesson you will learn to do the following

- Talk about Chinese cellphones
- Arrange to purchase a cellphone plan
- Find out how to buy a cellphone card
- Talk about Chinese telecommunication companies

Grammar

- "一来 yīlái……, 二来 èrlái……" (first…, second…)
- Word-formation in Chinese: four-character set phrases
- The literary conjunction "以及 yǐjí" (and)
- "不仅 bùjǐn……, 还 hái……" (not only…, but also…)
- "主要 zhǔyào" (main, major, essential, primary; the main thing, the essential point)

Culture Notes

- The three major cellphone companies in China
- Cellphone packages/combos
- Types and styles of cellphones

真实生活汉语
Chinese for Living in China 4

Dialogue

A: 林肯
Línkěn
a foreign teacher

B: 联络老师
liánluò lǎoshī
the contact teacher

C: 营业员
yíngyèyuán
a shop assistant

　　林肯想在大学毕业后，先到国外去看看。一个偶然的机会，他在网上看到一个广告，征聘愿意去中国深圳教英语的教师。他对这个工作很有兴趣，一来^{G1}可以自食其力^{G2}，二来也可以帮助自己提高中文水平以及^{G3}增强对中国文化的了解。申请很快被批准了，他高高兴兴地买了机票飞到了深圳。到深圳外语学校报到后，他的联络老师告诉他：按合约，学校应该给他的宿舍安装一个座机，免费打市内电话。但是如果他希望要一个手机，随时随地都可以打电话的话¹，学校也可以给他买，但座机就不能装了。他表示手机比座机好。联络老师怕他买水货，就带着他去电器城，那儿有苹果、华为、小米、三星等多家品牌店。看了几家店以后，他买了一个华为的银色智能手机。这个手机功能很多，不仅可以打电话，还可以无线上网^{G4}。联络老师又要带他去营业厅买手机卡。

　　Línkěn xiǎng zài dàxué bì yè hòu, xiān dào guówài qù kànkan. Yí ge ǒurán de jīhuì, tā zài wǎngshang kàndào yí ge guǎnggào, zhēngpìn yuànyì qù Zhōngguó Shēnzhèn jiāo Yīngyǔ de jiàoshī. Tā duì zhège gōngzuò hěn yǒu xìngqù, yī lái^{G1} kěyǐ zì shí qí lì^{G2}, èrláiyě kěyǐ bāngzhù zìjǐ tígāo Zhōngwén shuǐpíng yǐjí^{G3} zēngqiáng duì Zhōngguó wénhuà de liǎojiě. Shēnqǐng hěn kuài bèi pīzhǔn le, tā gāogāoxìngxìng de mǎile jīpiào fēi dàole Shēnzhèn. Dào Shēnzhèn Wàiyǔ Xuéxiào bào dào hòu, tā de liánluò lǎoshī gàosu tā: àn héyuē, xuéxiào yīnggāi gěi tā de sùshè ānzhuāng yí ge zuòjī, miǎnfèi dǎ shìnèi diànhuà. Dànshì rúguǒ tā xīwàng yào yí ge shǒujī, suíshí-suídì dōu kěyǐ dǎ diànhuà de huà¹, xuéxiào yě kěyǐ gěi tā mǎi, dàn zuòjī jiù bù néng zhuāng le. Tā biǎoshì shǒujī bǐ zuòjī hǎo. Liánluò lǎoshī pà tā mǎi shuǐhuò, jiù dàizhe tā qù diànqìchéng, nàr yǒu Píngguǒ、Huáwéi、Xiǎomǐ、Sānxīng děng duō jiā pǐnpái diàn. Kànle jǐ jiā diàn yǐhòu, tā mǎile yí ge Huáwéi de yínsè zhìnéng shǒujī. Zhège shǒujī gōngnéng hěnduō, bùjǐn kěyǐ dǎ diànhuà, hái kěyǐ wúxiàn shàngwǎng^{G4}. Liánluò lǎoshī yòu yào dài tā qù yíngyètīng mǎi shǒujī kǎ.

Notes

1. Cf. Lesson 24, G4, and Lesson 28, G3. "的话 dehuà" is a suffix attached to conditional clauses (often in conjunction with an initial "如果 rúguǒ" or "要是 yàoshi") to give a more hypothetical tone, along the lines of English "if it should happen that...". The connection to "话 huà" ("speech, saying") is captured by the English hypothetical phrase "let's say that...".

第三十一课 买手机
Lesson Thirty-one Buying a Cellphone

A：在中国要办什么卡？
Zài Zhōngguó yào bàn shénme kǎ?

B：我们现在用的都是4G卡，主要^{G5}是上网很方便。中国有三大²通信公司：中国移动、中国联通和中国电信。买移动和联通的人比较多，移动的优点是信号好，有时候在电梯里也可以接听电话，联通的优点是价格比较便宜。你可以根据自己的需要选择一个。
Wǒmen xiànzài yòng de dōushì sìG kǎ, zhǔyào^{G5} shì shàng wǎng hěn fāngbiàn. Zhōngguó yǒu sān-dà² tōngxìn gōngsī: Zhōngguó Yídòng, Zhōngguó Liántōng hé Zhōngguó Diànxìn. Mǎi Yídòng hé Liántōng de rén bǐjiào duō, Yídòng de yōudiǎn shì xìnhào hǎo, yǒu shíhou zài diàntī li yě kěyǐ jiētīng diànhuà. Liántōng de yōudiǎn shì jiàgé bǐjiào piányi. Nǐ kěyǐ gēnjù zìjǐ de xūyào xuǎnzé yí ge.

A：我要常往美国打电话，就先了解一下移动的卡吧。
Wǒ yào cháng wǎng Měiguó dǎ diànhuà, jiù xiān liǎojiě yíxià Yídòng de kǎ ba.

B：好的。从这儿往前走十分钟就有一个移动营业厅，我们可以去看看。你带护照了吧？现在办手机卡都需要实名注册。
Hǎode. Cóng zhèr wǎng qián zǒu shí fēnzhōng jiù yǒu yí ge Yídòng yíngyètīng, wǒmen kěyǐ qù kànkan. Nǐ dài hùzhào le ba? Xiànzài bàn shǒujī kǎ dōu xūyào shímíng zhùcè.

A：我带着呢。我们走吧！
Wǒ dàizhe ne. Wǒmen zǒu ba!

（在移动营业厅 Zài Yídòng yíngyètīng）

C：您好！请问您要办什么业务？
Nín hǎo! Qǐngwèn nín yào bàn shénme yèwù?

A：您好！我刚买了一个手机，想办一张手机卡，但是我对中国的手机卡不了解，您可以先介绍一下吗？
Nín hǎo! Wǒ gāng mǎile yí ge shǒujī, xiǎng bàn yì zhāng shǒujī kǎ, dànshì wǒ duì Zhōngguó de shǒujī kǎ bù liǎojiě, nín kěyǐ xiān jièshào yíxià ma?

---

2. The omission of the usual grammatical words in "三大 sān-dà" (cf. sān ge dà de) indicates that the phrase is, in fact, a compound that refers to the companies as the "three majors", just as in English, "the majors" can refer to the most important golf tournaments, the largest oil companies, etc.

C：好的。现在大家常用的4G套餐[3]主要有三种：38元套餐，包含300兆流量，国内主叫通话50分钟，超出后按每分钟0.25元计算；58元套餐，包含500兆流量，国内主叫通话100分钟，超出后按每分钟0.19元计算；88元套餐，包含700兆流量，国内主叫通话220分钟，超出后也按每分钟0.19元计算。这三种套餐都是国内接听免费。4G卡上网速度快，流量用得多，如果您平时用手机上网比较多的话，我建议您选58元的或者88元的。

Hǎode. Xiànzài dàjiā cháng yòng de sìG tàocān[3] zhǔyào yǒu sān zhǒng: sānshíbā yuán tàocān, bāohán sānbǎi zhào liúliàng, guónèi zhǔjiào tōnghuà wǔshí fēnzhōng, chāochū hòu àn měi fēnzhōng líng diǎn èr wǔ yuán jìsuàn; wǔshíbā yuán tàocān, bāohán wǔbǎi zhào liúliàng, guónèi zhǔjiào tōnghuà yìbǎi fēnzhōng, chāochū hòu àn měi fēnzhōng líng diǎn yī jiǔ yuán jìsuàn; bāshíbā yuán tàocān, bāohán qībǎi zhào liúliàng, guónèi zhǔjiào tōnghuà èrbǎi èrshí fēnzhōng, chāochū hòu yě àn měi fēnzhōng líng diǎn yī jiǔ yuán jìsuàn. Zhè sān zhǒng tàocān dōushì guónèi jiētīng miǎnfèi. SìG kǎ shàng wǎng sùdù kuài, liúliàng yòng de duō, rúguǒ nín píngshí yòng shǒujī shàng wǎng bǐjiào duō dehuà, wǒ jiànyì nín xuǎn wǔshíbā yuán de huòzhě bāshíbā yuán de.

A：我平时上网挺多的，就买88元的吧。
Wǒ píngshí shàng wǎng tǐngduō de, jiù mǎi bāshíbā yuán de ba.

C：请从这个本子上选一个号。
Qǐng cóng zhège běnzi shang xuǎn yí ge hào.

A：我要这个号：13501886277。
Wǒ yào zhège hào: yāo sān wǔ líng yāo bā bā liù èr qī qī.

C：柜台服务人员帮您注册以后，可以直接充话费。现在请到自助服务机上输入您的护照号。
Guìtái fúwù rényuán bāng nín zhùcè yǐhòu, kěyǐ zhíjiē chōng huàfèi. Xiànzài qǐng dào zìzhù fúwùjī shang shūrù nín de hùzhàohào.

A：输好了。
Shū hǎo le.

C：这儿出来一张预约单。拿着预约单去那边柜台办理就可以了。
Zhèr chūlai yì zhāng yùyuēdān. Názhe yùyuēdān qù nàbiān guìtái bànlǐ jiù kěyǐ le.

---

[3]. "套餐 tàocān" was originally formed to translate the English term "combo" or "combo pack", used in fast-food restaurants. It has been borrowed by operators to mean combination packages that offer cheaper rates.

第三十一课 买手机
Lesson Thirty-one Buying a Cellphone

A：好。谢谢您。
Hǎo. Xièxie nín.

C：不谢。
Bú xiè.

New Words

1	林肯	Línkěn	PropN	(a person's name)
2	毕业/畢業	bì yè	VO	to graduate, to finish school
3	国外/國外	guówài	Attr	abroad, foreign
4	偶然	ǒurán	Adj / Adv	accidental, fortuitous; by chance, accidentally, occasionally
5	征聘/徵聘	zhēngpìn	V	to advertise, to post a job vacancy (usually for a teacher or professional)
6	兴趣/興趣	xìngqù	N	interest
7	一来……二来……/一來……二來……	yīlái……èrlái……		first … second …
8	自食其力	zì shí qí lì	V	to earn one's own living, to support oneself
9	水平	shuǐpíng	N	level, proficiency (in a skill)
10	以及	yǐjí	Conj	and
11	批准/批準	pīzhǔn	V	to approve, to sanction, to ratify
12	高兴/高興	gāoxìng	Adj	happy, cheerful, in good spirits
13	飞/飛	fēi	V	to fly
14	报到/報到	bào dào	VO	to report for duty, to register, to check in
15	联络老师/聯絡老師	liánluò lǎoshī	N	contact teacher
	联络/聯絡	liánluò	V	to contact, to get in touch
16	合约/合約	héyuē	N	a contract

17	安装/安裝	ānzhuāng	V	to install, to mount, to set up
18	座机/座機	zuòjī	N	house-phone, landline
19	市内电话/市內電話	shìnèi diànhuà	N	a local (phone) call
	市内	shìnèi	N	within the city, local
20	随时随地/隨時隨地	suíshí-suídì	Adv	anytime and anywhere, as occasion demands
21	表示	biǎoshì	V/N	to indicate, to signify; expression
22	水货/水貨	shuǐhuò	N	goods smuggled in (by water), and by implication, cut-rate but unreliable
23	电器城/電器城	diànqìchéng	N	electronic mall
24	苹果	Píngguǒ	PropN	Apple (American cellphone company)
25	华为/華爲	Huáwéi	PropN	Huawei (Chinese cellphone company)
26	小米	Xiǎomǐ	PropN	Xiaomi (Chinese cellphone company)
27	三星	Sānxīng	PropN	Samsung (Korean cellphone company)
28	品牌店	pǐnpáidiàn	N	famous-brand store
29	银色/銀色	yínsè	N	silver color
30	智能手机/智能手機	zhìnéng shǒujī	N	smart phone
	智能	zhìnéng	Adj	intelligent, smart
31	功能	gōngnéng	N	function, feature
32	不仅/不僅	bùjǐn	Conj	not only
33	无线/無綫	wúxiàn	Adj	wireless
34	上网/上網	shàng wǎng	VO	to surf the Internet
35	营业厅/營業廳	yíngyètīng	N	business office
36	手机卡/手機卡	shǒujī kǎ	N	SIM card, cellphone card
37	主要	zhǔyào	Adj	main, major, essential, primary
38	三大	sān-dà	N	"three majors"
39	通信	tōng xìn	VO	to communicate

第三十一课 买手机
Lesson Thirty-one Buying a Cellphone

40	中国移动/中國移動	Zhōngguó Yídòng	PropN	China Mobile
	移动/移動	yídòng	V	to move, to shift
41	中国联通/中國聯通	Zhōngguó Liántōng	PropN	China Unicom
42	中国电信/中國電信	Zhōngguó Diànxìn	PropN	China Telecom
43	优点/優點	yōudiǎn	N	merit, advantage
44	信号/信號	xìnhào	N	signal
45	电梯/電梯	diàntī	N	elevator, lift
46	接听/接聽	jiētīng	V	answer (a phone call)
47	实名/實名	shímíng	N	real name (in registration system)
48	注册	zhùcè	V	to register, to enroll
49	业务/業務	yèwù	N	service
50	套餐	tàocān	N	set menu (restaurant); bundle, plan (telecommunications)
51	包含	bāohán	V	to contain, to include
52	兆	zhào	Attr	MB
53	流量	liúliàng	N	rate of flow, capacity, data[usage] (telecommunications)
54	主叫	zhǔjiào	N	calling, dialing
55	超出	chāochū	V	to exceed, to go beyond
56	计算/計算	jìsuàn	V	to count, to calculate
57	速度	sùdù	N	speed
58	建议/建議	jiànyì	N/V	suggestion; to propose, to advise
59	充话费/充話費	chōng huàfèi	Phr	to charge telephone fees

Re-enacting the Dialogue[1]

After he graduated, Lincoln wanted, first of all, to go abroad to see some sights. An opportunity came quite by chance when he saw an advertisement online seeking teachers willing to go to Shenzhen (in China) to teach English. He was very interested in the job: In the first place, he'd be able to support himself; in the second place, he'd be able to raise the level of his Chinese and enhance his understanding of Chinese culture. His application was quickly approved, and he happily bought a ticket and flew to Shenzhen. After he reported to the Shenzhen Foreign Language School, his contact teacher explained to him that according to the contract, the school was supposed to install a landline in his dormitory for free local calls. But if he wanted to have a cellphone so he could call any place at any time, the school would buy one for him, but then they wouldn't install a landline. He stated that a cellphone would be better than a landline. The contact teacher worried that he'd buy a shoddy product, so he took him to a electronic mall, where has many name-brand shops, such as Apple, Huawei, Xiaomi, Samsung, and so on. After looking at several stores, he bought a silver color smart phone from Huawei. This phone not only makes calls, it can also connect online wirelessly. The contact teacher then took him to a business office to buy a mobile phone card.

A: What kind of cellphone cards are there in China?

B: Nowadays we all use 4G cards, basically because they are very convenient for surfing the Internet. In China, there are three major telecom companies: China Mobile, China Unicom and Chinese Telecom. More people buy Mobile and Unicom cards. The advantage of Mobile is that the signal is strong, one can even pick up the signal inside an elevator sometimes. The advantage of Unicom is the price is relatively cheap. You can choose one according to your needs.

A: I will be calling the United States a lot, so let me find out about the Mobile cards first.

B: Okay. There is a service center office 10 minutes straight on from here. We can go there to have a look. You brought your passport, right? These days, to get a cellphone card need to register with your real name.

A: I have it. Let's go!

(In the Mobile service center)

C: Hello! May I ask what sort of business you would like to do here?

A: How do you do! I have just bought a cellphone, and would like to buy a phone card, but I do not know much about Chinese cards. Could you explain them to me first?

---

1. As in Books I–III, a translation is provided to help with retelling and re-enacting the main text.

第三十一课 买手机
Lesson Thirty-one　Buying a Cellphone

C: Okay. There are basically three kinds of 4G packages that everybody commonly uses now. The 38 *yuan* package, with 300 MB of data, allows 50 minutes of domestic calls, with anything beyond that charged at 0.25 *yuan* per minute. The 58 *yuan* package, with 500 MB of data, allows 100 minutes of domestic calls, with anything beyond that charged at 0.19 *yuan* per minute. The 88 *yuan* package, with 700 MB of data, allows 220 minutes of domestic calls, with anything beyond that also charged at 0.19 *yuan* per minute. All three of these packages are free for in-coming calls within the country. The 4G card has a fastest Internet speed and has the maximum data usage. If you use your cellphone to get online a lot, I suggest you choose the 58 *yuan* or 88 *yuan* package.

A: I am usually online a lot. So I will buy the 88 *yuan* package.

C: Please select a number from this book.

A: I will take this number: 13501886277.

C: The service staff at the counter will help you register, after that you can charge fees directly. Now please go to the self-service machine and enter your passport number.

A: I have entered it.

C: A confirmation slip (for your appointment) will appear here. Plesese take it and go over to that counter to register.

A: Okay, thanks.

C: You're welcome.

Grammar

▶ **G1.** "一来 yīlái ……, 二来 èrlái ……" (first …, second…)

"一来 yīlái ……, 二来 èrlái ……" are used adverbially in a sequence of two clauses to enumerate reasons, causes, or purposes: "first…, second…", "for one thing…, for another…", etc. Here are some examples:

① 林肯对去中国深圳教英语这个工作很有兴趣。因为这样一来可以自食其力，二来也可以帮助自己提高中文水平以及增强对中国文化的了解。
Línkěn duì qù Zhōngguó Shēnzhèn jiāo Yīngyǔ zhège gōngzuò hěn yǒu xìngqù. Yīnwèi zhèyàng yīlái kěyǐ zì shí qí lì, èrlái yě kěyǐ bāngzhù zìjǐ tígāo Zhōngwén shuǐpíng yǐjí zēngqiáng duì Zhōngguó wénhuà de liǎojiě.
Lincoln's very interested in going to Shenzhen in China to teach English. Because, this way, first of all, he'd be able to support himself; and second, he'd be able to improve his Chinese level and enhance his understanding of Chinese culture.

② 我对去台湾学中文有兴趣，因为一来在那儿找工作容易，二来我可以住在亲戚家，不用租房子。
Wǒ duì qù Táiwān xué Zhōngwén yǒu xìngqù, yīnwèi yīlái zài nàr zhǎo gōngzuò róngyi, èrlái wǒ kěyǐ zhù zài qīnqi jiā, búyòng zū fángzi.
I'm interested in going to Taiwan to study Chinese. The reasons are, first, it's easier to find a job there; and second, I can stay with my relatives, so I won't have to pay rent.

③ 他喜欢住在加州，一来天气好，二来去中国方便。
Tā xǐhuan zhù zài Jiāzhōu, yīlái tiānqì hǎo, èrlái qù Zhōngguó fāngbiàn.
He likes living in California, first of all, the weather's good; second, it's convenient for going to China.

▶ **G2.** Word-formation in Chinese: four-character set phrases

Rather than borrowing from classical and other languages, Chinese has typically built vocabulary by compounding. As noted in L19 (G6), for reasons of rhythm as well as possibilities of semantic balance, the four-character set phrase is a favorite compounding type. Because such expressions cannot usually be broken up and separated, they can be treated as a single compound word, and classified according to parts of speech (though most dictionaries do not do so). The following examples can be added to your repertoire:

Verb: 自食其力 zì shí qí lì (to provide for oneself)

Adverb: 随时随地 suíshí-suídì (any time or place)

Nouns: 拇指一族 mǔzhǐ yìzú (the thumb people, i.e. people who text all the time)

对话伙伴 duìhuà huǒbàn (dialogue parnter)

Technical terms: 无线上网 (verb) wúxiàn shàng wǎng (get online wirelessly)

第三十一课　买手机
Lesson Thirty-one　Buying a Cellphone

① 有了工作就可以自食其力了。
　　Yǒule gōngzuò jiù kěyǐ zì shí qí lì le.
　　You will be financially independent once you have a job.

② 买了手机以后，我就可以随时随地打电话了。
　　Mǎile shǒujī yǐhòu, wǒ jiù kěyǐ suíshí-suídì dǎ diànhuà le.
　　I'll be able to call anytime and from anywhere, once I get a cellphone.

③ 有人称他们为"拇指一族"。
　　Yǒurén chēng tāmen wéi "mǔzhǐ yìzú".
　　People call them "the thumb people".

▶ **G3. The literary conjunction "以及 yǐjí" (and)**

"以及 yǐjí" is a literary conjunction that functions like the colloquial conjunctions "和 hé" and "跟 gēn", connecting coordinate words or phrases, usually the words before "以及 yǐjí" is the main content, as in the second example below:

① 去中国学汉语可以帮助我们提高中文水平以及增强对中国文化的了解。
　　Qù Zhōngguó xué Hànyǔ kěyǐ bāngzhù wǒmen tígāo Zhōngwén shuǐpíng yǐjí zēngqiáng duì Zhōngguó wénhuà de liǎojiě.
　　Going to China to study Chinese would improve our Chinese level and enhance our understanding of Chinese culture.

② 这个城市与青岛、武汉、西安以及其他大中城市相比，也还有很大的差距。
　　Zhège chéngshì yǔ Qīngdǎo、Wǔhàn、Xī'ān yǐjí qítā dà-zhōng chéngshì xiāngbǐ, yě hái yǒu hěn dà de chājù.
　　This city isn't in the same class as other large-to-medium cities, like Qingdao, Wuhan, Xi'an or Nanjing.

▶ **G4. "不仅 bùjǐn ……, 还 hái ……" (not only..., but also...)**

It is used to conjoin two phrases, often highlighting the second:

① 这个手机不仅可以打电话，还有无线网络功能。
　　Zhège shǒujī bùjǐn kěyǐ dǎ diànhuà, hái yǒu wúxiàn wǎngluò gōngnéng.
　　This mobile phone not only makes calls, it also has wireless capabilities.

② 听录音不仅有助于提高听力，还对提高口语有好处。
　　Tīng lùyīn bùjǐn yǒuzhùyú tígāo tīnglì, hái duì tígāo kǒuyǔ yǒu hǎochù.
　　Listening to the recordings not only helps with listening comprehension, it's also benefits oral proficiency.

③ 对我来说，去中国工作不仅会提高我的中文水平，还可以帮助我加深对中国文化的了解。
　　Duì wǒ lái shuō, qù Zhōngguó gōngzuò bùjǐn huì tígāo wǒ de Zhōngwén shuǐpíng, hái kěyǐ bāngzhù wǒ jiāshēn duì Zhōngguó wénhuà de liǎojiě.
　　To me, working in China will not only improve my Chinese, but also help me deepen my understanding of Chinese culture.

真实生活汉语
Chinese for Living in China 4

▶ G5. "主要 zhǔyào" (main, major, essential, primary; the main thing, the essential point)

"主要 zhǔyào" is usually classified as an adjective, as in the fourth example below: "主要目的 zhǔyào mùdì" (main goal, main reason). Cf. also: "主要部分 zhǔyào bùfen" (the main part); "主要对手 zhǔyào duìshǒu"(major rival). However, "主要 zhǔyào" may also be used immediately before a verb (as a adverbial). This usage is illustrated in the first three examples below:

① 现在大家常用的4G套餐主要有三种。
   Xiànzài dàjiā cháng yòng de sìG tàocān zhǔyào yǒu sān zhǒng.
   There are three kinds of 4G packages that everybody commonly uses now.

② 很多年轻人上网主要是为了跟朋友聊天儿。
   Hěn duō niánqīngrén shàng wǎng zhǔyào shì wèile gēn péngyou liáo tiānr.
   The main reason a lot of young people go online is to chat with friends.

③ 昨天的会我们主要讨论了两个问题。
   Zuótiān de huì wǒmen zhǔyào tǎolùnle liǎng ge wèntí.
   The meeting yesterday dealt mainly with two questions.

④ 我们来中国的主要目的是为了学好中文。
   Wǒmen lái Zhōngguó de zhǔyào mùdì shì wèile xuéhǎo Zhōngwén.
   Our main reason for coming to China is to master Chinese.

第三十一课 买手机
Lesson Thirty-one Buying a Cellphone

Consolidation & Practice

1. "一来 yīlái ……，二来 èrlái ……"

   (1) Complete the following sentences with the pattern

   ① 我来中国一来是为了＿＿＿＿＿＿(improve my Chinese)，二来是为了＿＿＿＿＿
   ＿＿＿＿＿＿(further my understanding of Chinese culture)。
   Wǒ lái Zhōngguó yīlái shì wèile ＿＿＿＿＿＿, èrlái shì wèile ＿＿＿＿＿＿.

   ② 这种款式的手机一来＿＿＿＿＿(reasonal price)，二来＿＿＿＿＿(many functions)，
   所以很受顾客欢迎。
   Zhè zhǒng kuǎnshì de shǒujī yīlái ＿＿＿＿＿＿, èrlái ＿＿＿＿＿＿,
   suǒyǐ hěn shòu gùkè huānyíng.

   ③ 这套公寓一来＿＿＿＿＿(very close to my office)，二来＿＿＿＿＿(the rent is inexpensive)，
   所以我决定租下了。
   Zhè tào gōngyù yīlái ＿＿＿＿＿＿, èrlái ＿＿＿＿＿＿,
   suǒyǐ wǒ juédìng zū xià le.

   ④ 我目前的工作不错，一来＿＿＿＿＿(flexible working hours)，二来＿＿＿＿＿
   (can learn a lot)，所以两年内我不会换工作的。
   Wǒ mùqián de gōngzuò búcuò, yīlái ＿＿＿＿＿＿, èrlái ＿＿＿＿＿＿,
   suǒyǐ liǎng nián nèi wǒ bú huì huàn gōngzuò de.

   ⑤ 听说企业管理专业很好，一来＿＿＿＿＿(easy to find a job)，二来＿＿＿＿＿
   (good pay)，学这种专业的年轻人很多呢。
   Tīngshuō qǐyè guǎnlǐ zhuānyè hěn hǎo, yīlái ＿＿＿＿＿＿, èrlái ＿＿＿＿＿＿,
   xué zhè zhǒng zhuānyè de niánqīng rén hěn duō ne.

   (2) Complete the following dialogues with this pattern

   ① A：你为什么不想住在大城市里，反而想住在农村？
      Nǐ wèi shénme bù xiǎng zhù zài dà chéngshì li, fǎn'ér xiǎng zhù zài nóngcūn?
      B：住在农村比住在大城市里好多了，＿＿＿＿＿＿＿＿＿＿＿＿。
      Zhù zài nóngcūn bǐ zhù zài dà chéngshì li hǎo duō le, ＿＿＿＿＿＿＿＿＿＿＿.

   ② A：你上班为什么不开车去，反而骑自行车去？
      Nǐ shàng bān wèi shénme bù kāi chē qù, fǎn'ér qí zìxíngchē qù?
      B：骑自行车＿＿＿＿＿＿＿＿＿＿＿＿＿＿＿＿。
      Qí zìxíngchē ＿＿＿＿＿＿＿＿＿＿＿＿.

   ③ A：你为什么喜欢上网买衣服，而不去商店买？
      Nǐ wèi shénme xǐhuan shàng wǎng mǎi yīfu, ér bú qù shāngdiàn mǎi?
      B：＿＿＿＿＿＿＿＿＿＿＿＿＿＿＿＿＿＿＿＿。

④ A：对面正在卖的新公寓很好，你怎么不买啊？
　　　Duìmiàn zhèngzài mài de xīn gōngyù hěn hǎo, nǐ zěnme bù mǎi a?

　B：那些新公寓好是好，但是_____。
　　　Nàxiē xīn gōngyù hǎo shì hǎo, dànshì _____.

⑤ A：最近又出了一款新手机，你会去买吗？
　　　Zuìjìn yòu chūle yì kuǎn xīn shǒujī, nǐ huì qù mǎi ma?

　B：_____。

2. Word-formation in Chinese: four-character set phrases

(1) Use a four-character set phrase compatible with the underlined phrases

① 什么时间什么地方都可以打电话。→
　Shénme shíjiān shénme dìfang dōu kěyǐ dǎ diànhuà. →

② 我不想靠着父母，我想靠自己，独立生活。→
　Wǒ bù xiǎng kàozhe fùmǔ, wǒ xiǎng kào zìjǐ, dúlì shēnghuó. →

③ 这家店有WiFi。→　　这家店可以_____。
　Zhè jiā diàn yǒu WiFi. → Zhè jiā diàn kěyǐ _____.

④ 你穿这件衣服很好看，不大也不小，正合适。→
　Nǐ chuān zhè jiàn yīfu hěn hǎokàn, bú dà yě bù xiǎo, zhèng héshì. →

⑤ 听说加州的天气很好，一年四季都不太冷也不太热。→
　Tīngshuō Jiāzhōu de tiānqì hěn hǎo, yìnián-sìjì dōu bú tài lěng yě bú tài rè. →

(2) Complete the following dialogues with appropriate four-character set phrases

① A：现在人们为什么都愿意发微信(WeChat)，不太喜欢发邮件呢？
　　　Xiànzài rénmen wèi shénme dōu yuànyì fā Wēixìn, bú tài xǐhuan fā yóujiàn ne?

　B：那是因为_____。
　　　Nà shì yīnwèi _____.

② A：听说那家外卖店24小时都开门，是吗？晚上12点也能叫外卖吗？
　　　Tīngshuō nà jiā wàimàidiàn èrshísì xiǎoshí dōu kāi mén, shì ma? Wǎnshang shí'èr diǎn yě néng jiào wàimài ma?

　B：是的，他们服务很好，你_____。
　　　Shì de, tāmen fúwù hěn hǎo, nǐ _____.

③ A：在中国你可以用什么手机卡？
　　　Zài Zhōngguó nǐ kěyǐ yòng shénme shǒujī kǎ?

　B：有好几家通信公司，比方说，_____。
　　　Yǒu hǎo jǐ jiā tōngxìn gōngsī, bǐfāng shuō _____.

第三十一课　买手机
Lesson Thirty-one　Buying a Cellphone

④ A：你看，这些年轻人坐在火车上也不停地发微信。
　　　Nǐ kàn, zhèxiē niánqīngrén zuò zài huǒchē shàng yě bùtíng de fā Wēixìn.

　　B：是啊，他们都成了_____。
　　　Shì a, tāmen dōu chéngle _____.

⑤ A：你和父母住在同一个城市，你为什么还要租房子住呢？
　　　Nǐ hé fùmǔ zhù zài tóng yí ge chéngshì, nǐ wèi shénme hái yào zū fángzi zhù ne?

　　B：我已经不是孩子了，_____。
　　　Wǒ yǐjīng bú shì háizi le, _____.

3. "A 以及 yǐjí B"

Complete the following sentences

① _____以及_____是我来中国的目的。
　 _____ yǐjí _____ shì wǒ lái Zhōngguó de mùdì.

② 电器城有_____、_____、_____以及_____。
　 Diànqìchéng yǒu _____、_____、_____ yǐjí _____.

③ 北京是中国_____、_____以及_____的中心。
　 Běijīng shì Zhōngguó _____、_____ yǐjí _____ de zhōngxīn.

④ _____、_____以及_____是智能手机的特色。
　 _____、_____ yǐjí _____ shì zhìnéng shǒujī de tèsè.

4. "不仅 bùjǐn……，还 hái……"

(1) Complete the following sentences with this pattern

① 我的中国朋友对我很好，他不仅帮助我_____，还帮助我_____。
　 Wǒ de Zhōngguó péngyou duì wǒ hěn hǎo, tā bùjǐn bāngzhù wǒ _____,
　 hái bāngzhù wǒ _____.

② 地铁二号线不仅经过_____，还_____，非常方便。
　 Dìtiě èr hào xiàn bùjǐn jīngguò _____, hái _____, fēicháng fāngbiàn.

③ 深圳不仅是_____，还是_____。
　 Shēnzhèn bùjǐn shì _____, háishì _____.

④ 我不仅想学_____，还想学_____。
　 Wǒ bùjǐn xiǎng xué _____, hái xiǎng xué _____.

⑤ 他在中国的工资不少，不仅_____，还_____。
　 Tā zài Zhōngguó de gōngzī bù shǎo, bùjǐn _____, hái _____.

(2) Complete the following dialogues with this pattern

① A：你每天开车还是骑自行车去上班？
　　　Nǐ měitiān kāi chē háishì qí zìxíngchē qù shàng bān?

　　B：我骑自行车。骑车_____。
　　　Wǒ qí zìxíngchē. Qí chē _____.

② A：我去张老师家做客，想带一瓶酒去，你觉得怎么样？
　　　Wǒ qù Zhāng lǎoshī jiā zuò kè, xiǎng dài yì píng jiǔ qù, nǐ juéde zěnmeyàng?

　　B：我想_____。
　　　Wǒ xiǎng _____.

③ A：我们春节放假的时候去夏威夷（Hawaii）玩儿，好吗？
　　　Wǒmen Chūnjié fàng jià de shíhou qù Xiàwēiyí (Hawaii) wánr, hǎo ma?

　　B：好极了！夏威夷_____。
　　　Hǎojí le! Xiàwēiyí _____.

④ A：你的新手机有什么功能？
　　　Nǐ de xīn shǒujī yǒu shénme gōngnéng?

　　B：功能很多，_____。
　　　Gōngnéng hěn duō, _____.

⑤ A：到银行去办一张信用卡，手续方便吗？
　　　Dào yínháng qù bàn yì zhāng xìnyòngkǎ, shǒuxù fāngbiàn ma?

　　B：手续不少，你_____。
　　　Shǒuxù bù shǎo, nǐ _____.

5. "主要 zhǔyào"

(1) Complete the following sentences

① 我买什么品牌的手机都无所谓，_____。
　Wǒ mǎi shénme pǐnpái de shǒujī dōu wúsuǒwèi, _____.
　　　　　　　　　　　　　　　　　　　　　（Hint: being able to get on line is essential）

② 年轻人随时随地看手机，_____。
　Niánqīngrén suíshí-suídì kàn shǒujī, _____.
　　　　　　　　　　　　　　　　　　　（Hint: chatting with friends is the main thing）

③ 我来中国有很多目的，_____。
　Wǒ lái Zhōngguó yǒu hěn duō mùdì, _____.
　　　　　　　　　　　　　　　　　　（Hint: to truly experience Chinese culture）

④ 父母不喜欢孩子看太多电视，_____。
　Fùmǔ bù xǐhuan háizi kàn tài duō diànshì, _____.
　　　　　　　　　　　　　　　　　　　　　　（Hint: to harm the eyes）

第三十一课　买手机
Lesson Thirty-one　Buying a Cellphone

⑤ 他总是学不好中文，_____。
　　Tā zǒngshì xué bù hǎo Zhōngwén, _____.

（Hint: the main problem is that he has no time to study）

(2) Complete the following dialogues

① A：昨天的会开得怎么样？讨论了什么重要的事？
　　　Zuótiān de huì kāi de zěnmeyàng? Tǎolùnle shénme zhòngyào de shì?

　　B：主要讨论了_____。
　　　Zhǔyào tǎolùnle _____.

　　A：看来，我们以后周末也得工作了。
　　　Kànlái, wǒmen yǐhòu zhōumò yě děi gōngzuò le.

② A：那个品牌的手机怎么买的人越来越少了？
　　　Nàge pǐnpái de shǒujī zěnme mǎi de rén yuè lái yuè shǎo le?

　　B：我想主要_____。你看别的手机功能都非常多。
　　　Wǒ xiǎng zhǔyào _____. Nǐ kàn bié de shǒujī gōngnéng dōu fēicháng duō.

③ A：他大学没毕业，怎么已经赚了那么多钱？
　　　Tā dàxué méi bì yè, zěnme yǐjīng zhuànle nàme duō qián?

　　B：我想，主要_____。
　　　Wǒ xiǎng, zhǔyào _____.

④ A：你已经来过中国好几次了，这次来还是旅游吗？
　　　Nǐ yǐjīng láiguo Zhōngguó hǎo jǐ cì le, zhè cì lái háishi lǚyóu ma?

　　B：这次来还是会去旅游的，不过主要_____。
　　　Zhè cì lái háishi huì qù lǚyóu de, búguò zhǔyào _____.

⑤ A：你来中国教英文吗？
　　　Nǐ lái Zhōngguó jiāo Yīngwén ma?

　　B：我教很多科目，不过主要是_____。(Hint: English)
　　　Wǒ jiāo hěn duō kēmù, búguò zhǔyào shì _____.

真实生活汉语
Chinese for Living in China

Listening Comprehension

1. Listen to the announcement, then answer the questions by selecting one of the options

   (1) Where is this announcement coming from?

   A. Da-an Electronic City

   B. An Apple showroom

   C. A supermarket

   (2) Why are they giving a 20% discount on some cellphones?

   A. In order to promote the sale of certain brands.

   B. In order to celebrate the grand opening of the showroom.

   C. In order to show gratitude to customers on the 5th anniversary of the store's opening.

2. Listen to the conversation between a customer and a clerk, then answer the questions by selecting one of the options

   (1) Which model of cell phone does the customer want to buy?

   A. A Huawei 170

   B. A Samsung 710

   C. An Apple 700

   (2) For whom does he want to buy this cellphone?

   A. For his daughter

   B. For his wife

   C. For himself

第三十一课 买手机
Lesson Thirty-one Buying a Cellphone

Communication Activities

In this volume, in order to give you more authentic character speaking practice no *pinyin* is provided in the two scenarios.

Pair Work

Scenario I: Describe the cellphone you are using to your partner. Include the following:

> 手机的品牌；质量；颜色；大小
> 手机的功能；拍照；上网；录像；录音
> 电器城；商场；价钱
> 不仅……，还……；A比B更Adj.

Scenario II: Explain to your partner what kind of cellphone card you usually use. Include the following:

> 手机卡；充值卡；营业厅
> 主要；一来……，二来……；
> 不仅……，还……；……，因此……

Role Play & Group Work

1. Divide the class into sellers and buyers. The sellers are selling various models of cellphones. In their spiel, they need to cover the following topics: The model and name; the functions; the sort of buyers the model is aimed at.

The buyers can be subdivided into pairs or individuals of different types, e.g. high school students, business people, retirees — each with their own preferences, e.g. for high school students, cellphones are needed for online games, they have to be in bright colors and be

19

cool looking, and in a price range of ¥1500 ~ ¥2000; for business people, they need other kinds of features.

The sellers introduce each model and the buyers state their needs and negotiate until a sale is made.

....

....

....

2. Divide the class into small groups of 2–3 students each and check online to select the coolest up-to-date cellphone. Share the image with the whole class, introduce it to the whole class in Chinese and state the reasons why you like it so much.

....

....

....

Review Exercises

I. Match the verbs in the left-hand list with the nouns in the right-hand list

1. 征聘　　　　　　A. 手续
2. 批准　　　　　　B. 保安
3. 提高　　　　　　C. 申请
4. 办理　　　　　　D. 座机
5. 安装　　　　　　E. 水平

第三十一课　买手机
Lesson Thirty-one　Buying a Cellphone

II. Fill in the blank with the words listed below.

提高 tígāo	反而 fǎn'ér	导航(GPS) dǎoháng	不仅 bùjǐn	功能 gōngnéng	离不开 lí bu kāi	随时随地 suíshí-suídì
免费 miǎn fèi	上网 shàng wǎng	座机 zuòjī	智能 zhìnéng			

　　虽然我的办公桌上放着一个_____，可以_____打市内电话，但是我从来不用它，_____是放在衣服口袋里的_____手机，我_____都在用。我新买的这个手机_____真不少，除了和我的朋友打电话、发短信以外，还可以拍照片、发微信。有什么新鲜事儿都可以马上和朋友们分享，我感觉离他们都很近（其实我的朋友多半在几千里外的英国，而我在中国）。现在我把手机里的文字换成了中文。看汉字对我来说当然不容易，但是我想，每天看汉字，一定能帮助我_____认读汉字的能力。如果我想去吃馆子，只要用手机_____，就很快能看到附近有什么饭馆。我选好一家，然后靠手机上的_____，就能找到那家饭馆了。现在的手机_____可以电话，还可以无线上网，越来越多的人_____它了！

III. Complete the following dialogue

A：你最近买了新手机吗？

B：是的，我前两天买的。怎么样，好看不好看？

A：嗯，这种款式我没有见过，不会是水货吧？

B：那怎么可能？不过你可能没有听说过这个品牌，是中国自己出的，叫"小米"。

A：很可爱的名字啊！好用吗？

B：相当不错，它的功能可不少，不仅_____，还_____。

A：你说的这些功能，其他品牌的手机也都有，那你为什么要选这个品牌呢？

B：一来_____，二来_____，所以_____。

A：原来如此。你经常出国开会，在国外也能用吗？

B：没问题的，只要我买的手机卡_____，那就很方便。

IV. Complete the following tasks in Chinese

1. Your new French roommate just moved in. S/he needs to purchase a good cellphone so as to stay in touch with her/his parents who are in France—they don't have a computer. Offer some suggestions about the sort of cellphones available in China these days.

> 同屋；手机；电脑；离……很远
> 功能；打电话；发短信；无线上网
> 中国移动；中国联通；中国电信
> 三星；小米；苹果；华为

2. You're on a business trip, and you've just found out your cellphone's running out of money. Find a seller and explain to what sort of a card you need.

> 手机卡；手机号码；充话费；营业厅

3. You're not a fan of cellphones. But since you've been in China, you've observed that almost everyone has one and that it's the fastest way for people to communicate with each other. Find a cellphone shop and explain to the salesman that you want a basic cellphone that's easy to operate with no special gadget.

> 手机功能；品牌；
> 一来……，二来……；只要……，就……

第三十一课　买手机
Lesson Thirty-one　Buying a Cellphone

Culture Notes

1. The three major Chinese cellphone companies in China

In 2009, the Chinese government reorganized the Telecommunications industry and gradually merged smaller companies into three large telecommunication companies—the "three majors": China Mobile (中国移动 Zhōngguó Yídòng), China Unicom (中国联通 Zhōngguó Liántōng) and China TeleCom (中国电信 Zhōngguó Diànxìn).

China Mobile uses TD-SCDMA, China Unicom uses CDMA2000 and China TeleCom uses WCDMA. All three competed hard to develop 3G and are now working on 4G.

China Mobile has 71.5% of the telecommunication market in China, China Unicom has 20.2% and China TeleCom has 8.3%.

2. Cellphone packages/combos

Cellphone sellers have borrowed the term "套餐 tàocān" (combo) from McDonalds combo meals. A cellphone combo offers reduced rates for buyers while it locks them into a long-term plan that benefits the cellphone company. The three telecommunications companies offer a great variety of packages: student packages, music packages, and Internet chat packages. 20 *yuan* a month, for example, might allow you to send 300 text messages and make 360 minutes of phone calls.

3. Types and styles of cellphones

Types

苹果	华为	联想	摩托罗拉	诺基亚	三星
Píngguǒ	Huáwéi	Liánxiǎng	Mótuōluólā	Nuòjīyà	Sānxīng
Apple	Huawei	Lenovo	Motorola	Nokia	Samsung

Styles

| keyboard phone | ànjiàn shǒujī | 按键手机 |
| touchscreen phone | chùpíng shǒujī | 触屏手机 |

Lesson Thirty-two   Sending WeChat

第三十二课   发微信
Dì-sānshí'èr Kè   Fā Wēixìn

In this lesson you will learn how to do the following

- Send WeChat and date
- Find some places to go for entertainment in China

Grammar

- "即使 jíshǐ……, 还 hái/也 yě……" (even if..., still...)
- "称 chēng……为 wéi……" (address... as...)
- "上 shàng" used as a resultative complement
- "化 huà" used as a suffix with certain adjectives or nouns to form verbs of transformation
- The construction "不是 bú shì……, 而是 ér shì……" (not..., but...)
- Rhetorical questions with "是不是 shì bu shì…… 更 gèng + Adj"

Culture Notes

- Text message related security issues
- "微信 Wēixìn" (WeChat)

第三十二课 发微信
Lesson Thirty-two Sending WeChat

Dialogue

A: 陆克文　　　　　　　　**B:** 吴同礼
　　Lù Kèwén　　　　　　　　　Wú Tónglǐ
　　an Australian student　　　　a Canadian student

　　陆克文和吴同礼是上海华东师范大学的留学生，是室友。到中国不久，他们就发现手机微信在中国大学生中非常流行。中国大学生几乎都有手机，手机的使用率也非常高，即使在图书馆和教室这些不能通电话的地方，他们还会发微信[G1]。眼睛看着手机，拇指在手机上快速移动，有人称他们为"拇指一族"[G2]。陆克文就常常给他的语伴发微信商量见面时间。吴同礼也很快变成了"拇指一族"。因为他看上[G3]了班里的汉语助教，不知道怎么向她表示。陆克文告诉他："我的语伴说，现在中国大学生谈恋爱都用手机微信交流。男生追女生时，不好意思说出来，就发微信表达。这样对方拒绝时也不会没面子。"吴同礼觉得这是个好主意。他去找女助教，问她可不可以常常用中文跟他微信聊天儿，那样可以提高他的中文读写能力。女助教不但高兴地答应了，还夸他好学。从此，"微信"就成了陆克文和吴同礼常谈的话题了。

　　Lù Kèwén hé Wú Tónglǐ shì Shànghǎi Huádōng Shīfàn Dàxué de liúxuéshēng, shì shìyǒu. Dào Zhōngguó bùjiǔ, tāmen jiù fāxiàn shǒujī Wēixìn zài Zhōngguó dàxuéshēng zhōng fēicháng liúxíng. Zhōngguó dàxuéshēng jīhū dōu yǒu shǒujī, shǒujī de shǐyònglǜ yě fēicháng gāo, jíshǐ zài túshūguǎn hé jiàoshì zhèxiē bù néng tōng diànhuà de dìfang, tāmen hái fā Wēixìn[G1]. Yǎnjing kànzhe shǒujī, mǔzhǐ zài shǒujī shang kuàisù yídòng, yǒurén chēng tāmen wéi "mǔzhǐ yìzú"[G2]. Lù Kèwén jiù chángcháng gěi tā de yǔbàn fā Wēixìn shāngliang jiàn miàn shíjiān. Wú Tónglǐ yě hěn kuài biànchéngle "mǔzhǐ yìzú". Yīnwèi tā kànshang[G3] le bān li de Hànyǔ zhùjiào, bù zhīdào zěnme xiàng tā biǎoshì. Lù Kèwén gàosu tā: "Wǒ de yǔbàn shuō, xiànzài Zhōngguó dàxuéshēng tán liàn'ài dōu yòng shǒujī Wēixìn jiāoliú. Nánshēng zhuī nǚshēng shí, bù hǎo yìsi shuō chulai, jiù fā Wēixìn biǎodá. Zhèyàng duìfāng jùjué shí yě bú huì méi miànzi." Wú Tónglǐ juéde zhè shì ge hǎo zhǔyi. Tā qù zhǎo nǚ zhùjiào, wèn tā kě bu kěyǐ chángcháng yòng Zhōngwén gēn tā Wēixìn liáo tiānr, nàyàng kěyǐ tígāo tā de Zhōngwén dúxiě nénglì. Nǚ zhùjiào búdàn gāoxìng de dāying le, hái kuā tā hàoxué. Cóngcǐ, "Wēixìn" jiù chéngle Lù Kèwén hé Wú Tónglǐ cháng tán de huàtí le.

A: 吴同礼，我的语伴发微信跟我说，他这个周末有时间，可以带我去听音乐会，或者看杂技。
　　Wú Tónglǐ, wǒ de yǔbàn fā Wēixìn gēn wǒ shuō, tā zhège zhōumò yǒu shíjiān, kěyǐ dài wǒ qù tīng yīnyuèhuì, huòzhě kàn zájì.

B： 是什么音乐会？
Shì shénme yīnyuèhuì?

A： 我发微信问他。……他说可以去听交响乐或者爵士乐。
Wǒ fā Wēixìn wèn tā. ……Tā shuō kěyǐ qù tīng jiāoxiǎngyuè huòzhě juéshìyuè.

B： 我以为他会请你去听中国民族音乐呢。我的中国朋友都是想带我去看京剧，没人请我去听西方音乐。
Wǒ yǐwéi tā huì qǐng nǐ qù tīng Zhōngguó mínzú yīnyuè ne. Wǒ de Zhōngguó péngyou dōu shì xiǎng dài wǒ qù kàn Jīngjù, méi rén qǐng wǒ qù tīng Xīfāng yīnyuè.

A： 也许他是上海人，比较西化[G4]。听说上海人喜欢越剧，但他知道我学的是普通话，听不懂越剧。不过杂技也是中国的，我可以选择去看杂技。
Yěxǔ tā shì Shànghǎirén, bǐjiào xīhuà[G4]. Tīngshuō Shànghǎirén xǐhuan Yuèjù, dàn tā zhīdào wǒ xué de shì Pǔtōnghuà, tīng bu dǒng Yuèjù. Búguò zájì yě shì Zhōngguó de, wǒ kěyǐ xuǎnzé qù kàn zájì.

B： 好。我也想看杂技，请问问你的语伴，我可不可以和你们一起去。
Hǎo. Wǒ yě xiǎng kàn zájì, qǐng wènwen nǐ de yǔbàn, wǒ kě bu kěyǐ hé nǐmen yìqǐ qù.

A： 好。我给他发微信："我想看杂技。我的室友可不可以一起去？"……他回信说没问题，他明天去买三张票。
Hǎo. Wǒ gěi tā fā Wēixìn: "Wǒ xiǎng kàn zájì. Wǒ de shìyǒu kě bù kěyǐ yìqǐ qù?"……Tā huí xìn shuō méi wèntí, tā míngtiān qù mǎi sān zhāng piào.

B： 等等！请再问他可不可以让我的助教也一起去。
Děngdeng! Qǐng zài wèn tā kě bu kěyǐ ràng wǒ de zhùjiào yě yìqǐ qù.

A： 你们发展得这么快？她已经愿意跟你去看戏啦[1]？
Nǐmen fāzhǎn de zhème kuài? Tā yǐjīng yuànyì gēn nǐ qù kàn xì la?

B： 她愿意不愿意我还不知道，我想有这个可能性。
Tā yuànyì bu yuànyì wǒ hái bù zhīdào, wǒ xiǎng yǒu zhège kěnéngxìng.

A： 是吗？
Shì ma?

B： 上个星期三是教师节。我给她发了个微信说："亲爱的老师，在您的帮助下，我的中文进步很大。中国人说'学有成时念吾师'，所以我常常想念您。祝节日快乐！"

Notes

1. "啦 la" represents a fusion of "了 le" (change of state) and the exclamatory final particle "啊 a": le+a = la.

第三十二课 发微信
Lesson Thirty-two Sending WeChat

Shàng ge xīngqīsān shì jiàoshījié. Wǒ gěi tā fāle ge Wēixìn shuō: "Qīn'ài de lǎoshī, zài nín de bāngzhù xià, wǒ de Zhōngwén jìnbù hěn dà. Zhōngguórén shuō 'xué yǒuchéng shí niàn wú shī', suǒyǐ wǒ chángcháng xiǎngniàn nín. Zhù jiérì kuàilè!"

A： 她回信了吗？
Tā huí xìn le ma?

B： 她回信说："谢谢你。不过'学有成时念吾师'的'念'不是'想念'的意思，而是'不会忘记'的意思。^{G5}"我回她说："我就是那个意思，我永远不会忘记您，聪明、漂亮、有学问！"
Tā huí xìn shuō: "Xièxie nǐ. Búguò 'xué yǒuchéng shí niàn wú shī' de 'niàn' bú shì 'xiǎngniàn' de yìsi, ér shì 'bú huì wàngjì' de yìsi.^{G5}" Wǒ huí tā shuō: "Wǒ jiùshì nàge yìsi, wǒ yǒngyuǎn bú huì wàngjì nín, cōngming, piàoliang, yǒu xuéwèn!"

A： 她又回信了吗？
Tā yòu huí xìn le ma?

B： 是的。她回信说："谢谢你的夸奖。"所以我才觉得有希望。今天我进一步试探了她一下，发了个微信说："我收到一个段子[2]转给您。谈情说爱并[3]不难，不过[4]只用三个字：我爱你、我恨你、你好吗、对不起、算了吧。您喜欢哪三个字？"
Shì de. Tā huí xìn shuō: "Xièxie nǐ de kuājiǎng." Suǒyǐ wǒ cái juéde yǒu xīwàng. Jīntiān wǒ jìnyíbù shìtànle tā yíxià, fāle ge Wēixìn shuō: "Wǒ shōudào yí ge duànzi[2] zhuǎn gěi nǐn. Tánqíng-shuō'ài bìng[3] bù nán, búguò[4] zhǐ yòng sān ge zì: wǒ ài nǐ, wǒ hèn nǐ, nǐ hǎo ma, duìbuqǐ, suàn le ba. Nín xǐhuan nǎ sān ge zì?"

A： 她怎么说？
Tā zěnme shuō?

B： "你好吗？"
"Nǐ hǎo ma?"

A： 她没有说"对不起""算了吧"，就是没有拒绝你。
Tā méiyǒu shuō "duìbuqǐ" "suàn le ba", jiùshì méiyǒu jùjué nǐ.

---

2. "段子 duànzi", formed from the measure word "段 duàn" that applies to "section, paragraph, period of time" (i.e. "part of things"), is the term applied to a type of short humorous compositions (on politics, social issues, etc.) that are, nowadays, often posted online. In this case, the "段子 duànzi" is a riddle about love.

3. "并 bìng" (actually, in fact) is an adverb that functions as an intensifier before negatives: "并不难 bìng bù nán" (not really that difficult, not actually that difficult).

4. "不过 búguò", here, is functioning as an adverb meaning "no more than, only, merely". "不过 búguò" also functions as a conjunction meaning "but".

B： 所以我才说有希望。
Suǒyǐ wǒ cái shuō yǒu xīwàng.

A： 你第一次请她出去，我们是不是不应该在场？再说，看杂技的时候不方便说话，是不是请她去吃饭更好[G6]？
Nǐ dì-yī cì qǐng tā chūqu, wǒmen shì bu shì bù yīnggāi zàichǎng? Zài shuō, kàn zájì de shíhou bù fāngbiàn shuō huà, shì bu shì qǐng tā qù chī fàn gèng hǎo[G6]?

B： 我不知道在中国邀请女生单独出去吃饭会不会被人误会，她虽然不是老师，但是我老师的助教，可以跟学生出去吃饭吗？
Wǒ bù zhīdào zài Zhōngguó yāoqǐng nǚshēng dāndú chūqu chī fàn huì bu huì bèi rén wùhuì, tā suīrán bú shì lǎoshī, dàn shì wǒ lǎoshī de zhùjiào, kěyǐ gēn xuésheng chūqu chī fàn ma?

A： 我也不知道。周末看杂技时问问我的语伴。
Wǒ yě bù zhīdào. Zhōumò kàn zájì shí wènwen wǒ de yǔbàn.

B： 好。那就我们三个人一起去看杂技吧。
Hǎo. Nà jiù wǒmen sān ge rén yìqǐ qù kàn zájì ba.

New Words

1	陆克文/陸克文	Lù Kèwén	PropN	(a person's name)
2	吴同礼/吳同禮	Wú Tónglǐ	PropN	(a person's name)
3	华东/華東	Huádōng	PropN	Eastern China (Shandong province, Jiangsu province, Zhejiang province, Anhui province, Jiangxi province, Fujian province, Taiwan and Shanghai)
4	师范大学/師範大學	shīfàn dàxué	Phr	a teachers' university, normal university ("华东师范大学/華東師範大學 Huádōng Shīfàn Dàxué" Eastern China Normal University, in Shanghai)
5	不久	bùjiǔ	Adv	soon, before long
6	大学生/大學生	dàxuéshēng	N	university student, college student
7	流行	liúxíng	Adj	popular, fashionable
8	几乎/幾乎	jīhū	Adv	almost, nearly

第三十二课 发微信
Lesson Thirty-two Sending WeChat

9	使用	shǐyòng	V	to utilize, to make use of
10	率	lǜ	N	rate, ratio, proportion
11	即使	jíshǐ	Conj	even if, even though
12	拇指	mǔzhǐ	N	the thumb
13	快速	kuàisù	Attr	fast, high-speed
14	称……为……/稱……爲……	chēng……wéi……		call (sb. or sth.)
15	一族	yìzú	N	a certain kind of people
16	变成/變成	biànchéng	V	to turn into, to change into
17	看上	kànshang	V	to take a fancy to, to have a liking for
18	助教	zhùjiào	N	teaching assistant
19	谈恋爱/談戀愛	tán liàn'ài	VO	to date, to court (a person)
	恋爱/戀愛	liàn'ài	N / V	romantic attachment; to be in love
20	追	zhuī	V	to pursue, to chase after
21	不好意思	bù hǎo yìsi	Phr	feel embarrassed, be bashful
22	表达/表達	biǎodá	V	to express (feelings, ideas)
23	对方/對方	duìfāng	N	the opposite side, the other party
24	拒绝/拒絕	jùjué	V	to refuse, to reject
25	没面子	méi miànzi	VO	to lose face
26	好主意	hǎo zhǔyi	Phr	good idea
27	能力	nénglì	N	ability, capability
28	夸/誇	kuā	V	to praise
29	好学/好學	hàoxué	Adj	be studious, show love of learning
30	从此/從此	cóngcǐ	Adv	from now on, henceforth
31	话题/話題	huàtí	N	topic of conversation
32	音乐会/音樂會	yīnyuèhuì	N	concert
	音乐/音樂	yīnyuè	N	music
33	杂技/雜技	zájì	N	acrobatics

34	交响乐/交響樂	jiāoxiǎngyuè	N	symphony
35	爵士乐/爵士樂	juéshìyuè	N	jazz, jazz music
36	民族	mínzú	N	nation, nationality, ethnic group
37	京剧/京劇	Jīngjù	PropN	Beijing Opera
38	也许/也許	yěxǔ	Adv	perhaps, maybe, possibly
39	西化	xīhuà	V	to westernize
40	越剧/越劇	Yuèjù	PropN	Shaoxing Opera
41	回信	huí xìn/ huíxìn	VO / N	to write in reply; a reply (written, oral)
42	发展/發展	fāzhǎn	V	to develop, to grow, to expand
43	看戏/看戲	kàn xì	VO	to see a play
44	啦	la	Part	a fusion of "了 le" and "啊 a"
45	可能性	kěnéngxìng	N	possibility, potentiality
46	亲爱的/親愛的	qīn'ài de	Attr-Part	dear
47	有成	yǒuchéng	V	to succeed (literary)
48	念	niàn	V	to think of, to miss
49	吾	wú	Pron	I, we (in classical Chinese)
50	师/師	shī	N	teacher, master
51	想念	xiǎngniàn	V	to miss
52	快乐/快樂	kuàilè	Adj	happy, joyful
53	忘记/忘記	wàngjì	V	to forget
54	永远/永遠	yǒngyuǎn	Adv	forever, always
55	聪明/聰明	cōngming	Adj	intelligent, clever, bright, smart
56	有学问/有學問	yǒu xuéwèn	VO	to be knowledgeable, to be learned
57	夸奖/誇獎	kuājiǎng	V	to praise, to commend
58	进一步/進一步	jìnyíbù	Adv	further
59	试探/試探	shìtàn	V	to probe, to sound out

第三十二课 发微信
Lesson Thirty-two Sending WeChat

60	段子	duànzi	N	a humorous or satirical segment (e.g. a story, crosstalk, etc.)
61	谈情说爱/談情說愛	tánqíng-shuō'ài	Phr	to court, to bill and coo
62	并/並	bìng	Adv	(not) at all (often used before a negative for emphasis)
63	爱/愛	ài	V	to love
64	恨	hèn	V	to hate, to regret
65	算了	suàn le	Phr	skip it, forget about it
66	在场/在場	zàichǎng	V	to be present, to be on the scene
67	单独/單獨	dāndú	Adv	alone, by oneself
68	误会/誤會	wùhuì	V/N	to misunderstand; misunderstanding

Re-enacting the Dialogue

Kevin Lu and Tony Wu are overseas students, studying at Eastern China Normal University in Shanghai, they're roommates. They hadn't been in China long before they discovered that WeChat was extremely popular among Chinese university students. Almost all university students have a cellphone. The rate of usage for cellphones is also very high. Even in places where you're not supposed to use cellphones, such as libraries and classrooms, they still send WeChat. Staring as they do it, their thumbs race over the cellphone [keys]. Some people call them "the thumb people". Kevin often texts his language partner on Wechat to talk about meeting times. Tony has quickly become a thumb person too. He's taken a liking to the Chinese teaching assistant in his class, but doesn't know how to let her know. Kevin explained to him: My language partner says that nowadays, WeChat is the main means of courting among university students. When a male student is pursuing a female, if he feels too embarrassed to say something, he can say it by WeChat. That way, if the female refuses him, there's no loss of face. Tony felt that this was a good idea. He went to look for the teaching assistant and asked her if he could send WeChat to her regularly in Chinese. That would allow him to improve his Chinese reading and writing ability. The female teaching assistant not only agreed happily to it, she even praised him for being a good student. From then on, WeChat became a much talked about topic for Kevin and Tony.

A: Tony, my language partner texted me on WeChat to say that he will be free this weekend and could take me to a concert, or to see acrobats.

B: What sort of a concert?

A: I'll send him a message right now on WeChat and ask him. [Response:] He says we can go to a symphony concert or to a jazz concert.

B: I thought he'd invite you to hear Chinese folk music. My Chinese friends all want to take me to see Beijing Opera, no one's invited me to hear Western music.

A: It's probably because he's Shanghainese and is more westernized. I hear Shanghai people like Shaoxing Opera. But he knows I'm studying Mandarin and can't understand Shaoxing Opera. However, the acrobats are Chinese—I could choose to go and see the acrobatics.

B: Okay. I'd also like to see the acrobatics. Please ask your language partner if I could go along with you.

A: Okay. I'm texting him, "I'd like to go to the acrobatics, can my roommate come with us?"... Here's his response, he says no problem. He'll go and get three tickets tomorrow.

B: Hang on. Ask him if it's all right if my teacher's assistant comes with us as well.

A: Things are developing that fast? She's already willing to go to a play with you?

B: I don't know if she's willing or not, but I think there's a possibility.

A: Really?

B: Last Wednesday was Teacher's Day. On WeChat I sent her a text saying, "Dear teacher, with your help, my Chinese has come a long way. Chinese say 'When our studies show success, we should think of our teachers.' So I often think of you. Best wishes for Teacher's Day!"

A: Did she respond?

B: She responded as follows, "Thank you, but 'nian' is not 'think of', it's more 'can't forget'. So I sent a message back saying, "That's exactly what I meant, I'll remember you forever, so intelligent, attractive, knowledgeable!"

A: Did she respond to that?

B: She did. She responded as follows, "Thank you for the compliment." So that's why I felt there was hope. Today, I sounded her out once again. I sent a text saying, "I'm sending you a 'funny piece' that I received, 'Romance is so simple. Three words is all it takes: I love you, I hate you, how are you, I'm sorry, or forget about it.' Which three do you like?"

A: What did she say?

B: "How are you?"

A: She didn't say "I'm sorry", or "forget about it", so she didn't really turn you down.

B: So that's why I said there's hope.

A: The first time you go out with her, would it be better if we weren't there as well? What's more, it's not easy to talk while watching acrobatics, so wouldn't it be better to invite her out for a meal?

B: In China, I don't know whether inviting a female student out for a meal on her own is appropriate. Although she's not realy a teacher, she is the assistant of my teacher, so is it okay for her to go out to eat with a student?

A: I don't know that either. Why don't you ask my language partner this weekend when we go to see the acrobatics.

B: Okay. So the three of us will go and see the acrobatics.

第三十二课 发微信

Lesson Thirty-two Sending WeChat

Grammar

▶ **G1.** "即使 jíshǐ……，还 hái/也 yě……" (even if…,still…)

"即使 jíshǐ" introduces a relatively more extreme condition in order to argue a case, hence "even when, even if". Adverbs "还 hái" or "也 yě" buttress the second clause. "即使 jíshǐ" can be placed before the subject, or after it. Examples:

① 他们即使在图书馆和教室这些不能通电话的地方，还会发微信。
Tāmen jíshǐ zài túshūguǎn hé jiàoshì zhèxiē bù néng tōng diànhuà de dìfang, hái huì fā Wēixìn.
Even in places where you're not supposed to make phone calls, like the library and classrooms, they still send WeChat.

② 即使我只在这儿住一个月，手机还是要买的。
Jíshǐ wǒ zhǐ zài zhèr zhù yí ge yuè, shǒujī háishì yào mǎi de.
Even if I were only staying here for a month, I'd still need to get a cellphone.

③ 即使大家都不同意，她也是不会改变看法的。
Jíshǐ dàjiā dōu bù tóngyì, tā yě shì bú huì gǎibiàn kànfa de.
Even if no one agrees with her, she won't change her opinion.

▶ **G2.** "称 chēng……为 wéi……" (address…as…)

"称 chēng……为 wéi……" consists of "称 chēng" (to call, to name, to address) followed by persons or things, and "为 wéi", a literary form meaning "to be, to become, to serve as" introducing the form of address. The construction is literary in tone and more likely to be found in formal speech or writing.

① 有人称他们为"拇指一族"。
Yǒurén chēng tāmen wéi "mǔzhǐ yìzú".
Some people call them "the thumb people".

② 他们之所以称您为老师，是因为尊敬您。
Tāmen zhīsuǒyǐ chēng nín wéi lǎoshī, shì yīnwèi zūnjìng nín.
The reason they call you "teacher" is out of respect for you.

A more colloquial version is "把 bǎ……称为 chēngwéi……".

③ 他们把您称为老师，是因为尊敬您。
Tāmen bǎ nín chēngwéi lǎoshī, shì yīnwèi zūnjìng nín.
The reason they call you "teacher" is out of respect for you.

There are two even more colloquial ways of expressing more or less the same meaning. One makes use of the verb "叫 jiào" with two objects: "叫他老师 jiào tā lǎoshī"(call him teacher). The other makes use of "管 guǎn" (here, roughly like "treat") and "叫 jiào": "管他叫老师 guǎn tā jiào lǎoshī"(call him teacher).

▶ G3. "上 shàng" used as a resultative complement

In addition to its literal meaning of "go up", "上 shàng" may appear after certain action verbs as a resultative complement. With action verbs such as "关 guān" (close) or "戴 dài" (wear), the addition of "上 shàng" can still be related to the "up, on" or "go up" notions: "关上 guānshang" (to close [the door], i.e. to close up), "戴上 dàishang"(to wear [a hat], i.e. to put on). However, with verbs of perception and attachment, the addition of "上 shàng" has a rather more idiomatic meaning: "爱上 àishang" (to fall in love with); "看上 kànshang" (to take a fancy to). Here are some examples:

① 他看上了班里的汉语助教,不知道怎么向她表示。
Tā kànshang le bān li de Hànyǔ zhùjiào, bù zhīdào zěnme xiàng tā biǎoshì.
He's taken a fancy to the Chinese assistant in his class, but doesn't know how to express himself to her.

② 他爱上了他室友的妹妹。
Tā àishangle tā shìyǒu de mèimei.
He fell in love with his roommate's sister.

③ 这几年她喜欢上跳舞了,每个星期六晚上她都不在家。
Zhè jǐ nián tā xǐhuan shang tiào wǔ le, měi ge xīngqīliù wǎnshang tā dōu bú zàijiā.
Over the past few years, she's become very keen on dancing, so she's never at home Saturday nights.

▶ G4. "化 huà" used as a suffix with certain adjectives or nouns to form verbs of transformation

"化 huà" is often attached to certain adjectives or nouns to form verbs of transformation, rather like English suffixes such as "-ize" or "-ify".

① 我们只学简化字,不学繁体字。
Wǒmen zhǐ xué jiǎnhuàzì, bù xué fántǐzì.
We only learn the simplified characters, not the traditional ones.

② 也许他是上海人,比较西化。
Yěxǔ tā shì Shànghǎirén, bǐjiào xīhuà.
It's probably because he's from Shanghai and rather westernized.

③ 美国很多中国饭馆的饭菜都洋化了。
Měiguó hěn duō Zhōngguó fànguǎn de fàncài dōu yánghuà le.
The food at lots of Chinese restaurants in America is completely westernized.

④ 我们要绿化祖国。
Wǒmen yào lǜhuà zǔguó.
We need to green our motherland.

⑤ 她在中国住了二十几年了,她的生活方式已经完全中国化了。
Tā zài Zhōngguó zhùle èrshí jǐ nián le, tā de shēnghuó fāngshì yǐjīng wánquán Zhōngguóhuà le.
She's lived in China for more than 20 years, her lifestyle is already totally Chinese.

G5. The construction "不是 bú shì……, 而是 ér shì……" (not…, but…)

This two-part construction indicates a firm negation ("不是 bú shì") of one option—often a more expected one –in favor of a second, introduced by "而是 ér shì". The following examples illustrate:

① "学有成时念吾师"的"念"不是"想念"的意思，而是"不会忘记"的意思。
"Xué yǒuchéng shí niàn wú shī" de "niàn" bú shì "xiǎngniàn" de yìsi, ér shì "bú huì wàngjì" de yìsi.
The "nian" in the phrase " I 'nian' my teacher for the success I have had in my studies" does not mean just "to think of"; rather, it means "to acknowledge".

② 吴同礼不是不爱那位汉语助教，而是不好意思说出来。
Wú Tónglǐ bú shì bú ài nà wèi Hànyǔ zhùjiào, ér shì bù hǎo yìsi shuō chulai.
It's not that Wu Tongli doesn't love the Chinese tutor, it's that he's too embarrassed to say it.

③ 我们要看的不是京剧，而是上海人喜欢的越剧。
Wǒmen yào kàn de bú shì Jīngjù, ér shì Shànghǎirén xǐhuan de Yuèjù.
What were going to see isn't Peking Opera, but Shaoxing Opera, the kind of opera that Shanghai people like.

④ 他学中文不是在北京，而是在深圳。
Tā xué Zhōngwén bú shì zài Běijīng, ér shì zài Shēnzhèn.
The city where he studied Chinese isn't Beijing, it's Shenzhen.

G6. Rhetorical questions with "是不是 shì bu shì……更 gèng + Adj"

"是不是 shì bu shì" questions the possibility of a following statement, in this case, one with "更 gèng" (even). The question is rhetorical and serves to make a suggestion. In other words, it has the form of a question but it presupposes a positive answer. The following examples illustrate:

① 看杂技的时候不方便说话，是不是请她去吃饭更好？
Kàn zájì de shíhou bù fāngbiàn shuō huà, shì bu shì qǐng tā qù chī fàn gèng hǎo?
Watching an acrobatic show makes it difficult to talk, wouldn't it be rather better to invite her out to eat? (The speaker feels eating would be better.)

② 你是不是觉得发微信比跟他当面说更容易表达你的想法？
Nǐ shì bu shì juéde fā Wēixìn bǐ gēn tā dāngmiàn shuō gèng róngyì biǎodá nǐ de xiǎngfǎ?
Don't you feel that it's easier to express your thoughts to him by texting on Wechat than by speaking to him in person?

③ 他哥哥中文说得是不是比他说得更好？
Tā gēge Zhōngwén shuō de shì bu shì bǐ tā shuō de gèng hǎo?
Isn't it true that his older brother speaks Chinese even better than he does?

真实生活汉语
Chinese for Living in China 4

Consolidation & Practice

1. "即使 jíshǐ ……，还 hái/也 yě ……"

(1) Complete the following sentences with the pattern

① 学生随时随地发微信，即使＿＿＿＿＿＿＿＿＿＿＿＿＿＿＿＿，还会发微信。
　Xuésheng suíshí-suídì fā Wēixìn, jíshǐ ＿＿＿＿＿＿＿＿＿＿＿＿, hái huì fā Wēixìn.

② 即使＿＿＿＿＿＿＿＿＿＿＿＿＿＿＿＿＿＿＿＿，也得知道怎么用手机。
　Jíshǐ ＿＿＿＿＿＿＿＿＿＿＿＿＿＿＿＿＿, yě děi zhīdào zěnme yòng shǒujī.

③ 即使＿＿＿＿＿＿＿＿＿＿＿＿＿＿＿＿＿＿＿，我也不好意思向她表达。
　Jíshǐ ＿＿＿＿＿＿＿＿＿＿＿＿＿＿＿＿＿, wǒ yě bù hǎo yìsi xiàng tā biǎodá.

④ 即使我＿＿＿＿＿＿＿＿＿＿＿＿＿＿＿＿＿＿＿，还想去剧院听听京剧。
　Jíshǐ wǒ ＿＿＿＿＿＿＿＿＿＿＿＿＿＿＿＿, hái xiǎng qù jùyuàn tīngting Jīngjù.

⑤ 即使＿＿＿＿＿＿＿＿＿＿＿＿＿＿＿＿＿，我还想再买一个最新型的索尼手机。
　Jíshǐ ＿＿＿＿＿＿＿＿＿＿＿＿＿＿＿, wǒ hái xiǎng zài mǎi yí ge zuì xīnxíng de Suǒní shǒujī.

⑥ 即使我天天和语伴练习说汉语，＿＿＿＿＿＿＿＿＿＿＿＿＿＿＿＿＿＿＿。
　Jíshǐ wǒ tiāntiān hé yǔbàn liànxí shuō Hànyǔ, ＿＿＿＿＿＿＿＿＿＿＿＿＿＿＿＿＿.

⑦ 即使被拒绝很没有面子，我＿＿＿＿＿＿＿＿＿＿＿＿＿＿＿＿＿＿＿＿＿。
　Jíshǐ bèi jùjué hěn méiyǒu miànzi, wǒ ＿＿＿＿＿＿＿＿＿＿＿＿＿＿＿＿＿＿＿.

⑧ 即使我不使用手机，＿＿＿＿＿＿＿＿＿＿＿＿＿＿＿＿＿＿＿＿＿＿＿＿。
　Jíshǐ wǒ bù shǐyòng shǒujī, ＿＿＿＿＿＿＿＿＿＿＿＿＿＿＿＿＿＿＿＿＿.

⑨ 即使我听不懂越剧，我＿＿＿＿＿＿＿＿＿＿＿＿＿＿＿＿＿＿＿＿＿＿＿。
　Jíshǐ wǒ tīng bu dǒng Yuèjù, wǒ ＿＿＿＿＿＿＿＿＿＿＿＿＿＿＿＿＿＿＿＿＿.

⑩ 即使没有买到音乐会的门票，我们＿＿＿＿＿＿＿＿＿＿＿＿＿＿＿＿＿＿＿。
　Jíshǐ méiyǒu mǎidào yīnyuèhuì de ménpiào, wǒmen ＿＿＿＿＿＿＿＿＿＿＿＿＿＿.

(2) Complete the following dialogues with this pattern

① A：这次你回国，以后你还会来中国看我们吗？
　　Zhè cì nǐ huí guó, yǐhòu nǐ hái huì lái Zhōngguó kàn wǒmen ma?

　B：我爱上了中国，以后即使＿＿＿＿＿＿＿＿＿＿＿＿＿＿＿＿＿＿＿＿＿。
　　Wǒ àishangle Zhōngguó, yǐhòu jíshǐ ＿＿＿＿＿＿＿＿＿＿＿＿＿＿＿＿＿＿.

② A：现在的学生每天都离不开手机！
　　Xiànzài de xuésheng měi tiān dōu lí bu kāi shǒujī!

　B：你说的一点儿都没错，他们每天＿＿＿＿＿＿＿＿＿＿＿＿＿＿＿＿＿＿。
　　Nǐ shuō de yìdiǎnr dōu méi cuò, tāmen měi tiān ＿＿＿＿＿＿＿＿＿＿＿＿＿＿.

③ A：我很喜欢小王，想请她去看京剧，但是又怕她拒绝我。
　　Wǒ hěn xǐhuan Xiǎo Wáng, xiǎng qǐng tā qù kàn Jīngjù, dànshì yòu pà tā jùjué wǒ.

第三十二课 发微信
Lesson Thirty-two Sending WeChat

B：我认为你应该请她去看京剧，即使_____。
Wǒ rènwéi nǐ yīnggāi qǐng tā qù kàn Jīngjù, jíshǐ _____.

④ A：那款最新型的苹果手机已经卖完了，你愿意试试这款吗？
Nà kuǎn zuì xīnxíng de Píngguǒ shǒujī yǐjīng màiwánle, nǐ yuànyì shìshi zhè kuǎn ma?

B：我就是喜欢苹果手机，即使_____。
Wǒ jiùshì xǐhuan Píngguǒ shǒujī, jíshǐ _____.

⑤ A：你发微信给他，他没有回信。我看，就算了吧。
Nǐ fā Wēixìn gěi tā, tā méiyǒu huí xìn. Wǒ kàn, jiù suàn le ba.

B：那不行。即使_____。
Nà bùxíng. Jíshǐ _____.

2. "称 chēng …… 为 wéi ……"

(1) Complete the following sentences by providing the missing object (or missing part of object)

① 我们称_____的人为"拇指一族"。
Wǒmen chēng _____ de rén wéi "mǔzhǐ yìzú".

② 美国人称纽约为_____。
Měiguórén chēng Niǔyuē wéi _____.

③ 人们称_____为"裸婚"（naked marriage）。
Rénmen chēng _____ wéi "luǒhūn".

④ 有人称_____为"月光族"。
Yǒu rén chēng _____ wéi "yuèguāngzú".

⑤ 中国人称_____为"书虫"。
Zhōngguórén chēng _____ wéi "shūchóng".

(2) Complete the answers with this pattern

① A："保安"是什么人？
"Bǎo'ān" shì shénme rén?

B：在中国，人们_____。
Zài Zhōngguó, rénmen _____.

② A："三高女性"是什么意思？
"Sān-gāo nǚxìng" shì shénme yìsi?

B：在中国，我们_____。
Zài Zhōngguó, wǒmen _____.

③ A："拇指一族"是什么意思？
"Mǔzhǐ yìzú" shì shénme yìsi?

B：在中国，我们_____。
　　Zài Zhōngguó, wǒmen _____.

④ A：在美国，我听过"computer whiz"，那是说什么人？
　　Zài Měiguó, wǒ tīngguo "computer whiz", nà shì shuō shénme rén?

　B：我们_____。
　　Wǒmen _____.

⑤ A：Nerd 指的是什么人？
　　Nerd zhǐ de shì shénme rén?

　B：人们_____。
　　Rénmen _____.

3. "上 shàng"

(1) Complete the following sentences using "上 shàng" as a resultative completment

① 我想请他去看电影，因为我_____。(Hint: only had eyes for him)
　 Wǒ xiǎng qǐng tā qù kàn diànyǐng, yīnwèi wǒ_____.

② 我选了很久，终于_____了那款最新型的华为智能手机。
　 Wǒ xuǎnle hěnjiǔ, zhōngyú _____ le nà kuǎn zuì xīnxíng de Huáwéi zhìnéng shǒujī.

③ 第一次看到那只可爱的小狗，我就_____了它。
　 Dì-yī cì kàndào nà zhī kě'ài de xiǎo gǒu, wǒ jiù _____ le tā.

④ 参观过长城的人都_____了长城，希望以后再来。
　 Cānguān guo Chángchéng de rén dōu _____ le Chángchéng, xīwàng yǐhòu zài lái.

⑤ 我学了一年汉语之后就_____了汉语和中国文化。
　 Wǒ xuéle yì nián Hànyǔ zhīhòu jiù _____ le Hànyǔ hé Zhōngguó wénhuà.

(2) Complete the following sentences with "上 shàng"

① A：这个小城并不现代化，你为什么住在这儿？
　　Zhège xiǎochéng bìng bú xiàndàihuà, nǐ wèi shénme zhù zài zhèr?

　B：因为我_____，所以我不想离开这儿。
　　Yīnwèi wǒ _____, suǒyǐ wǒ bù xiǎng líkāi zhèr.

② A：你看，小李一直在和那个女孩说话，他们已经说了很长时间了。
　　Nǐ kàn, Xiǎo Lǐ yìzhí zài hé nàge nǚhái shuō huà, tāmen yǐjīng shuōle hěn cháng shíjiān le.

　B：是啊，你知道吗？小李_____，所以他不觉得累。
　　Shì a, nǐ zhīdào ma? Xiǎo Lǐ _____, suǒyǐ tā bù juéde lèi.

第三十二课 发微信
Lesson Thirty-two Sending WeChat

③ 妻子：你看见那件红色的大衣了吗？真好看！
　　Qīzi: Nǐ kàn jiàn nà jiàn hóngsè de dàyī le ma? Zhēn hǎokàn!

　丈夫：你喜欢吗？如果你＿＿＿＿＿＿＿＿＿＿＿＿，即使贵，我也给你买。
　　Zhàngfu: Nǐ xǐhuan ma? Rúguǒ nǐ ＿＿＿＿＿＿＿＿＿＿＿＿, jíshǐ guì, wǒ yě gěi nǐ mǎi.

④ A：你愿意一直在中国教中学生英文吗？
　　Nǐ yuànyì yìzhí zài Zhōngguó jiāo zhōngxuéshēng Yīngwén ma?

　B：是的，我愿意，因为我＿＿＿＿＿＿＿＿＿＿，即使工资不多，我也＿＿＿＿＿＿＿＿＿＿＿＿＿＿＿＿＿＿＿＿。
　　Shì de, wǒ yuànyì, yīnwèi wǒ ＿＿＿＿＿＿＿＿＿＿＿＿＿＿, jíshǐ gōngzī bù duō, wǒ yě ＿＿＿＿＿＿＿＿＿＿.

⑤ 父亲：你不是说只计划在北京住一年吗？怎么还不想回家？
　　Fùqīn: Nǐ bú shì shuō zhǐ jìhuà zài Běijīng zhù yì nián ma? Zěnme hái bù xiǎng huí jiā?

　儿子：爸爸，我＿＿＿＿＿＿＿＿＿＿了北京的生活，我想多住两年再回家。
　　Èrzi: Bàba, wǒ ＿＿＿＿＿＿ le Běijīng de shēnghuó, wǒ xiǎng duō zhù liǎng nián zài huí jiā.

4. "化 huà"

(1) Complete the following sentences by providing an intransitive verb formed with the "化 huà" suffix

① 他虽然是中国人，但是大学是在英国上的，所以想法、做事方式都＿＿＿＿＿＿＿了。
　Tā suīrán shì Zhōngguórén, dànshì dàxué shì zài Yīngguó shàng de, suǒyǐ xiǎngfǎ, zuòshì fāngshì dōu ＿＿＿＿＿＿＿ le.

② 上海和中国西北地区的城市不同，倒是和东京、纽约很像，是一个＿＿＿＿＿＿大城市。
　Shànghǎi hé Zhōngguó Xī-běi bù de chéngshì bùtóng, dàoshì hé Dōngjīng、Niǔyuē hěn xiàng, shì yí ge ＿＿＿＿＿＿ dà chéngshì.

③ Jones先生在中国生活了十年了，生活习惯都已经＿＿＿＿＿＿＿了。
　Jones xiānsheng zài Zhōngguó shēnghuóle shí nián le, shēnghuó xíguàn dōu yǐjīng ＿＿＿＿＿＿ le.

④ 从前那个美丽的小城现在已经＿＿＿＿＿＿＿了。(Hint: too commercialized)
　Cóngqián nàge měilì de xiǎochéng xiànzài yǐjīng ＿＿＿＿＿＿＿ le.

⑤ 在这个＿＿＿＿＿＿＿的世界里，维持自己的传统不容易。(Hint: globalized)
　Zài zhège ＿＿＿＿＿＿＿ de shìjiè li, wéichí zìjǐ de chuántǒng bù róngyì.

(2) Provide a verb with the "化 huà" suffix to complete the following sentences

① A：你看那位老先生，他是中国人还是美国人？
　　Nǐ kàn nà wèi lǎo xiānsheng, tā shì Zhōngguórén háishi Měiguórén?

真实生活汉语
Chinese for Living in China

　　B：他四十年前从中国移民到美国，已经_____了。
　　　　Tā sìshí nián qián cóng Zhōngguó yímín dào Měiguó, yǐjīng _____ le.

② A：现在的孩子天天玩手机、发微信！
　　　　Xiànzài de háizi tiāntiān wán shǒujī、fā Wēixìn!

　　B：是啊，我很担心天天玩手机思想都_____了。
　　　　Shì a, wǒ hěn dānxīn tiāntiān wán shǒujī sīxiǎng dōu _____ le.

③ A：这个新开发的社区怎么没有花草树木？
　　　　Zhège xīn kāifā de shèqū zěnme méiyǒu huācǎo shùmù?

　　B：我们的下一步计划就是种树种花来_____这个社区。
　　　　Wǒmen de xià yí bù jìhuà jiùshì zhòng shù zhòng huā lái _____ zhège shèqū.

④ A：那些古老的建筑都被拆了吗？
　　　　Nàxiē gǔlǎo de jiànzhù dōu bèi chāile ma?

　　B：是的，为了城市的_____，很多老房子都拆了。
　　　　Shì de, wèile chéngshì de _____, hěn duō lǎo fángzi dōu chāi le.

⑤ A：你们老师也会使用新科技教汉语吗？
　　　　Nǐmen lǎoshī yě huì shǐyòng xīn kējì jiāo Hànyǔ ma?

　　B：是的，现在学习汉语、教汉语的方式都_____化了。
　　　　Shì de, xiànzài xuéxí Hànyǔ、jiāo Hànyǔ de fāngshì dōu _____ huà le.

5. "不是 bú shì ……，而是 ér shì ……"

(1) Complete the following sentences with this pattern

① "学有成时念吾师"的"念"不是"想念"的意思，而是_____。
　　"Xué yǒuchéng shí niàn wú shī" de "niàn" bú shì "xiǎngniàn" de yìsi, érshì _____.

② 我来中国不是为了找工作，而是_____。
　　Wǒ lái Zhōngguó bú shì wèile zhǎo gōngzuò, ér shì _____.

③ 小王看上的不是小李，而是_____。
　　Xiǎo Wáng kànshang de bú shì Xiǎo Lǐ, ér shì _____.

④ 现代人流行的交流方式不是写信，而是_____。
　　Xiàndàirén liúxíng de jiāoliú fāngshì bú shì xiě xìn, ér shì _____.

⑤ 她不是我的同学，而是_____。
　　Tā bú shì wǒ de tóngxué, ér shì _____.

(2) Answer the following questions with this pattern

① A：你学汉语是不是希望将来在中国开公司？
　　　　Nǐ xué Hànyǔ shì bu shì xīwàng jiānglái zài Zhōngguó kāi gōngsī?

第三十二课 发微信
Lesson Thirty-two Sending WeChat

　　B：其实不是，我学汉语_____。
　　　　Qíshí bú shì, wǒ xué Hànyǔ _____.

② A：" 裸婚 "的意思是不是结婚的时候不穿衣服？
　　　　"Luǒhūn" de yìsi shì bu shì jié hūn de shíhou bù chuān yīfu?

　　B：呵呵，你想错了，" 裸婚 "_____。
　　　　Hēhē, nǐ xiǎng cuò le, "luǒhūn" _____.

③ A：你吃得那么少，是不是不喜欢我做的饭？
　　　　Nǐ chī de nàme shǎo, shì bu shì bù xǐhuan wǒ zuò de fàn?

　　B：我吃得少，_____。
　　　　Wǒ chī de shǎo, _____.

④ A：你怎么不回我的微信？你不想和我说话了吗？
　　　　Nǐ zěnme bù huí wǒ de Wēixìn? Nǐ bù xiǎng hé wǒ shuō huà le ma?

　　B：不不，_____。
　　　　Bù bu, _____.

⑤ A：你常给汉语助教发微信，是不是爱上她了？
　　　　Nǐ cháng gěi Hànyǔ zhùjiào fā Wēixìn, shì bu shì àishang tā le?

　　B：_____。

6. "是不是 shì bu shì ……更 gèng + Adj"

(1) Complete the following sentences with a rhetorical question, following this pattern

① 看杂技的时候不方便说话，_____?
　　Kàn zájì de shíhou bù fāngbiàn shuō huà, _____.
(Hint: to invite her to dinner)

② 开车需要一天的时间，_____?
　　Kāi chē xūyào yì tiān de shíjiān, _____.
(Hint: by plane)

③ 你想表达自己的感情，_____?
　　Nǐ xiǎng biǎodá zìjǐ de gǎnqíng, _____.
(Hint: to send WeChat to her)

④ 在我看来，黑色的手机好看是好看，_____?
　　Zài wǒ kànlái, hēisè de shǒujī hǎokàn shì hǎokàn, _____.
(Hint: pink is even better)

⑤ 听说学说汉语很难，_____?
　　Tīngshuō xué shuō Hànyǔ hěn nán, _____.
(Hint: to write Chinese characters)

(2) Complete the following dialogues, making a suggestion with "更 gèng"

① A： 我想邀请我的助教去跑步。
　　　 Wǒ xiǎng yāoqǐng wǒ de zhùjiào qù pǎo bù.

　　B： 天气这么热跑步好吗？是不是_____？（Hint: to see a movie）
　　　 Tiānqì zhème rè pǎo bù hǎo ma? Shì bu shì _____?

② A： 听说四川饭馆的烤鸭很好吃。
　　　 Tīngshuō Sìchuān fànguǎn de kǎoyā hěn hǎochī.

　　B： 我还知道一家烤鸭店，听说比四川饭馆_____。
　　　 Wǒ hái zhīdào yì jiā kǎoyādiàn, tīngshuō bǐ Sìchuān fànguǎn _____.

③ A： 从上海到北京可以坐特快火车，很方便。
　　　 Cóng Shànghǎi dào Běijīng kěyǐ zuò tèkuài huǒchē, hěn fāngbiàn.

　　B： 难道你不知道吗？现在坐高铁_____。
　　　 Nándào nǐ bù zhīdào ma? Xiànzài zuò gāotiě _____.

④ A： 我想请那位女孩看电影。
　　　 Wǒ xiǎng qǐng nà wèi nǚhái kàn diànyǐng.

　　B： 你请她去看电影，先_____。
　　　 Nǐ qǐng tā qù kàn diànyǐng, xiān _____.（Suggest: to send a text message）

⑤ A： 我计划去中国做生意。
　　　 Wǒ jìhuà qù Zhōngguó zuò shēngyì.

　　B： 你去中国做生意以前，_____。
　　　 Nǐ qù Zhōngguó zuò shēngyì yǐqián, _____.（Suggest: to study Chinese first）

第三十二课 发微信
Lesson Thirty-two Sending WeChat

Listening Comprehension

1. Listen to the conversation between a manager and an applicant, then answer the questions by selecting the correct answer from the options

(1) According to Manager Zhang, what was the reason he didn't hire Miss Wang?

　　A. She gave him the impression that she wasn't serious about the job.

　　B. Her professional background was not good enough.

　　C. He had chosen a candidate long before the job announcement.

(2) Why did Miss Zhang send a text during the pre-service workshop?

　　A. She had a fight with her boyfriend.

　　B. She was bored with the workshop and was chatting with her boyfriend.

　　C. Her boyfriend had had a car accident and was in a hospital.

2. Listen to the conversation, this one between a female and a male.

(1) What time is most reasonable for this phone conversation to take place?

　　A. Early in the morning

　　B. At noon

　　C. In the evening

(2) Why couldn't he reach her on the phone?

　　A. She'd forgotten to turn her cellphone on.

　　B. She'd forgotten to bring her cellphone with her.

　　C. She'd forgotten to top up her account.

Communication Activities

Pair Work

Scenario I: Explain to your partner how to send WeChat on your cellphone, and note your cellphone's most interesting or useful function(s).

Scenario II: Share an episode that involved someone you were romantically interested in asking you to do something with him/her. Explain how the invitation happened, what it was about, whether you accepted and why, and why you still remember it.

Role Play & Group Work

Divide the class into males and females. First of all, males, using polite and persuasive language, try to convince females to join them on an activity, such as going out to eat in a fancy restaurant on a particular day, going hiking early on a Saturday, watching a movie, or doing a research project together. Then, females propose various activities and try to persuade males to join them.

Use the following words and patterns:

我不知道你愿不愿意……；即使……，也/还……；

不是A，而是B。

....

....

Review Exercises

I. Match the verbs on the left with the nouns on the right

1. 看上   A. 我的邀请
2. 表达   B. 那件流行的夹克
3. 谈   C. 我的感情
4. 追   D. 女朋友
5. 拒绝   E. 和你去看杂技
6. 答应   F. 恋爱

第三十二课 发微信
Lesson Thirty-two Sending WeChat

II. Fill in the blanks with the words listed

| 年轻化 niánqīnghuà | 反而 fǎn'ér | 随时 suíshí | 影响 yǐngxiǎng | 流行 liúxíng | 为 wéi |

有人称眼睛看着手机，拇指在手机上快速移动的人_____"拇指一族"。近年来，"拇指一族"的年龄越来越_____了，手机不但在大学生中很_____，甚至在中小学生中也流行起来了。科学家认为，孩子经常发微信_____了他们的汉字书写能力。有意思的是，对于学习中文的外国"拇指一族"，这并不是问题，_____能快速提高中文的写作能力！

III. Complete the following conversational excerpts

A：小张，我得请你帮我出个主意。

B：什么事？

A：史密斯教授是我在英国读研究生时的教授，过两天他就要来中国讲学了，他计划来上海的时候见见他以前的学生。我们已经有十年不见了，他只在上海待两天，你说，我应该怎么招待他啊？

B：史密斯是位研究西方戏剧的学者，是吧？你看，带他去看个莎士比亚剧怎么样？

A：他好不容易来一趟中国，是不是_____？

B：那就带他去看个越剧。

A：那不行，他听不懂越剧。

B：我想，他即使_____，也_____。因为他是学戏剧的，看越剧不是为了_____，而是为了_____。

A：嗯，你说的不是没有道理。现在剧院里都有英文翻译，他可以一边_____，一边_____。

B：是的。你赶快上网查查他来上海的那两天在哪儿有越剧表演吧。

IV. Complete the following tasks in Chinese

1. First, familiarize yourself with the operation of you cellphone's WeChat function. Then, text a Chinese friend, provides your cellphone number, and let him/her know how glad you are to have met him/her.

2. Text your Chinese teacher and ask him or her to have lunch with you. Explain why you're inviting him/her and suggest a time and place to meet.

Culture Notes

1. Text message related security issues

Text messages are often used to propagate fraud in China. Some common types of fraud are the following:

a. You get a text message, labeled security, saying your bank has been hacked by an international criminal organization and advising you to transfer your funds to a more secure account. The more secure account has, of course, been set up by criminals.

b. Someone posing as a business partner or creditor sends a text message saying that "your remittance account has been changed" and requesting that you resubmit a particular amount.

c. One receives a text message purporting to be from a mobile phone company asking for "deactivation charges for a mobile phone".

Suspicious text messages should obviously be carefully verified with inquiries to the relevant bank or other business, or to the mobile phone company hotlines.

2. "微信 Wēixìn" (WeChat)

On January 21, 2011 Tencent launched a cellphone chat app that could quickly send voice messages, video, pictures and text through the network. With WeChat, users can interact with friends through a micro-channel in ways similar to SMS, MMS, etc. Because many WeChat features are free, it has become very popular in China, and has tended to replace text messaging.

Lesson Thirty-three Fitness Centers

第三十三课 健身房

Dì-sānshísān Kè   Jiànshēnfáng

In this lesson you will learn how to do the following

- Ask about fitness center fees
- Make arrangements for a part-time job
- Organize a program of exercises at a fitness center
- Describe the range of exercises offered by fitness centers

Grammar

- Question words as indefinites
- The construction "宁可 nìngkě……, 也 yě……", (would rather…, better to…)
- The conjunction "为的是 wèideshì" (so that, in order to, the reason is)
- "通过 tōngguò" (by means of, by way of, with)
- "还是 háishi……吧 ba" (better to, may as well)
- "A 和 hé B 相结合 xiāng jiéhé" (to combine A with B)

Culture Notes

- Fitness centers in China
- Fitness center cards

真实生活汉语
Chinese for Living in China 4

Dialogue

A: 陈先生 **B:** 白旭 **C:** 陈东
Chén xiānsheng Bái Xù Chén Dōng
Mr. Chen an Italian student Mr. Chen's son

白旭在武汉大学留学。现在中国物价不断上涨，家里给他的钱不够用，他就找了一份家教工作，一小时可以挣200块，用来补贴生活。请他做家教的陈先生夫妇两人都做生意，他们有一个12岁的儿子叫陈东。因为他们生意忙，经常不在家，没有时间照顾孩子，陈东放学后，回到家就打开电脑上网。腾讯、新浪、搜狐、百度……他什么[G1]网站都浏览。他在网上聊天儿、看动漫、玩游戏，一直玩到上床睡觉。陈先生很担心他在网上交坏朋友，更担心他蜗居[1]在家，过着宅男宅女[2]的生活，把身体搞坏了，所以宁可多花钱，也要给他请个家教[G2]。

Bái Xù zài Wǔhàn Dàxué liú xué. Xiànzài Zhōngguó wùjià búduàn shàngzhǎng, jiāli gěi tā de qián bú gòu yòng, tā jiù zhǎole yí fèn jiājiào gōngzuò, yì xiǎoshí kěyǐ zhèng liǎngbǎi kuài, yòng lái bǔtiē shēnghuó. Qǐng tā zuò jiājiào de Chén xiānsheng fūfù liǎngrén dōu zuò shēngyì, tāmen yǒu yí ge shí'èr suì de érzi jiào Chén Dōng. Yīnwèi tāmen shēngyì máng, jīngcháng bú zài jiā, méiyǒu shíjiān zhàogù háizi, Chén Dōng fàng xué hòu, huídào jiā jiù dǎkāi diànnǎo shàng wǎng. Téngxùn、Xīnlàng、Sōuhú、Bǎidù……tā shénme[G1] wǎngzhàn dōu liúlǎn. Tā zài wǎngshang liáo tiānr、kàn dòngmàn、wán yóuxì, yìzhí wán dào shàng chuáng shuì jiào. Chén xiānsheng hěn dānxīn tā zài wǎngshang jiāo huài péngyou, gèng dān xīn tā wōjū[1] zài jiā, guòzhe zháinán-zháinǚ[2] de shēnghuó, bǎ shēntǐ gǎohuài le, suǒyǐ nìngkě duō huā qián, yě yào gěi tā qǐng ge jiājiào[G2].

A: 白老师，我想请您一星期来三次，每次两个小时。下午陈东放学后您过来，来了以后就带他去我们小区的健身房锻炼，只跟他讲英文。这为的

Notes

1. "蜗居 wōjū", literally "snail-residence", was originally a humble reference to one's own home, i.e. "a house the size of a snail shell", or in other words, "my humble abode". In colloquial usage, it has come to have a verbal function—"being confined in a small space": "蜗居在家 wōjū zài jiā" (stuck in the house all day). "蜗居 wōjū" is also the title of a novel that has been made into a popular soap opera, both novel and soap opera have the peculiar English title of "Dwelling Narrowness".

2. "宅男宅女 zháinán-zháinǚ", a compound that has been formed on the basis of the Japanese expression 'otaku', which contains the character "宅 zhái" (house). In colloquial Japanese, the term has come to be applied to unsocial people who stay in their rooms playing video games, reading manga comics, etc. The Chinese have elaborated the expression into "宅男宅女 zháinán-zháinǚ" (a homebody), with implications of "nerd, misfit".

第三十三课　健身房
Lesson Thirty-three　Fitness Centers

是^{G3}让他既锻炼身体，又学习英文。您看可以吗？

Bái lǎoshī, wǒ xiǎng qǐng nín yì xīngqī lái sān cì, měi cì liǎng ge xiǎoshí. Xiàwǔ Chén Dōng fàng xué hòu nín guòlai, lái le yǐhòu jiù dài tā qù wǒmen xiǎoqū de jiànshēnfáng duànliàn, zhǐ gēn tā jiǎng Yīngwén. Zhè wèideshì ràng tā jì duànliàn shēntǐ, yòu xuéxí Yīngwén. Nín kàn kěyǐ ma?

B: 没问题。不知[3]健身房收不收费？
Méi wèntí. Bù zhī[3] jiànshēnfáng shōu bu shōu fèi?

A: 收费。我办了健身次卡，350元可以用30次。谁都可以拿这个卡进去，进去一个人算一次，你们两个人可以去15次。用完后我看情况，如果需要，再给你们办月卡或者季度卡。
Shōu fèi. Wǒ bànle jiànshēn cìkǎ, sǎnbǎi wǔshí yuán kěyǐ yòng sānshí cì. Shuí dōu kěyǐ ná zhège kǎ jìnqu, jìnqu yí ge rén suàn yí cì, nǐmen liǎng ge rén kěyǐ qù shíwǔ cì. Yòngwán hòu wǒ kàn qíngkuàng, rúguǒ xūyào, zài gěi nǐmen bàn yuèkǎ huòzhě jìdùkǎ.

B: 好。我什么时候开始工作呢？
Hǎo. Wǒ shénme shíhou kāishǐ gōngzuò ne?

A: 如果方便，我们明天就可以开始。
Rúguǒ fāngbiàn, wǒmen míngtiān jiù kěyǐ kāishǐ.

B: 好极了。小区的健身房在哪儿？
Hǎojí le. Xiǎoqū de jiànshēnfáng zài nǎr?

A: 就在那边。五分钟就走到了。
Jiù zài nàbian. Wǔ fēnzhōng jiù zǒudào le.

B: 好。明天见。
Hǎo. Míngtiān jiàn.

(在健身房 Zài jiànshēnfáng)

B: 陈东，你爸爸说你的宅男生活太久了，希望你能通过^{G4}锻炼减肥。尽管我不觉得你胖，我们男人还是把肌肉练得强壮一点儿更好吧^{G5}。
Chén Dōng, nǐ bàba shuō nǐ de zháinán shēnghuó tài jiǔ le, xīwàng nǐ néng tōngguò^{G4} duànliàn jiǎn féi. Jǐnguǎn wǒ bù juéde nǐ pàng, wǒmen nánrén háishi bǎ jīròu liàn de qiángzhuàng yìdiǎnr gèng hǎo ba^{G5}.

C: 我也希望肌肉更加强壮。怎么练呢？

---
3. "不知 bù zhī " is short for "不知道 bù zhīdào".

Wǒ yě xīwàng jīròu gèngjiā qiángzhuàng. Zěnme liàn ne?

B：我给你做了一个健身计划，刚开始健身的人应该采用有氧运动和无氧运动相结合[G6]的方式。
Wǒ gěi nǐ zuòle yí ge jiànshēn jìhuà, gāng kāishǐ jiànshēn de rén yīnggāi cǎiyòng yǒuyǎng yùndòng hé wúyǎng yùndòng xiāng jiéhé[G6] de fāngshì.

C：什么意思？
Shénme yìsi?

B：有氧运动在英文里是"aerobics"，就是指让你呼吸加快的那种运动。比如：跑步、爬山、骑自行车、划船、游泳、做健身操等。
Yǒuyǎng yùndòng zài Yīngwén li shì "aerobics", jiù shì zhǐ ràng nǐ hūxī jiākuài de nà zhǒng yùndòng. Bǐrú: pǎo bù、pá shān、qí zìxíngchē、huá chuán、yóu yǒng、zuò jiànshēncāo děng.

C：那我们不是应该到外面去运动吗？
Nà wǒmen bú shì yīnggāi dào wàimian qù yùndòng ma?

B：外面空气污染得很厉害，室内比室外的空气可能还干净点儿。这健身房里有跑步机、动感单车、登山机等，都可以做有氧运动。
Wàimian kōngqì wūrǎn de hěn lìhai, shìnèi bǐ shìwài de kōngqì kěnéng hái gānjìng diǎnr. Zhè jiànshēnfáng li yǒu pǎobùjī、dònggǎn dānchē、dēngshānjī děng, dōu kěyǐ zuò yǒuyǎng yùndòng.

C：那哪些是无氧运动呢？
Nà nǎxiē shì wúyǎng yùndòng ne?

B：那些腿部伸展机、哑铃、扩胸器、划船机等，都可以增强肌肉力量。
Nàxiē tuǐbù shēnzhǎnjī、yǎlíng、kuòxiōngqì、huáchuánjī děng, dōu kěyǐ zēngqiáng jīròu lìliang.

C：那我每次要练多久呢？
Nà wǒ měi cì yào liàn duō jiǔ ne?

B：我们每次练一个小时。先热身5分钟，再跑15分钟的跑步机，骑15分钟的自行车，然后用其他健身器练练肌肉，最后去游会儿泳，怎么样？
Wǒmen měi cì liàn yí ge xiǎoshí. Xiān rè shēn wǔ fēnzhōng, zài pǎo shíwǔ fēn zhōng de pǎobùjī, qí shíwǔ fēnzhōng de zìxíngchē, ránhòu yòng qítā jiànshēnqì liànlian jīròu, zuìhòu qù yóu huìr yǒng, zěnmeyàng?

C：好。听你的！
Hǎo. Tīng nǐ de!

第三十三课 健身房
Lesson Thirty-three Fitness Centers

B： 从现在开始我要用英文跟你说话了。
Cóng xiànzài kāishǐ wǒ yào yòng Yīngwén gēn nǐ shuō huà le.

New Words

1	白旭	Bái Xù	PropN	(a person's name)
2	物价/物價	wùjià	N	(commodity) prices
3	不断/不斷	búduàn	Adv	continuously, steadily
4	上涨/上漲	shàngzhǎng	V	to rise (prices, flood waters, etc.)
5	份	fèn	Meas	for part, share, portion; set, copy of
6	挣/掙	zhèng	V	to earn, to make (money, by one's labour)
7	补贴/補貼	bǔtiē	V/N	to subsidize; subsidy
8	夫妇/夫婦	fūfù	N	husb.and and wife
9	生意	shēngyì	N	trade, business
10	浏览/瀏覽	liúlǎn	V	to browse (on the web), to glance over
11	腾讯/騰訊	Téngxùn	PropN	Tencent (http://www.tencent.com)
12	新浪	Xīnlàng	PropN	Sina (http://sina.com)
13	搜狐	Sōuhú	PropN	Sohu
14	百度	Bǎidù	PropN	Baidu (http://baidu.com.)
15	游戏/遊戲	yóuxì	V/N	to play; game, recreation
16	担心/擔心	dān xīn	VO	to be afraid, to worry about
17	交朋友	jiāo péngyou	VO	to make friends, to become friends
18	蜗居	wōjū	N/V	humble dwelling (house the size of a snail shell), and by extension "one's room"; to be stuck in one's room; not to have a life

19	宅男宅女	zháinán-zháinǚ	N	a homebody; young men and women who like to stay at home and addicted to online games, manga, etc.
20	身体/身體	shēntǐ	N	the body
21	搞	gǎo	V	to do, to make, to produce, to arrange, to handle
22	宁可/寧可	nìngkě	Conj	rather, would rather, better to
23	花钱/花錢	huā qián	VO	to spend money
24	小区/小區	xiǎoqū	N	residential compound, neighborhood
25	健身房	jiànshēnfáng	N	fitness center, exercise center
26	讲/講	jiǎng	V	to speak, to talk about, to lecture
27	为的是/爲的是	wèideshì	Prep	for the sake of, with a view to, because
28	既……又（也）……	jì……yòu(yě)……	Conj	both… and…
29	不知	bù zhī	Phr	not to know, have no idea of, being in the dark
30	健身卡	jiànshēnkǎ	N	fitness card
31	月卡	yuèkǎ	N	monthly card
32	季度卡	jìdùkǎ	N	quarterly card
33	减肥	jiǎn féi	VO	to lose weight
34	胖	pàng	Adj	fat, stout
35	男人	nánrén	N	man
36	肌肉	jīròu	N	muscle
37	练/練	liàn	V	to train, to practise
38	强壮/強壯	qiángzhuàng	Adj	strong, sturdy
39	计划/計劃	jìhuà	N / V	plan, program; to plan
40	采用/採用	cǎiyòng	V	to use, to adopt
41	有氧运动/有氧運動	yǒuyǎng yùndòng	N	aerobics (oxygenating exercise)
42	运动/運動	yùndòng	N	sports, physical exercise
43	无/無	wú	BF	not have, not exist

第三十三课 健身房
Lesson Thirty-three Fitness Centers

44	相结合/相結合	xiāng jiéhé	Phr	to combine with, to integrate with
45	加快	jiākuài	V	to accelerate, to speed up
46	跑步	pǎo bù	VO	to run, to jog
47	爬山	pá shān	VO	to climb mountains, to hike
48	骑/騎	qí	V	to ride astride (a bicycle, a horse, etc.)
49	自行车（单车）/自行車（單車）	zìxíngchē (dānchē)	N	bicycle
50	划船	huá chuán	VO	to row a boat
51	游泳	yóu yǒng	VO	to swim
52	健身操	jiànshēncāo	N	fitness exercises, calisth.enics
53	厉害/厲害	lìhai	Adj	intense, severe, strong, terribly, extremely
54	室内	shìnèi	PW	indoors, interior
55	室外	shìwài	PW	outdoors, outside
56	跑步机/跑步機	pǎobùjī	N	treadmill
57	动感单车/動感單車	dònggǎn dānchē	N	stationary bike
58	登山	dēng shān	VO	to engage in mountain climbing
59	机/機	jī	BF	machine, engine
60	腿部	tuǐbù	N	leg
61	伸展	shēnzhǎn	V	to stretch
62	哑铃/啞鈴	yǎlíng	N	dumbbell (exercise equipment)
63	扩/擴	kuò	V	to expand, to enlarge, to extend
64	胸	xiōng	N	chest, thorax
65	增强	zēngqiáng	V	to increase (in quantity), to strengthen, to reinforce
66	力量	lìliang	N	strength, force, power
67	热身/熱身	rè shēn	VO	to warm up

Re-enacting the Dialogue

Bai Xu is doing overseas study at Wuhan University. These days in China, prices are constantly rising, [so] the money that his family gave him for expenses isn't enough. He found a tutoring job which pays ¥200 an hour to supplement his living [expenses]. Mr. and Mrs. Chen who asked him to tutor are both in business, they have a 12-year-old son named Chen Dong. Because their business keeps them busy, they are often not at home and don't have time to look after their son. When Chen Dong gets out of school he goes home, turn on the computer and goes online. He browses all kinds of websites: Tencent, Sina, Yahoo, Baidu…He chats on the Internet, watches cartoons and plays video games straight through until he goes to bed. Mr. Chen worries that he'll make bad friends online, and worries even more that he'll be stuck in his room all the time and will lead the life of a recluse and damage his health. So he would rather spend more money and get him a tutor.

A: Teacher Bai, I'd like to have you come three times a week, two hours each time. Come in the afternoon after Chen Dong gets out of school, then take him with you to the fitness center in our residential compound for a workout. Only speak English to him, so that way, he can exercise and study English at the same time. You think that'll work?

B: No problem. But I'm wondering if the fitness club charges a fee or not.

A: Yes, it does. I've bought a multiple-visit fitness card. For ¥ 350 you can go 30 times. Anybody can get in with the card. When a person enters, that's one time. The two of you can go 15 times. When you've used it all up, I'll see. If needed, I can buy a monthly card for you, or a quarterly card.

B: Okay. When do I start work?

A: If it's okay with you, we can start tomorrow.

B: Great. Where's the fitness center in your compound?

A: It's over that way, about 5 minutes walk.

B: Okay, see you tomorrow.

(In the fitness center)

B: Chen Dong, your Dad says you've been otaku for long enough. He hopes you can lose some weight by undertaking an exercise program. Even though I don't feel you're fat exactly, it's best for us guys to firm up the muscles a bit.

C: I'm also hoping to tone up my muscles. How to do it though?

B: I'm going to prepare a fitness plan for you, if you've just begun to work out, it's best to mix "oxygenating" exercises with "non-oxygenating" ones.

C: What do you mean?

B: Oxygenating exercises are called "aerobics" in English. Those are exercises designed to make you breathe faster. Like jogging, hiking, biking, rowing, swimming and calisthenics.

C: So, shouldn't we go outside to do those exercises?

B: Outside, the air pollution's quite bad. The air in the room is probably a bit cleaner than the air outside. At the fitness center, you can use treadmills, exercise bicycles, and stairmasters to get aerobic training.

C: So what sort of things are "non-oxygenating" exercises?

B: Things like leg-stretching machines, dumbbells, chest expanders, rowing machines,they can all be used to build muscle strength.

C: So how long do I need to exercise each time?

B: Each time we'll work out for an hour. Let's warm up for 5 minutes right now, then we'll do 15 minutes on the treadmill, and 15 minutes on the bicycle. After that, we'll use some other equipment to exercise muscles, and end up going for a swim—how's that?

C: Fine, I'll follow you.

B: From now on, I'll be talking to you in English.

真实生活汉语
Chinese for Living in China

Grammar

▶ G1. Question words as indefinites

In Chinese (as in many other languages) question words actually have two facets: they may be used as interrogatives, or they may be used as indefinites. Thus, "什么 shénme" may be used as an interrogative ("what") or as an indefinite ("anything"); "哪儿 nǎr" may mean "where" or "anywhere". In the latter case, the addition of a totalizing adverb, such as "都 dōu" or "也 yě" makes them inclusive or exclusive indefinites ("什么都 shénme dōu" anything at all, "哪儿也 nǎr yě" anywhere at all).

To illustrate, the following pair of examples show "哪儿 nǎr" first as a question, then as an indefinite:

① 他都去过哪儿?
　Tā dōu qùguo nǎr?
　Where has he been?

② 他哪儿都去过。
　Tā nǎr dōu qùguo.
　He's been everywhere!

The last example illustrates another point: the indefinite phrase is always stated before the supporting adverbs, "都 dōu" or "也 yě"—in other words, before their associated verbs: "哪儿都去过 nǎr dōu qùguo".

Here are some other examples:

① 腾讯、新浪、搜狐、百度……他什么网站都浏览。
　Téngxùn、Xīnlàng、Sōuhú、Bǎidù……tā shénme wǎngzhàn dōu liúlǎn.
　He browses all kinds of websites: Tencent, Sina, Sohu, Baidu …

② 谁都可以拿这个卡进去。
　Shuí dōu kěyǐ ná zhège kǎ jìnqu.
　Anybody can get in with this card.

③ 这个周末我哪儿也不去,好好儿把下周的考试准备准备。
　Zhège zhōumò wǒ nǎr yě bú qù, hǎohāor bǎ xiàzhōu de kǎoshì zhǔnbèi zhǔnbèi.
　I won't go anywhere this weekend. I'll stay home and work hard to prepare for next week's test.

▶ G2. The construction "宁可 nìngkě ……, 也 yě ……" (would rather …, better to …)

The use of the conjunction "宁可 nìngkě" indicates a preference, introduced in the initial clause, over rejected options, listed in the following clause (which usually contains "也 yě"). If a sentential subject is present, "宁可 nìngkě" follows it. The following example is typical:

我宁可饿死,也不吃麦当劳!
Wǒ nìngkě èsǐ, yě bù chī Màidāngláo!
I'd rather die of starvation than eat Mcdonald's food!

In this example, a preference (die of starvation) is introduced with "宁可 nìngkě" and a rejected option (eating at Mcdonald's) appears with "也 yě". However, in many cases, the rejected option is only implied, not stated:

Lesson Thirty-three Fitness Centers

第三十三课 健身房

他怕坐飞机，出去旅行宁可坐火车。
Tā pà zuò fēijī, chūqu lǚxíng nìngkě zuò huǒchē.
He's afraid of flying, when he travels, he prefers to take the train (rather than fly).

In such cases, the "也 yě" clause may simply be a second part of the preferred choice, with the meaning "and" rather than indicating the rejected option (indicated below in parentheses):

① 我今天宁可不睡觉，也要把功课做完。
Wǒ jīntiān nìngkě bú shuì jiào, yě yào bǎ gōngkè zuòwán.
I'd rather do without sleep and get my homework done (rather than sleep and not get it done).

② 宁可多花钱，也要给他请个家教。
Nìngkě duō huā qián, yě yào gěi tā qǐng ge jiājiào.
He would rather spend more money and get him a tutor (rather than save money and let him play video games all day).

③ 陆克文宁可一个月多付几百块钱，也要住在交通方便的地方。
Lù Kèwén nìngkě yí ge yuè duō fù jǐbǎi kuài qián, yě yào zhù zài jiāotōng fāngbiàn de dìfang.
Lu Kewen would rather pay a few more hundred *yuan* a month and live in a place that has easy access to transportation (rather than pay less and have a difficult commute).

▶ **G3. The conjunction "为的是 wèideshì" (so that, in order to, the reason is)**

Purpose or reason can be introduced (as the second clause of a complex sentence) by the conjunction "为的是 wèideshì". The following examples illustrate:

① 请你来做家教为的是让他既锻练身体又学习英文。
Qǐng nǐ lái zuò jiājiào wèideshì ràng tā jì duànliàn shēntǐ yòu xuéxí Yīngwén.
We asked you to be his tutor so you could get him to exercise and study English at the same time.

② 这个地方吵是吵，但是我住在这儿为的是方便。
Zhège dìfang chǎo shì chǎo, dànshì wǒ zhù zài zhèr wèideshì fāngbiàn.
It's noisy here, to be sure, but I live here for the convenience.

③ 来中国为的是学习中文，你为什么一天到晚跟美国同学在一起呢？
Lái Zhōngguó wèideshì xuéxí Zhōngwén, nǐ wèi shénme yìtiān-dàowǎn gēn Měiguó tóngxué zài yìqǐ ne?
You've come to China to learn Chinese well, so why do you spend morning to night with your American classmates?

▶ **G4. "通过 tōngguò" (by means of, by way of, with)**

"通过 tōngguò" may function as a full verb or as a preposition (associated with a following verb). The examples in this lesson illustrate the prepositional use, which corresponds to English "through, by means of, with, etc." Here are some examples, beginning with the one in the dialogue:

真实生活汉语
Chinese for Living in China

A. As a preposition:

① 陈东，你爸爸说你的宅男生活太久了，希望你能通过锻炼减肥。
Chén Dōng, nǐ bàba shuō nǐ de zháinán shēnghuó tài jiǔ le, xīwàng nǐ néng tōngguò duànliàn jiǎn féi.
Chen Dong, your Dad says your've been otaku for long enough. He hopes you can loose some weight by undertaking an exercise program.

② 通过网络讨论问题，这在十年前是不可想象的！
Tōngguò wǎngluò tǎolùn wèntí, zhè zài shínián qián shì bù kě xiǎngxiàng de!
Discussing problems via the Internet—this would have been unthinkable ten years ago!

③ 希望工程的目的是通过捐款让每一个农村孩子都能上学。
Xīwàng Gōngchéng de mùdì shì tōngguò juān kuǎn ràng měi yí ge nóngcūn háizi dōu néng shàng xué.
The goal of The Hope Project is to let every village child attend school through donations of money.

As a preposition, "通过 tōngguò" is also common with verbs involving consent or approval:

你的研究计划要通过学校批准。
Nǐ de yánjiū jìhuà yào tōngguò xuéxiào pīzhǔn.
You research plan has to be approved by the school.

B. As a verb:

As a verb, "通过 tōngguò" has the literal sense of "to get past, to traverse" and the more figurative one of "to pass (an exam), approve (a proposal)":

① 那儿在修路，汽车不能通过。
Nàr zài xiū lù, qìchē bù néng tōngguò.
They're doing roadwork over there, cars can't get through.

② 她通过了研究院的入学考试。
Tā tōngguòle yánjiūyuàn de rùxué kǎoshì.
She's passed the examination for getting into graduate school.

③ 我室友夏雪的研究计划已经被通过了！
Wǒ shìyǒu Xià Xuě de yánjiū jìhuà yǐjīng bèi tōngguò le!
My roommate Xia Xue's research proposal has been approved!

▶ **G5.** "还是 háishi……吧 ba" (better to, may as well)

In a situation where no clear cut choice presents itself, the combination of "还是 háishi" (still, nevertheless) and the final particle "吧 ba", which seeks approval or consensus for a request or decision, presents a preferred option that can be translated in English as "may as well, why not, better to".

第三十三课　健身房
Lesson Thirty-three　Fitness Centers

① 我还是去康乐园练太极吧，也许还可以练练中文，一举两得。
Wǒ háishi qù Kānglèyuán liàn Tàijí ba, yěxǔ hái kěyǐ liànlian Zhōngwén, yìjǔ-liǎngdé.
I may as well go to Kangleyuan and practise Taiji there, and perhaps I can practise Chinese as well — kill two birds with one stone.

② 我人生地不熟的，还是参加旅游团吧。
Wǒ rén shēng dì bù shú de, háishi cānjiā lǚyóutuán ba.
I'm completely unfamiliar with this place, I'd better join the tour group.

③ 这么热，我看哪儿也别去了，还是在家里看电视吧。
Zhème rè, wǒ kàn nǎr yě bié qù le, háishi zài jiāli kàn diànshì ba.
It's so hot! I recommend we don't go anywhere, let's stay home and watch television.

▶ **G6.** "A 和 hé B 相结合 xiāng jiéhé" (to combine A with B)

"结合 jiéhé" means "to combine, to integrate, to unite". "相 xiāng" is an adverb meaning "mutual". The phrase "A 和 hé B 相结合 xiāng jiéhé" means to "to combine A with B" or "to integrate A with B".

① 刚开始健身的人应该采用有氧运动和无氧运动相结合的方式。
Gāng kāishǐ jiànshēn de rén yīnggāi cǎiyòng yǒuyǎng yùndòng hé wúyǎng yùndòng xiāng jiéhé de fāngshì.
If you've just begun to work out, it's best to mix "oxygenating" exercises with "non-oxygenating" ones.

② 理论和实践相结合才能成功。
Lǐlùn hé shíjiàn xiāng jiéhé cáinéng chénggōng.
Success can only be achieved by combining theory with practice.

③ 他的病光吃药不行，吃药和锻炼相结合才能好起来。
Tā de bìng guāng chī yào bùxíng, chī yào hé duànliàn xiāng jiéhé cáinéng hǎo qilai.
For his illness, just taking medicine won't do it, he needs to combine medicine and exercise in order to get healthy.

④ 老批评孩子会使他们对自己失去信心，批评和鼓励相结合会更有效。
Lǎo pīpíng háizi huì shǐ tāmen duì zìjǐ shīqù xìnxīn, pīpíng hé gǔlì xiāng jiéhé huì gèng yǒuxiào.
Constantly criticizing children will lead them to lose confidence in themselves. It's more effective to combine criticism with encouragement.

Consolidation & Practice

1. Question words used as indefinites (inclusive / exclusive)

   (1) Complete the following using an indefinite construction (Wh-word + 都 dōu, etc.)

   ① 宅男宅女们有空的时候也不出门，就喜欢上网，他们_____。
   Zháinán-zháinǚmen yǒu kòng de shíhou yě bù chū mén, jiù xǐhuan shàng wǎng, tāmen _____.
   (Hint: to browse all kinds of websites)

   ② 我第一次带小狗出门，它非常兴奋，跑来跑去，_____。
   Wǒ dì-yī cì dài xiǎogǒu chū mén, tā fēicháng xīngfèn, pǎolái pǎoqù, _____.
   (Hint: to want to go everywhere)

   ③ 小王很有语言天分(gift)，他_____。
   Xiǎo Wáng hěn yǒu yǔyán tiānfèn, tā _____.

   ④ 他会游泳，会打球，能爬山，还能长跑，可以说_____。
   Tā huì yóu yǒng, huì dǎ qiú, néng pá shān, hái néng chángpǎo, kěyǐ shuō _____.

   ⑤ 广东话太难学了，我_____都说得不好。
   Guǎngdōnghuà tài nán xué le, wǒ _____ dōu shuō de bù hǎo.

   (2) Complete the following dialogues with indefinites

   ① A：小张这个人怎么样?
        Xiǎo Zhāng zhè ge rén zěnmeyàng?

      B：小张人特别好，_____。 (Hint: everyone wants to make friends with him)
        Xiǎo Zhāng rén tèbié hǎo, _____.

   ② A：我们去卡拉OK唱歌，好吗?
        Wǒmen qù kǎlā OK chàng gē, hǎo ma?

      B：中文歌太难了，_____。 (Hint: I can't sing no matter how hard I try)
        Zhōngwén gē tài nán le, _____.

   ③ A：小白真是个书呆子。
        Xiǎo Bái zhēn shì ge shūdāizi.

      B：他非常用功，_____。 (Hint: He studies all the time)
        Tā fēicháng yònggōng, _____.

   ④ A：你不是要去健身房锻炼吗? 怎么那么快就回来了?
        Nǐ bú shì yào qù jiànshēnfáng duànliàn ma? Zěnme nàme kuài jiù huílai le?

      B：健身房里人太多了，_____，我只好回家了。
        Jiànshēnfáng li rén tài duō le, _____, wǒ zhǐhǎo huí jiā le.

第三十三课 健身房
Lesson Thirty-three Fitness Centers

⑤ A：怎么好几天没看见你儿子出来打篮球了？
　　　Zěnme hǎo jǐ tiān méi kànjiàn nǐ érzi chūlai dǎ lánqiú le?

　　B：儿子天天上网，＿＿＿＿＿＿＿＿＿＿＿＿＿＿＿，连睡觉的时间都没有了。
　　　Érzi tiāntiān shàng wǎng, ＿＿＿＿＿＿＿＿＿＿＿, lián shuì jiào de shíjiān dōu méiyǒu le.

2. "宁可 nìngkě ……，也 yě ……"

　(1) Complete the following sentences with this pattern

　　① 父母认为教育是最重要的，所以宁可自己节省，也＿＿＿＿＿＿＿＿＿＿＿＿＿＿＿。
　　　Fùmǔ rènwéi jiàoyù shì zuì zhòngyào de, suǒyǐ nìngkě zìjǐ jiéshěng, yě ＿＿＿＿＿＿＿.

　　② 我宁可不睡觉，也＿＿＿＿＿＿＿＿＿＿＿＿＿＿＿＿＿＿＿＿＿。
　　　Wǒ nìngkě bú shuì jiào, yě ＿＿＿＿＿＿＿＿＿＿＿＿＿＿＿＿＿＿.

　　③ 他宁可多付房租，也＿＿＿＿＿＿＿＿＿＿＿＿＿＿＿＿＿＿＿。
　　　Tā nìngkě duō fù fángzū, yě ＿＿＿＿＿＿＿＿＿＿＿＿＿＿＿＿.

　　④ 很多球迷宁可＿＿＿＿＿＿＿＿＿＿＿＿＿＿＿＿＿，也要看世界杯足球赛。
　　　Hěn duō qiúmí nìngkě ＿＿＿＿＿＿＿＿＿＿＿＿＿, yě yào kàn Shìjièbēi Zúqiúsài.

　　⑤ 我宁可＿＿＿＿＿＿＿＿＿＿＿＿＿＿＿＿＿，也不做自己不感兴趣的工作。
　　　Wǒ nìngkě ＿＿＿＿＿＿＿＿＿＿＿＿＿＿＿, yě bú zuò zìjǐ bù gǎn xìngqù de gōngzuò.

　(2) Complete the following dialogues with this pattern

　　① 父亲：别看动漫了，快来吃饭吧！
　　　Fùqīn: Bié kàn dòngmàn le, kuài lái chī fàn ba!

　　　儿子：这个动漫太好看了，我现在＿＿＿＿＿＿＿＿＿＿＿＿＿＿＿＿＿。
　　　Érzi: Zhège dòngmàn tài hǎokànle, wǒ xiànzài ＿＿＿＿＿＿＿＿＿＿＿＿＿＿.

　　② A：西班牙语对你来说容易多了，为什么还要学汉语？
　　　Xībānyáyǔ duì nǐ lái shuō róngyì duōle, wèi shénme hái yào xué Hànyǔ?

　　　B：我爱上了学汉语，＿＿＿＿＿＿＿＿＿＿＿＿＿＿＿＿＿＿＿。
　　　Wǒ àishangle xué Hànyǔ, ＿＿＿＿＿＿＿＿＿＿＿＿＿＿＿＿＿.

　　③ 母亲：孩子，你多吃点儿青菜，不要只吃肉。
　　　Mǔqīn: Háizi, nǐ duō chī diǎnr qīngcài, bú yào zhǐ chī ròu.

　　　孩子：我不爱吃青菜，＿＿＿＿＿＿＿＿＿＿＿＿＿＿＿＿＿＿＿。
　　　Háizi: Wǒ bú ài chī qīngcài, ＿＿＿＿＿＿＿＿＿＿＿＿＿＿＿＿.

　　④ A：要是你看上了王小姐，你就告诉她，让她知道吧。
　　　Yàoshi nǐ kànshangle Wáng xiǎojiě, nǐ jiù gàosu tā, ràng tā zhīdào ba.

　　　B：不行，我＿＿＿＿＿＿＿＿＿＿＿＿＿＿＿＿＿＿＿＿＿。
　　　Bùxíng, wǒ ＿＿＿＿＿＿＿＿＿＿＿＿＿＿＿＿＿＿＿＿.

⑤ A：别上网了，下午我们一起去健身房锻炼，好吗？
　　　　Bié shàng wǎng le, xiàwǔ wǒmen yìqǐ qù jiànshēnfáng duànliàn, hǎo ma?

　　B：锻炼？我没空儿。_____。
　　　　Duànliàn? Wǒ méi kòngr. _____.

3. "为的是 wèideshì"

(1) Complete the following sentences with a goal or reason introduced by "为的是 wèideshì"

① 请你来做我儿子的家教，为的是_____。
　　Qǐng nǐ lái zuò wǒ érzi de jiājiào, wèideshì _____.

② 她每天只吃沙拉不吃米饭，为的是_____。
　　Tā měitiān zhǐ chī shālā bù chī mǐfàn, wèideshì _____.

③ 爸爸给我请了一位健身教练，为的是_____。
　　Bàba gěi wǒ qǐngle yí wèi jiànshēn jiàoliàn, wèideshì _____.

④ 我来中国，为的是_____。
　　Wǒ lái Zhōngguó, wèideshì _____.

⑤ 学生们努力地学习，为的是_____。
　　Xuéshēngmen nǔlì de xuéxí, wèideshì _____.

(2) Add a goal or reason after "为的是 wèideshì" to complete the B sentences

① A：你住的公寓没有空调，为什么不搬到我们这儿的公寓来住？
　　　　Nǐ zhù de gōngyù méiyǒu kōngtiáo, wèi shénme bù bān dào wǒmen zhèr de gōngyù lái zhù?

　　B：这个公寓虽然没有空调，但是我住在这儿为的是_____。
　　　　Zhège gōngyù suīrán méiyǒu kōngtiáo, dànshì wǒ zhù zài zhèr wèideshì _____.

② A：你在中国教英语的工资不高，你还要教下去吗？
　　　　Nǐ zài Zhōngguó jiāo Yīngyǔ de gōngzī bù gāo, nǐ hái yào jiāo xiaqu ma?

　　B：是的，我在中国教英语为的是_____。
　　　　Shì de, wǒ zài Zhōngguó jiāo Yīngyǔ wèideshì _____.

③ A：父母为什么给孩子请家教？
　　　　Fùmǔ wèi shénme gěi háizi qǐng jiājiào?

　　B：父母给孩子请家教为的是_____。
　　　　Fùmǔ gěi háizi qǐng jiājiào wèideshì _____.

④ A：这个地方离你上班的地方很远，怎么不搬家呢？
　　　　Zhège dìfang lí nǐ shàng bān de dìfang hěn yuǎn, zěnme bù bān jiā ne?

第三十三课　健身房
Lesson Thirty-three　Fitness Centers

  B：我父母年纪大了，住在这里为的是_____。
    Wǒ fùmǔ niánjì dà le, zhù zài zhèlǐ wèideshì _____.

⑤ A：你现在的工资没有以前那个高，怎么愿意做呢？
   Nǐ xiànzài de gōngzī méiyǒu yǐqián nàge gāo, zěnme yuànyì zuò ne?

  B：我做这份工作为的是_____。
    Wǒ zuò zhè fèn gōngzuò wèideshì _____.

4. "通过 tōngguò"

(1) Complete the following sentences with this word

① 爸爸希望我通过_____减肥。
  Bàba xīwàng wǒ tōngguò _____ jiǎn féi.

② 通过_____，我表达了对张小姐的好感。
  Tōngguò _____, wǒ biǎodále duì Zhāng xiǎojiě de hǎogǎn.

③ 通过_____，我理解了中国人的想法。
  Tōngguò _____, wǒ lǐjiěle Zhōngguórén de xiǎngfǎ.

④ 通过_____，我增强了肌肉的力量。
  Tōngguò _____, wǒ zēngqiángle jīròu de lìliang.

⑤ 通过_____，终于把我的皮肤过敏给治好了。
  Tōngguò _____, zhōngyú bǎ wǒ de pífū guòmǐn gěi zhìhǎo le.

(2) Complete the following dialogues with this word

① A：年轻人为什么喜欢上社交网，像微博、人人网等等？
   Niánqīngrén wèi shénme xǐhuan shàng shèjiāowǎng, xiàng Wēibó、Rénrén Wǎng děngdeng?

  B：因为通过_____。
    Yīnwèi tōngguò _____.

② A：你为什么喜欢看美国电影？
   Nǐ wèi shénme xǐhuan kàn Měiguó diànyǐng?

  B：因为通过_____。
    Yīnwèi tōngguò _____.

③ A：为什么中国网民非常喜欢看微博？
   Wèi shénme Zhōngguó wǎngmín fēicháng xǐhuan kàn Wēibó?

  B：因为通过_____。
    Yīnwèi tōngguò _____.

④ A：为什么很多大学生暑假的时候去做实习工作？
   Wèi shénme hěn duō dàxuéshēng shǔjià de shíhou qù zuò shíxí gōngzuò?

B：因为他们通过_____。
　　Yīnwèi tāmen tōngguò _____.

⑤ A：现在很多影视明星都开了微博，他们有成千上万的粉丝。
　　Xiànzài hěnduō yǐngshì míngxīng dōu kāile Wēibó, tāmen yǒu chéngqiān-shàngwàn de fěnsī.

B：是的，这些明星通过_____。
　　Shì de, zhèxiē míngxīng tōngguò _____.

5. "还是 háishi……吧 ba"

(1) Complete the following sentences with a recommendation or preference

① 你不能老是蜗居在家，还是_____吧。
　　Nǐ bù néng lǎoshì wōjū zài jiā, háishi _____ ba.

② 既然你已经有一张健身次卡，还是_____吧。
　　Jìrán nǐ yǐjīng yǒu yì zhāng jiànshēn cìkǎ, háishi _____ ba.

③ 他不接电话，你还是_____吧。
　　Tā bù jiē diànhuà, nǐ háishi _____ ba.

④ 你每个月的钱都不够，还是_____吧。
　　Nǐ měi ge yuè de qián dōu búgòu, háishi _____ ba.

⑤ 现在在这儿找工作太难了，你还是_____吧。
　　Xiànzài zài zhèr zhǎo gōngzuò tài nán le, nǐ háishi _____ ba.

(2) Complete the following dialogues with this pattern

① A：走吧，我们去外头打球吧！
　　Zǒu ba, wǒmen qù wàitou dǎ qiú ba!

B：室外空气污染得厉害，_____。
　　Shìwài kōngqì wūrǎn de lìhai, _____.

② A：这家旅馆很便宜，不过没有空调。
　　Zhè jiā lǚguǎn hěn piányi, búguò méiyǒu kòngtiáo.

B：天气太热了，_____。
　　Tiānqi tài rè le, _____.

③ 儿子：妈妈，我周末来看您！
　　Érzi: Māma, wǒ zhōumò lái kàn nín!

母亲：你现在的工作那么忙，_____。
　　Mǔqīn: Nǐ xiànzài de gōngzuò nàme máng, _____.

第三十三课 健身房
Lesson Thirty-three Fitness Centers

④ 儿子：爸爸，这道数学题怎么做？
   Érzi: Bàba, zhè dào shùxuétí zěnme zuò?

   父亲：我的数学不好，_____。
   Fùqīn: Wǒ de shùxué bù hǎo, _____.

⑤ 太太：今年夏天我们去爬黄山好吗？
   Tàitai: Jīnnián xiàtiān wǒmen qù pá Huángshān hǎo ma?

   先生：哪儿有空儿啊！等我们都退休了再去吧。
   Xiānsheng: Nǎr yǒu kòngr a! Děng wǒmen dōu tuìxiūle zài qù ba.

   太太：到那个时候我们可能就爬不动了，_____。
   Tàitai: Dào nàge shíhou wǒmen kěnéng jiù pá bu dòng le, _____.

6. "A 和 hé B 相结合 xiāng jiéhé"

   A. Complete the following sentences, making explicit the idea of combining activities

   ① 人不能只工作不休息，_____的生活才是最健康的生活。
   Rén bù néng zhǐ gōngzuò bù xiūxi, _____ de shēnghuó cái shì zuì jiànkāng de shēnghuó.

   ② 如果_____相结合，工作就成了一种享受。
   Rúguǒ _____ xiāng jiéhé, gōngzuò jiù chéngle yì zhǒng xiǎngshòu.

   ③ 刚开始锻炼时必须_____这两种运动相结合。
   Gāng kāishǐ duànliàn shí bìxū _____ zhè liǎng zhǒng yùndòng xiāng jiéhé.

   ④ 苹果电脑热卖是因为它的产品是_____的代表。
   (art + technology)

   Píngguǒ diànnǎo rèmài shì yīnwèi tā de chǎnpǐn shì _____ de dàibiǎo.

   B. Complete the following dialogues with the same pattern

   ① A：我决定用不吃米饭的办法减肥。
      Wǒ juédìng yòng bù chī mǐfàn de bànfǎ jiǎn féi.

      B：这个办法不太科学，我建议你通过_____来减肥，这样对身体比较好。
      Zhège bànfǎ bú tài kēxué, wǒ jiànyì nǐ tōngguò _____ lái jiǎn féi, zhèyàng duì shēntǐ bǐjiào hǎo.

   ② 先生：孩子一回家就上网，难道不学习吗？
      Xiānsheng: Háizi yì huí jiā jiù shàng wǎng, nándào bù xuéxí ma?

太太：上网不一定就是玩游戏，现在的教育已经是_____。
Tàitai: Shàng wǎng bù yídìng jiùshì wán yóuxì, xiànzài de jiàoyù yǐjīng shì _____.

③ A：我太太总是打孩子，她说孩子不打就不学好。
Wǒ tàitai zǒngshì dǎ háizi, tā shuō háizi bù dǎ jiù bù xué hǎo.

B：那怎么行，你告诉她，教孩子得把_____。
Nà zěnme xíng, nǐ gàosu tā, jiāo háizi děi bǎ _____.

④ A：减少人口不能只靠人口政策吧。
Jiǎnshǎo rénkǒu bù néng zhǐ kào rénkǒu zhèngcè ba.

B：我同意你的看法，我认为控制人口必须_____才有效。
(education+policy)
Wǒ tóngyì nǐ de kànfǎ, wǒ rènwéi kòngzhì rénkǒu bìxū _____ cái yǒuxiào.

⑤ A：我希望将来找一位爱我的先生，快乐地过一生。
Wǒ xīwàng jiānglái zhǎo yí wèi ài wǒ de xiānsheng, kuàilè de guò yìshēng.

B：你的想法真简单，幸福的婚姻必须_____，只有爱情还是不够的。
Nǐ de xiǎngfǎ zhēn jiǎndān, xìngfú de hūnyīn bìxū _____, zhǐyǒu àiqíng háishi búgòu de.

Lesson Thirty-three Fitness Centers
第三十三课 健身房

Listening Comprehension

1. Listen to the conversation between a tutor and a student's father, then select appropriate answers to the questions

    (1) Why has the tutor announced that he won't be able to continue tutoring?

    A. He feels the pay is too low.

    B. He has an opportunity to go and study in England.

    C. He feels that his student doesn't particularly like him as a tutor.

    (2) Why did the father decide to invite both the tutor and the tutor's roommate to his house?

    A. He wanted to meet the tutor's roommate.

    B. He wanted them to help him with his English.

    C. He wanted them to have a chance to see something of Chinese home life.

2. Listen to the conversation between the two females, then select the best answer to the questions

    (1) What is the main purpose of this conversation?

    A. To try to get the two participants to exercise more.

    B. To discuss the benefits of exercise.

    C. To try to get one of the participants to the gym.

    (2) Which of the following statements is CORRECT?

    A. A already has a fitness club card, B doesn't.

    B. Both A and B enjoy swimming.

    C. Both A and B prefer to exercise with a friend.

67

Communication Activities

Pair Work

Scenario I: Tell your partner what sports you like and why.

跑步	爬山	骑自行车
划船	游泳	做健身操
做有氧运动	做无氧运动	

| 增强肌肉力量 | 放松 | 减轻压力 | 和朋友聊天 |

Scenario II: Explain to your partner why you don't like working out in fitness centers.

| 离……太远 | 工作太忙 | 不喜欢锻炼 | 没有时间 |
| 健身房的设备不现代化 ||||

Scenario III: Describe your fitness center to your partner.

- 健身房在哪里?
- 健身房里的设备有些什么?
- 健身房几点开门?几点关门?每天开门吗?周末开门吗?

Group Work

Divide the class into two groups, one group of trainers, and one of fitness center customers. Each customer writes a "new year's resolution" on a card: "lose 10 kilos. and improve posture", "regain strength after an operation", etc. Match trainer with customer randomly, customers explain their goals, trainers recommend an exercise plan for them.

第三十三课　健身房
Lesson Thirty-three　Fitness Centers

Review Exercises

I. Match the verbs in the left-hand list with the nouns in the right-hand list

1. 贴补　　　　　　　　A. 身体
2. 照顾　　　　　　　　B. 电脑
3. 采用　　　　　　　　C. 网站
4. 锻炼　　　　　　　　D. 不同方式
5. 浏览　　　　　　　　E. 生活
6. 打开　　　　　　　　F. 家庭

II. Fill in the blanks with the words listed below

健康 jiànkāng	价钱 jiàqián	锻炼 duànliàn	宁可 nìngkě	增强 zēngqiáng	上网 shàng wǎng	结合 jiéhé
值得 zhídé	方式 fāngshì	上班 shàng bān				

　　纽约是一个让年轻人兴奋的城市。很多年轻人早上六点半就出门去_____，忙到晚上九点多才下班回家。我的女儿就是这样一位纽约人。但是，最近她在公司附近的健身房办了一张年卡，还请了一位健身教练。每个星期她去健身房_____三次，每次一个钟头，教练帮助她____肌肉力量。虽然年卡的_____不低，但是她觉得很_____，因为去了三个月之后，她觉得自己的身体_____很多，精神也变得很好。她告诉我，现在_____少花时间_____聊天，也不愿意不去健身房了。紧张的办公室工作和多样的文化活动相_____是最理想的生活_____。

III. Complete the following dialogue

儿子：爸爸，今天是您的生日，祝您生日快乐！

父亲：啊，今天是我的生日？我忙得都忘了。呵呵。

儿子：爸爸，这是我送给您的礼物，您看看。

父亲：这是什么？

儿子：这是在我们家附近的_____给您办的一张会员卡。

父亲：哎，爸爸这么忙，哪儿有时间去健身房啊？

儿子：我送您这张健身卡为的就是_____。

父亲：我每天下班回家累得就想休息。我宁可_____，也不想_____。

儿子：爸爸，您如果能把_____和_____相结合，身体才会健康。

父亲：既然你已经给我办了卡，我只好_____，不过如果你不去，我也不去。

儿子：爸爸，您放心吧！您看，我也给自己办了一张，以后我们俩一块儿去。

IV. Complete the following tasks in Chinese

1. Find out about fitness centers in your neighborhood and present the information in an oral report to the class. Include the following:

　　The number of fitness centers in your neighborhood;
　　The type of facilities;
　　Membership packages;
　　And finally, after you've made your comparison, explain which deal is best for you.

2. A Chinese mother is looking for someone to tutor her 11-year-old son. She needs someone to be with the boy on weekdays from 9:00 a.m. to 5:00 p.m. during summer vacation while she's at work. You wish to apply, and the mother is going to interview you. You need to present a plan that balances study and sports. Try to convince the mother that your plan is particularly suited to her son's needs. In your presentation, use as many of the words and expressions introduced in this lesson as you can.

健身	训练	锻炼身体	浏览	网站
游泳	登山	骑自行车	划船	有氧运动
Wh-word + 都 dōu		为的是	通过	还是……吧

第三十三课 健身房
Lesson Thirty-three Fitness Centers

Culture Notes

1. Fitness centers in China

Most residential compounds ("小区 xiǎoqū") have fitness centers, and many secondary schools and universities also have a gym or some sort of health club. Some of them are free, others charge fees. Fitness centers and health clubs go under a number of names in Chinese: "健身中心 jiànshēn zhōngxīn"; "健身俱乐部 jiànshēn jùlèbù".

2. Fitness center cards

Typically, there are a broad range of membership cards to choose from, including:

A VIP Card (贵宾卡 guìbīnkǎ), the most expensive one;

A Year Card (年卡 niánkǎ), which can be used for a year;

A Half-year Card (半年卡 bànniánkǎ), which can be used for 6 months;

A Season Card (季度卡 jìdùkǎ), which can be used for 3 months;

A Monthly Card (月卡 yuèkǎ), which is a one-month card;

A Punch Card (次卡 cìkǎ), which gives you membership, but requires a payment for each visit.

Lesson Thirty-four   Learning Taiji
第三十四课   学太极
Dì-sānshísì Kè   Xué Tàijí

In this lesson you will learn how to do the following

- Ask where you can find Taiji or Yoga classes, and get a private teacher
- Make arrangements to learn Taiji or Yoga
- Ask where you can find free Taiji classes in China
- Describe the various schools of Taiji

Grammar

- "初 chū + V" (for the first time, just begin to)
- "不是 bú shì……, 就是 jiù shì……" (if not A, then B; either A, or B)
- "不论 búlùn /不管 bùguǎn……, 都 dōu……" (no matter [what/how]…; regardless of…)
- Using rhetorical questions to imply strong disagreement
- "其中有 qízhōng yǒu……, 此外还有 cǐwài hái yǒu……" (including…, and in addition …)

Culture Notes

- Taiji and Taijiquan
- The different forms of Taijiquan

第三十四课 学太极
Lesson Thirty-four Learning Taiji

Dialogue

A: 凯瑟琳
Kǎisèlín
a British student

B: 王玲
Wáng Líng
a Chinese roommate

凯瑟琳在广州中山大学留学。她初[G1]到广州，水土不服[1]，常常生病。她想不是自己身体抵抗力差，就是缺少锻炼[G2]，所以应该经常去运动一下。由于身体较弱，她觉得自己不适合打篮球、打网球、踢足球、跑步等剧烈活动。她想练瑜伽或太极，可是到哪儿去找瑜伽或太极老师呢？她需要问问同屋王玲。

Kǎisèlín zài Guǎngzhōu Zhōngshān Dàxué liú xué. Tā chū[G1] dào Guǎngzhōu, shuǐtǔ bùfú[1], chángcháng shēng bìng. Tā xiǎng bú shì zìjǐ shēntǐ dǐkànglì chà, jiùshì quēshǎo duànliàn[G2], suǒyǐ yīnggāi jīngcháng qù yùndòng yíxià. Yóuyú shēntǐ jiào ruò, tā juéde zìjǐ bú shìhé dǎ lánqiú、dǎ wǎngqiú、tī zúqiú、pǎo bù děng jùliè huódòng. Tā xiǎng liàn yújiā huò tàijí, kěshì dào nǎr qù zhǎo yújiā huò tàijí lǎoshī ne? Tā xūyào wènwen tóngwū Wáng Líng.

A: 王玲，你知道在哪儿能找到教瑜伽或太极的老师吗？
Wáng Líng, nǐ zhīdào zài nǎr néng zhǎodào jiāo yújiā huò tàijí de lǎoshī ma?

B: 教瑜伽的地方很多，健身房一般都开瑜伽课。中大里面就有教瑜伽的。
Jiāo yújiā de dìfang hěn duō, jiànshēnfáng yìbān dōu kāi yújiā kè. Zhōng Dà lǐmiàn jiù yǒu jiāo yújiā de.

A: 在中大哪儿？
Zài Zhōng Dà nǎr?

B: 从西门进去，湖边有个教师活动中心。你进去问一下，就说你要学瑜伽。不过，练瑜伽比较贵，除了学费，买瑜伽服和瑜伽垫子至少就要四五百块。不论你练多久，都得花这笔钱[G3]。
Cóng xīmén jìnqu, húbiān yǒu ge jiàoshī huódòng zhōngxīn. Nǐ jìnqu wèn yíxià, jiù shuō nǐ yào xué yújiā. Búguò, liàn yújiā bǐjiào guì, chúle xuéfèi, mǎi yújiāfú hé yújiā diànzi zhìshǎo jiù yào sì-wǔbǎi kuài. Búlùn nǐ liàn duō jiǔ, dōu děi huā zhè bǐ qián[G3].

A: 学习哪儿能不花钱啊[G4]？那练太极会不会便宜些？
Xuéxí nǎr néng bù huā qián a[G4]? Nà liàn tàijí huì bu huì piányì xiē?

Notes

1. "水土不服 shuǐtǔ bùfú", literally "water and earth are not accustomed", or more idiomatically, "not used to the new environment". The phrase is used mostly to account for health problems encountered by people living in abroad.

B： 学太极不用花什么钱²。因为太极是中国武术的一种，不像瑜伽是外来的，外来的东西都比较贵。我可以帮你找个视频，你初学可以先跟着视频上教的动作练一练。早上校园里有很多人练太极，你可以去跟着他们练，也不用花钱。

Xué tàijí búyòng huā shénme qián². Yīnwèi tàijí shì Zhōngguó wǔshù de yì zhǒng, bú xiàng yújiā shì wàilái de, wàilái de dōngxi dōu bǐjiào guì. Wǒ kěyǐ bāng nǐ zhǎo ge shìpín, nǐ chūxué kěyǐ xiān gēnzhe shìpín shang jiāo de dòngzuò liàn yi liàn. Zǎoshang xiàoyuán li yǒu hěn duō rén liàn tàijí, nǐ kěyǐ qù gēnzhe tāmen liàn, yě búyòng huā qián.

A： 早上哪儿有打太极的？

Zǎoshang nǎr yǒu dǎ tàijí de?

B： 哪儿都有。康乐园就有，那儿有个大草坪，空气好，有很多人去那儿晨练³——打太极、跑步等等。你去了就站在他们后面跟着学。

Nǎr dōu yǒu. Kānglèyuán jiù yǒu, nàr yǒu ge dà cǎopíng, kōngqì hǎo, yǒu hěn duō rén qù nàr chénliàn³——dǎ tàijí、pǎo bù děngdeng. Nǐ qùle jiù zhànzài tāmen hòumiàn gēnzhe xué.

A： 那儿有没有老师教？

Nàr yǒu méiyǒu lǎoshī jiāo?

B： 你想找老师吗？我记得中央电视台曾经报道过广州有个太极英语角，免费教外国人太极，而且是用英语教的。

Nǐ xiǎng zhǎo lǎoshī ma? Wǒ jìde Zhōngyāng Diànshìtái céngjīng bàodàoguo Guǎngzhōu yǒu ge Tàijí Yīngyǔjiǎo, miǎn fèi jiāo wàiguórén tàijí, érqiě shì yòng Yīngyǔ jiāo de.

A： 真的？那我应该去看看。

Zhēn de? Nà wǒ yīnggāi qù kànkan.

B： 好像那个太极老师教的是"佛山推手"。

Hǎoxiàng nàge tàijí lǎoshī jiāo de shì "Fóshān tuīshǒu".

A： 什么是"佛山推手"？

Shénme shì "Fóshān tuīshǒu"?

B： 太极拳有很多种流派，传统上有陈式、杨式、吴式、武式等。现在健身练的都是简化太极拳，其中有24式、48式、64式，最简单的才8式。此外还有太极推手、太极剑和太极刀^G5。"佛山推手"是佛山人自创的，需要两

---

2. "学太极不用花什么钱。Xué tàijí búyòng huā shénme qián." The sentence illustrates "什么 shénme" in its indefinite usage, with the implication that it won't cost an excessive amount.

3. "晨练 chénliàn" (morning exercises): In China, many people get up early and exercise before starting work.

第三十四课　学太极
Lesson Thirty-four　Learning Taiji

个人一起练，互相推来推去，有点儿像竞技。
Tàijíquán yǒu hěn duō zhǒng liúpài, chuántǒng shang yǒu Chénshì、Yángshì、Wúshì、Wǔshì děng. Xiànzài jiànshēn liàn de dōu shì jiǎnhuà tàijíquán, qízhōng yǒu èrshísì shì、sìshíbā shì、liùshísì shì, zuì jiǎndān de cái bā shì. Cǐwài hái yǒu tàijí tuīshǒu、tàijíjiàn hé tàijídāo^{G5}. "Fóshān tuīshǒu" shì Fóshānrén zìchuàng de, xūyào liǎng ge rén yìqǐ liàn, hùxiāng tuīlái tuīqù, yǒu diǎnr xiàng jìngjì.

A：我不想竞技，只想练身体。多谢你为我提供这么多的信息，我还是去康乐园练太极吧，也许还可以练练中文，一举两得。
Wǒ bù xiǎng jìngjì, zhǐ xiǎng liàn shēntǐ. Duōxiè nǐ wèi wǒ tígōng zhème duō de xìnxī, wǒ háishì qù Kānglèyuán liàn tàijí ba, yěxǔ hái kěyǐ liànlian Zhōngwén, yìjǔ-liǎngdé.

New Words

1	凯瑟琳/凱瑟琳	Kǎisèlín	PropN	Catherine (a person's name)
2	中山大学/中山大學	Zhōngshān Dàxué	PropN	Zhongshan University in Guangzhou (short form: 中大 Zhōng Dà)
3	水土不服	shuǐtǔ bùfú	Phr	not acclimatized
4	生病	shēng bìng	VO	to be sick, to fall ill
5	不是……就是……	búshì……jiùshì……		either…or…
6	抵抗力	dǐkànglì	N	resistance, strength of resistance
	抵抗	dǐkàng	V	to resist, to oppose
7	缺少	quēshǎo	V	to be short of, to lack
8	弱	ruò	Adj	weak
9	网球/網球	wǎngqiú	N	tennis; tennis ball
10	踢	tī	V	to kick
11	足球	zúqiú	N	football, soccer; soccer ball
12	剧烈/劇烈	jùliè	Adj	strenuous, fierce, violent, acute
13	瑜伽	yújiā	N	Yoga

真实生活汉语
Chinese for Living in China 4

14	太极/太極	tàijí	N	Taiji, the name of a traditional exercise; the Supreme Ultimate (in Chinese cosmology)
15	开课/開課	kāi kè	VO	to give a course; to teach a subject
16	湖	hú	N	lake
17	学费/學費	xuéfèi	N	tuition
18	瑜伽服	yújiāfú	N	Yoga outfit
19	垫子/墊子	diànzi	N	cushion, mat
20	不论/不論	búlùn	Conj	regardless of, no matter (how, what…)
21	笔/筆	bǐ	Meas / N	a sum of (money); writing implement
22	武术/武術	wǔshù	N	martial arts
23	不像	bú xiàng	Phr	not resemble, unlike
24	外来/外來	wàilái	Attr	from outside, foreign
25	视频/視頻	shìpín	N	video
26	初学/初學	chūxué	V	to begin one's studies
27	动作/動作	dòngzuò	N / V	action, movement; to move, to act
28	康乐园/康樂園	Kānglèyuán	PropN	name of a place (literally: "Health and Happiness Garden")
29	草坪	cǎopíng	N	lawn, grass
30	晨练/晨練	chénliàn	V	to do morning exercises
31	记得/記得	jìde	V	to remember, to recall
32	中央电视台/中央電視臺	Zhōngyāng Diànshìtái	PropN	China Central Television (CCTV)
	中央	zhōngyāng	N	central; central authorities
	电视台/電視臺	diànshìtái	N	television station
33	曾经/曾經	céngjīng	Adv	once, ever, at some point in the past
34	报道/報道	bàodào	V / N	to report (news); news report
35	英语角/英語角	Yīngyǔjiǎo	N	English (language) corner
36	佛山	Fóshān	PropN	a city in Guangdong province

第三十四课　学太极
Lesson Thirty-four Learning Taiji

37	太极推手/太極推手	tàijí tuīshǒu	PropN	"hand-pushing", a form of Taijiquan
38	太极拳/太極拳	tàijíquán	PropN	Taijiquan (shadow boxing)
39	流派	liúpài	N	school, genre (of sports, art, thought, literature, etc.)
40	传统/傳統	chuántǒng	Adj / N	traditional; convention, tradition, heritage
41	陈式/陳式	Chén shì	PropN	Chen's style of Taijiquan
42	杨式/楊式	Yáng shì	PropN	Yang's style of Taijiquan
43	吴式	Wú shì	PropN	Wú's style of Taijiquan
44	武式	Wǔ shì	PropN	Wǔ's style of Taijiquan
45	简化/簡化	jiǎnhuà	V	to simplify
46	简单/簡單	jiǎndān	Adj	simple, easy, uncomplicated
47	此外	cǐwài	Conj	besides, in addition, moreover
48	剑/劍	jiàn	N	sword
49	刀	dāo	N	knife, sword
50	自创/自創	zìchuàng	V	to create by oneself
51	推来推去/推來推去	tuīlái tuīqù	Phr	push (one another) around
52	竞技/競技	jìngjì	V	to do physical competition
53	一举两得/一舉兩得	yìjǔ-liǎngdé	Phr	"one move, double gain", to kill two birds with one stone

Re-enacting the Dialogue

Catherine is doing overseas study at Zhongshan University in Guangzhou. When she first arrived in Guangzhou, she wasn't acclimated and often got ill. She figured that either her resistance was low or she wasn't getting enough exercise, so she needed to work out regularly. Because she was so weak, she didn't feel that intense activities such as playing basketball, tennis, football or jogging would be suitable. She decided to do Yoga or Taiji. But where could she find a Yoga or Taiji teacher? She needed to ask her roommate, Wang Ling.

A:　Wang Ling, do you know where I can find a teacher to study Yoga or Taiji with?

B: There are lots of places that teach Yoga, fitness centers generally offer Yoga classes. Zhongshan University has Yoga classes on campus.

A: Where abouts at Zhongshan University?

B: Go in the west gate, and there's an activity center for teachers by the lake. Go in and ask, tell them you want to study Yoga. But doing Yoga is quite expensive. In addition to tuition fees, a Yoga outfit and a Yoga mat are going to cost at least four or five hundred *yuan*. And you have to spend that amount regardless of how long you take the course for.

A: Well, how can you avoid paying a lot of money to study? Will doing Taiji be a bit cheaper?

B: There's not a lot of money involved in doing Taiji. That's because Taiji is a type of Chinese martial art. Unlike Yoga, it's not foreign. Things from abroad are a bit more expensive. I can help you find a video. You can start off by first following the movements that are taught on the video. There are lots of people who do Taiji in the morning on campus. You can go and practice with them, no need to spend any money.

A: Where is there Taiji in the morning?

B: Everywhere. In the Kangle (Health and Happiness) Garden. There's a large lawn there, and the air's good. A lot of people go there for their morning exercises to do Taiji and jog. If you go and stand behind them, you can learn by following them.

A: Is there someone teaching them?

B: You want to find a teacher? I recall that CCTV once reported that there was a Taiji-English Corner somewhere in Guangzhou, where they taught foreigners Taiji for free. And in English, too.

A: Really? Well, I should go and take a look.

B: I think the Taiji teacher there taught the "Foshan dueling Taiji".

A: What is "Foshan dueling Taiji"?

B: There are lots of different schools of Taiji. Traditionally, there are the Chen school, the Yang school, the Wú school and the Wǔ school. Nowadays, recreational Taiji is simplified, with 24, 48 and 64 movement styles, the simplest has only 8 movements. In addition, there's "dueling style" Taiji, sword Taiji and dagger Taiji. Foshan dueling style is a type of Taiji created by people at Foshan. It requires two people moving together, pushing back and forth, a little bit like a duel.

A: I don't want to make it a contest. I'm just looking to get some exercise. Thanks for providing me with so many options. I think I'll go to Kangle Garden and practice Taiji there, I can probably practice Chinese too—kill two birds with one stone.

第三十四课　学太极

Lesson Thirty-four Learning Taiji

Grammar

▶ **G1.** "初 chū + V" (for the first time, just begin to)

"初 chū" is generally a bound form, used in expressions such as "初版 chūbǎn" (first edition) or "初级 chūjí" (first level/elementary level). It can also appear as an adverb, before a verb, with the meaning of "just begin to" that introduced in this lesson. But in such cases, the verb can only be a monosyllabic one, such as "到 dào". Here is an example:

　　她初到广州，水土不服。
　　Tā chū dào Guǎngzhōu, shuǐtǔ bùfú.
　　When she first arrived in Guangzhou, she wasn't acclimated.

▶ **G2.** "不是 bú shì……，就是 jiùshì……" (if not A, then B; either A, or B)

This construction is similar to "不是 búshì……，而是 ér shì……", which was encountered in Lesson 32, but the "而是 ér shì" construction typically negates a first possibility in favor of a second: "不是北京,而是深圳 búshì Běijīng, ér shì Shēnzhèn" (it's Shenzhen, not Beijing); the "就是 jiùshì" pattern, on the other hand, simply offers two alternatives: "不是北京,就是深圳 búshì Běijīng, jiùshì Shēnzhèn" (if it's not Beijing, then it's Shenzhen).

　① 她想不是自己身体抵抗力差，就是缺少锻炼。
　　 Tā xiǎng bú shì zìjǐ shēntǐ dǐkànglì chà, jiùshì quēshǎo duànliàn.
　　 She figured that either her resistance was low or she wasn't getting enough exercise.

　② 他暑假都不在家，不是打工就是出国留学。
　　 Tā shǔjià dōu bú zài jiā, bú shì dǎ gōng jiùshì chū guó liú xué.
　　 He's never home during the summer, he's either working at a summer job or studying abroad.

　③ 周五下午他不是打网球就是踢足球，一定不会在图书馆学习。
　　 Zhōuwǔ xiàwǔ tā bú shì dǎ wǎngqiú jiùshì tī zúqiú, yídìng bú huì zài túshūguǎn xuéxí.
　　 On Friday afternoons, if he's not playing tennis, then he's playing football, he certainly won't be studying in the library.

▶ **G3.** "不论 búlùn/不管 bùguǎn……，都 dōu……" (no matter [what/how]…, regardless of …)

This conjunction comes in several forms: "不管 bùguǎn" is colloquial, "不论 búlùn" less so, and "无论 wúlùn" is more formal. All are followed by some form of question: either a question word such as "什么 shénme" (what), "谁 shuí" (who/whom), or "多 duō"(to what degree), or a choice question with "还是 háishi" (or). The follow up clause usually contains an inclusive adverb such as "都 dōu". The following examples illustrate:

　① 除了学费，买瑜伽服和瑜伽垫子至少就要四五百块。不论你练多久，都得花这笔钱。
　　 Chúle xuéfèi, mǎi yújiāfú hé yújiā diànzi zhìshǎo jiù yào sì-wǔbǎi kuài. Búlùn nǐ liàn duō jiǔ, dōu děi huā zhè bǐ qián.

In addition to tuition fees, a Yoga outfit and a Yoga mat are going to cost at least four or five hundred *yuan*. And you have to spend that amount, Regardless of how long you take the course for.

② 不论是刮风还是下雨，我父亲每天都出去跑步。
Búlùn shì guā fēng háishi xià yǔ, wǒ fùqin měitiān dōu chūqu pǎo bù.
My father goes out jogging everyday, regardless of wind or rain.

③ 不管天气多热，你都得去工作。
Bùguǎn tiānqì duō rè, nǐ dōu děi qù gōngzuò.
No matter how hot it gets, you have to go to work.

④ 不论是谁，都不能在这儿吸烟！
Búlùn shì shuí, dōu bù néng zài zhèr xī yān!
No matter who you are, you can't smoke here!

⑤ 无论我们怎么说，他都不听。
Wúlùn wǒmen zěnme shuō, tā dōu bù tīng.
He wouldn't listen to us no matter what we said.

▶G4. Using rhetorical questions to imply strong disagreement

In the right context, questions can be posed for rhetorical effect, for placing emphasis on the impossibility of the option. The implication is that the issue in question is extremely unlikely—and obviously so. The following sentences illustrate:

① **A:** 我们中午去跑步吧。
Wǒmen zhōngwǔ qù pǎo bù ba.
Let's go jogging at noon.

B: 哪儿有人中午去跑步？
Nǎr yǒu rén zhōngwǔ qù pǎo bù?
Where on earth do people go jogging at noon!

② 我哪儿知道这件事啊？（我根本不知道这件事！）
Wǒ nǎr zhīdào zhè jiàn shì a?
How would I know that? (There's no way I would know it!)

③ 今天哪儿热啊？不用戴帽子！（今天不热！）
Jīntiān nǎr rè a? Búyòng dài màozi!
Where (on earth) is it hot today? No need to wear a hat! (It's not hot anywhere!)

④ 在这儿骑自行车带什么安全帽？（在这儿骑自行车不用带安全帽！）
Zài zhèr qí zìxíngchē dài shénme ānquánmào?
What sort of a safety helmet do you need to ride a bicycle here?
(To ride a bicycle here, there's no need to wear a safety helmet!)

第三十四课 学太极
Lesson Thirty-four Learning Taiji

⑤ 排什么队？他们从来不排队！（不用排队！）
Pái shénme duì？Tāmen cónglái bù pái duì!
Make what sort of line? They never line up! (No need to line up!)

⑥ 在中国吃什么麦当劳？你应该试试当地的小吃！（在中国不应该吃麦当劳！）
Zài Zhōngguó chī shénme Màidāngláo? Nǐ yīnggāi shìshi dāngdì de xiǎochī!
Eating McDonald's in China? You should try the local food! (You should not eat McDonald's in China!)

▶ **G5.** "其中有 qízhōng yǒu ……，此外还有 cǐwài hái yǒu……" (including…, and in addition…)

"其中 qízhōng", literally "among them", acts as a pronoun, referring back to an earlier noun phrase in order to enumerate its content. Additional content can be introduced with the conjunction "此外 cǐwài" (in addition to this).

① 太极拳有很多种流派，其中有陈式、杨式，此外还有吴氏和武式。
Tàijíquán yǒu hěn duō zhǒng liúpài, qízhōng yǒu Chénshì、Yángshì, cǐwài hái yǒu Wúshì hé Wǔshì.
There are lots of schools of Taiji, including the Chen style and the Yang style. In addition there are also the Wú style and wǔ style.

② 这个班的外国学生不少，其中有法国的、英国的、意大利的，此外还有从非洲来的。
Zhège bān de wàiguó xuésheng bù shǎo, qízhōng yǒu Fǎguó de、Yīngguó de、Yìdàlì de, cǐwài hái yǒu cóng Fēizhōu lái de.
Quite a few students in this class are from abroad, including some from France, Britain and Italy; plus, there are students from Africa as well.

③ 这家饭馆的自助餐非常丰富，其中有中西主食，咖啡、茶等各种饮料，此外还有各种甜点。
Zhè jiā fànguǎn de zìzhùcān fēicháng fēngfù, qízhōng yǒu zhōngxī zhǔshí, kāfēi、chá děng gè zhǒng yǐnliào, cǐwài hái yǒu gèzhǒng tiándiǎn.
The buffet at this restaurant is really plentiful. It includes Eastern and Western staples, coffee, tea and other drinks, plus many kinds of desserts.

真实生活汉语
Chinese for Living in China 4

Consolidation & Practice

1. "初 chū + V"

   (1) Answer the following questions by using "初 chū+V"

   ① A：你刚来这里的时候习惯吗？
      Nǐ gāng lái zhèli de shíhou xíguàn ma?

      B：_____。

   ② A：你的上海话说得不错，来中国以前你也说得这么好吗？
      Nǐ de Shànghǎihuà shuō de búcuò, lái Zhōngguó yǐqián nǐ yě shuō zhè nàme hǎo ma?

      B：_____。

   ③ A：外国学生听得出来普通话有四声吗？
      Wàiguó xuésheng tīng de chūlai pǔtōnghuà yǒu sìshēng ma?

      B：_____。

   ④ A：你学太极拳有教练教吗？
      Nǐ xué tàijíquán yǒu jiàoliàn jiāo ma?

      B：_____。

   ⑤ A：为什么第一次到外国的游客总是那么兴奋？(Hint: Because it's all so new.)
      Wèi shénme dì-yī cì dào wàiguó de yóukè zǒngshì nàme xīngfèn?

      B：_____。

   (2) Answer the following questions using "初 chū + V"

   ① A：你对这个城市的印象怎么样？
      Nǐ duì zhège chéngshì de yìnxiàng zěnmeyàng?

      B：我初_____。
      Wǒ chū _____.

   ② A：你习惯在中国的生活吗？
      Nǐ xíguàn zài Zhōngguó de shēnghuó ma?

      B：_____。

   ③ A：你第一次教书时的情形还记得吗？
      Nǐ dì-yī cì jiāo shū shí de qíngxing hái jìde ma?

      B：_____，现在我到班里都不紧张了。
      _____, xiànzài wǒ dào bānli dōu bù jǐnzhāng le.

   ④ A：你的汉语发音真好啊！
      Nǐ de Hànyǔ fāyīn zhēn hǎo a!

82

第三十四课 学太极
Lesson Thirty-four　Learning Taiji

　　B：_____，所以现在我的汉语发音不错。
　　　　_____, suǒyǐ xiànzài wǒ de Hànyǔ fāyīn búcuò.

⑤ A：你现在是位有名的钢琴家了。
　　　Nǐ xiànzài shì wèi yǒumíng de gāngqínjiā le.

　　B：这要感谢我的父母，我_____的时候，好几次都不想学下去了，可是我的父母一直鼓励我。
　　　　Zhè yào gǎnxiè wǒ de fùmǔ, wǒ _____ de shíhou, hǎo jǐ cì dōu bù xiǎng xué xiaqu le, kěshì wǒ de fùmǔ yìzhí gǔlì wǒ.

2. "不是 bú shì A，就是 jiùshì B"

(1) Complete the following sentences with this pattern

① 你最近常生病，我想只有两个可能，不是_____，就是_____。
　 Nǐ zuìjìn cháng shēng bìng, wǒ xiǎng zhǐyǒu liǎng ge kěnéng, bú shì _____, jiùshì _____.

② 我锻炼身体的方式很简单，_____。
　 Wǒ duànliàn shēntǐ de fāngshì hěn jiǎndān, _____.

③ 宅男宅女的生活很单调，每天_____。
　 Zháinán-zháinǚ de shēnghuó hěn dāndiào, měitiān _____.

④ 他在纽约工资很高，但是工作非常忙，每天_____。
　 Tā zài Niǔyuē gōngzī hěn gāo, dànshì gōngzuò fēicháng máng, měitiān _____.

⑤ 我儿子天天上网，_____。
　 Wǒ érzi tiāntiān shàng wǎng, _____.

(2) Answer the following questions with a sentence containing this pattern

① A：怎么样？喜欢你的新工作吗？
　　　Zěnmeyàng? Xǐhuan nǐ de xīn gōngzuò ma?

　　B：喜欢，不过工作量很大，每天_____。
　　　　Xǐhuan, búguò gōngzuòliàng hěn dà, měitiān _____.

② A：学生周末都做什么？
　　　Xuésheng zhōumò dōu zuò shénme?

　　B：_____。

③ A：你怎么病了？
　　　Nǐ zěnme bìng le?

　　B：唉，最近家里总有人生病，_____，我哪儿能不生病啊？
　　　　Ài, zuìjìn jiāli zǒng yǒu rén shēng bìng, _____, wǒ nǎr néng bù shēng bìng a?

④ A：你怎么锻炼身体？
　　　Nǐ zěnme duànliàn shēntǐ?
　B：我不喜欢剧烈的运动，所以一般＿＿＿＿＿＿＿＿＿＿＿＿＿＿＿＿＿。
　　　Wǒ bù xǐhuan jùliè de yùndòng, suǒyǐ yìbān ＿＿＿＿＿＿＿＿＿＿＿＿＿.

⑤ A：你现在决定住在哪儿了吗？
　　　Nǐ xiànzài juédìng zhù zài nǎr le ma?
　B：还没有呢。找房子不容易，＿＿＿＿＿＿＿＿＿＿＿＿＿＿＿＿＿。
　　　Hái méiyǒu ne. Zhǎo fángzi bù róngyì, ＿＿＿＿＿＿＿＿＿＿＿＿＿.
　(Hint: If it's close to my office, the rent will be too high; if far from my office, then it'll take too long to get to work.)

3. "不论 búlùn/不管 bùguǎn……,都 dōu……"

(1) Complete the following sentences with this pattern

① 不管你练瑜伽多长时间，都得＿＿＿＿＿＿＿＿＿＿＿＿＿＿＿＿＿。
　 Bùguǎn nǐ liàn yújiā duō cháng shíjiān, dōu děi ＿＿＿＿＿＿＿＿＿＿＿.

② 不论你太极拳打得好不好，我们都＿＿＿＿＿＿＿＿＿＿＿＿＿＿＿＿＿。
　 Búlùn nǐ tàijíquán dǎ de hǎo bu hǎo, wǒmen dōu ＿＿＿＿＿＿＿＿＿＿.

③ 不论学费有多贵，父母＿＿＿＿＿＿＿＿＿＿＿＿＿＿＿＿＿。
　 Búlùn xuéfèi yǒu duō guì, fùmǔ ＿＿＿＿＿＿＿＿＿＿＿＿＿＿＿.

④ 不管＿＿＿＿＿＿＿＿＿＿＿＿＿＿，你都应该买一个手机，联系方便一点儿。
　 Bùguǎn ＿＿＿＿＿＿＿＿＿＿＿, nǐ dōu yīnggāi mǎi yí ge shǒujī, liánxì fāngbiàn yìdiǎnr.

⑤ 不论你＿＿＿＿＿＿＿＿＿＿＿＿＿＿＿＿＿，都请先发个微信告诉我。
　 Búlùn nǐ ＿＿＿＿＿＿＿＿＿＿＿＿＿＿＿, dōu qǐng xiān fā ge Wēixìn gàosu wǒ.

(2) Complete the following dialogues using this pattern

① A：师父，我想和你们一起打太极拳，可是我还不会打。
　　　Shīfu, wǒ xiǎng hé nǐmen yìqǐ dǎ tàijíquán, kěshì wǒ hái bú huì dǎ.
　B：没关系，不论＿＿＿＿＿＿＿＿＿＿＿＿＿，我都欢迎你来和我们一起锻炼。
　　　Méi guānxi, búlùn ＿＿＿＿＿＿＿＿＿＿＿, wǒ dōu huānyíng nǐ lái hé wǒmen yìqǐ duànliàn.

② A：我觉得自己身体很好，为什么还要锻炼？
　　　Wǒ juéde zìjǐ shēntǐ hěn hǎo, wèi shénme hái yào duànliàn?
　B：我认为＿＿＿＿＿＿＿＿＿＿＿＿＿＿＿＿＿都应该锻炼身体。
　　　Wǒ rènwéi ＿＿＿＿＿＿＿＿＿＿＿＿＿＿＿ dōu yīnggāi duànliàn shēntǐ.

③ A：今天我们的瑜伽老师不能来上课，我们还要练习吗？
　　　Jīntiān wǒmen de yújiā lǎoshī bù néng lái shàng kè, wǒmen hái yào liànxí ma?

第三十四课　学太极
Lesson Thirty-four　Learning Taiji

B：当然，_____。
　　Dāngrán, _____.

④ A：我在上海买的手机和手机卡，在北京也能用吗？
　　Wǒ zài Shànghǎi mǎi de shǒujī hé shǒujī kǎ, zài Běijīng yě néng yòng ma?

B：没有问题的，只要你在中国，不管_____。
　　Méiyǒu wèntí de, zhǐyào nǐ zài Zhōngguó, bùguǎn _____.

⑤ A：那个健身房一定要有会员卡才能进去吗？
　　Nàge jiànshēnfáng yídìng yào yǒu huìyuánkǎ cái néng jìnqu ma?

B：别担心，不管_____。
　　Bié dān xīn, bùguǎn _____.

4. Imply the unliklihood of an event, using a rhetorical question "哪儿 nǎr ······ 啊 a".

　(1) Complete the following sentences

　① 我忙得连睡觉都没有时间，_____？
　　 Wǒ máng de lián shuì jiào dōu méiyǒu shíjiān, _____?
　　　　　　　　　　　　　　　　　　　　　　　　　（Hint: no time to go to parties）

　② 我不是不想买最新款的手机，只是我_____？
　　 Wǒ búshì bù xiǎng mǎi zuì xīnkuǎn de shǒujī, zhǐshì wǒ _____?
　　　　　　　　　　　　　　　　　　　　　　　　　（Hint: no money）

　③ 虽然自己做的饭不好吃，但是_____？
　　 Suīrán zìjǐ zuò de fàn bù hǎochī, dànshì _____?
　　　　　　　　　　　　　　　　　　　　　　　（Hint: can't afford to eat out every day）

　④ 小李又高又大，你只给他一个包子吃，他 _____？
　　 Xiǎo Lǐ yòu gāo yòu dà, nǐ zhǐ gěi tā yí ge bāozi chī, tā _____?
　　　　　　　　　　　　　　　　　　　　　　　　　（Hint: not enough）

　⑤ 我们去老师家吃饭，我_____？当然得带点儿小礼物。
　　 Wǒmen qù lǎoshī jiā chī fàn, wǒ _____? Dāngrán děi dài diǎnr xiǎo lǐwù.

　(2) Complete the following dialogues

　① A：你知道为什么David来中国两个月就回国了？
　　　 Nǐ zhīdào wèi shénme David lái Zhōngguó liǎng ge yuè jiù huí guó le?

　　B：我不认识他，_____？
　　　 Wǒ bú rènshi tā, _____?

　② A：你怎么没来公园打太极拳？
　　　 Nǐ zěnme méi lái gōngyuán dǎ tàijíquán?

　　B：我上周打篮球腿受伤了，_____？
　　　 Wǒ shàng zhōu dǎ lánqiú tuǐ shòu shāng le, _____?

真实生活汉语 4
Chinese for Living in China

③ A：最近几年为什么那么多外国人来中国工作？
　　　Zuìjìn jǐ nián wèi shénme nàme duō wàiguórén lái Zhōngguó gōngzuò?
　B：_____?

④ A：你在中国已经工作几个月了，为什么不去银行办个卡呢？
　　　Nǐ zài Zhōngguó yǐjīng gōngzuò jǐ ge yuè le, wèi shénme bú qù yínháng bàn ge kǎ ne?
　B：我每天都忙得不得了，_____?
　　　Wǒ měitiān dōu máng de bùdéliǎo, _____?

⑤ 丈夫：孩子的功课已经很多了，你怎么还让他去参加那么多课外活动？
　　　Zhàngfu: Háizi de gōngkè yǐjīng hěn duō le, nǐ zěnme hái ràng tā qù cānjiā nàme duō kèwài huódòng?

　妻子：你看他班上几乎每个同学都参加，他_____?
　　　Qīzi: Nǐ kàn tā bān shang jīhū měi ge tóngxué dōu cānjiā, tā _____?

5. "**其中有** qízhōng yǒu ……，**此外还有** cǐwài hái yǒu ……"

   (1) Complete the following sentences with this pattern

   ① 现在健身练的都是简化太极拳，其中有_____，
      此外还有_____。
      Xiànzài jiànshēn liàn de dōu shì jiǎnhuà tàijíquán, qízhōng yǒu _____,
      cǐwài hái yǒu _____.

   ② 中国菜的种类很多，其中有_____，
      此外还有_____。
      Zhōngguó cài de zhǒnglèi hěn duō, qízhōng yǒu _____,
      cǐwài hái yǒu _____.

   ③ 在北京大学学习的外国学生有两千多人，其中有_____，
      此外还有_____。
      Zài Běijīng Dàxué xuéxí de wàiguó xuésheng yǒu liǎngqiān duō rén, qízhōng yǒu _____,
      cǐwài hái yǒu _____.

   ④ 健身房里的设备各式各样，其中有_____，
      此外还有_____等等。
      Jiànshēnfáng li de shèbèi gèshì-gèyàng, qízhōng yǒu _____,
      cǐwài hái yǒu _____ děngdeng.

   ⑤ 这家KTV能听国外的音乐，其中有_____，
      此外还有_____。
      Zhè jiā KTV néng tīng guówài de yīnyuè, qízhōng yǒu _____,
      cǐwài hái yǒu _____.

(2) **Complete the following dialogues by using this pattern**

① A：你们班上的同学是从哪些地方来的？
　　　Nǐmen bān shang de tóngxué shì cóng nǎxiē dìfang lái de?

　B：我们班上的同学_____。
　　　Wǒmen bān shang de tóngxué _____.

② A：那家健身中心有什么设备？
　　　Nà jiā jiànshēn zhōngxīn yǒu shénme shèbèi?

　B：_____。

③ A：太极拳有哪些流派？
　　　Tàijíquán yǒu nǎxiē liúpài?

　B：_____。

④ A：世界上有哪些有名的电脑公司？
　　　Shìjiè shang yǒu nǎxiē yǒumíng de diànnǎo gōngsī?

　B：_____。

⑤ A：中国手机市场上有哪些流行的品牌？
　　　Zhōngguó shǒujī shìchǎng shang yǒu nǎxiē liúxíng de pǐnpái?

　B：_____。

真实生活汉语
Chinese for Living in China

Listening Comprehension

1. Listen to the voice message and answer the questions

   (1) Why is the Taiji class cancelled?
      A. The Taiji teacher is sick and has to go to the hospital.
      B. The Taiji teacher's father is sick and he has to take his father to the hospital.
      C. One of the students is sick and the teacher has to take him to the hospital.

   (2) Since the Taiji class is cancelled, what do the students plan to do?
      A. They will visit the teacher in the hospital.
      B. They still plan to practice in the park.
      C. They won't practice Taiji tomorrow, but will have breakfast together instead.

2. Listen to the conversation between a Taiji teacher and a student assistant named Xiao Li, then answer the questions

   (1) What is the theme of this conversation?
      A. The teacher is asking for feedback about his teaching style.
      B. The teacher is proposing to change where they meet for class.
      C. The teacher is encouraging the student to keep practicing.

   (2) Which of the following statements is correct?
      A. The class has too many students for the venue.
      B. The fitness center is not the best place for practicing Taiji because it charges a fee.
      C. The teacher worries that the sets are getting too difficult and the students are losing interest.

第三十四课　学太极

Lesson Thirty-four Learning Taiji

Communication Activities

Pair Work

Scenario I: Explain to your partner what you know about Taiji and why you are/aren't interested in doing it.

Scenario II: Explain to your partner what you know about Yoga and why you are/aren't interested in doing it.

Scenario III: If you have been in China, share with your partner what kind of exercises you saw Chinese doing and explain why some were especially interesting to you.

练习	锻炼	剧烈
动作	推来推去	简单
一举两得		各式各样
其中有……，此外还有……		

Role Play & Group Work

1. One student plays the role of Xiao Wang, a college student who rarely leaves his/her room and spends all his/her time surfing the web and playing video games. The other plays the role of his/her teacher/father/mother/Taiji instructor/Yoga instructor. The student explain why he/she doesn't need to do exercise/Taiji that much, and the other tries to convince him/her to "get a life". Be creative and persuasive.

………………………………………………………………………………………………

………………………………………………………………………………………………

2. Watch a video about Taiji and discuss what your impressions of Taiji as a form of exercise. Explain why you'd like to take Taiji classes.

………………………………………………………………………………………………

………………………………………………………………………………………………

3. On the web, do a search for Taijiquan and report back to the class on what you find. Your oral presentation should include the following topics:

- The particular school of Taiji that you're going to talk about.
- Whether you find this particular school suitable for yourself.
- Whether Taiji or Yoga would suit you better.

Review Exercises

I. Match the verbs in the left-hand list with the nouns in the right-hand list

1. 踢   A. 足球
2. 打   B. 身体
3. 锻炼   C. 信息
4. 缺少   D. 瑜伽
5. 练   E. 太极拳
6. 提供   F. 运动

II. Fill in the blank with the words listed below

| 随时 | 晨练 | 学费 | 此外 | 离开 | 跟着 | 离 | 印象 |
| suíshí | chénliàn | xuéfèi | cǐwài | líkāi | gēnzhe | lí | yìnxiàng |

_____中国已经快一年了,我非常想念上海的长风公园。这个公园_____我住的公寓不远,每天早晨就能看到很多人在那儿_____,其中有打太极拳的、练太极剑的、跳舞的,_____还有打羽毛球的、唱歌的和拉胡琴(lā húqín)的。我_____最深刻的是来跳广场舞(guǎngchǎngwǔ)的大妈们。他们多半是中年女性,有位跳得比较好的"老师"在最前头领着大家跳,录音机就在不远的地方,放着很大声的音乐。如果你想参加,_____都可以_____他们跳,不用交_____。听说现在广场舞大妈已经跳到国外去了,我希望有一天能在我们国家也看到她们!

III. Complete the following dialogues

A:小张,这个星期六来我们家练瑜伽好吗?
B:我从来没有练过瑜伽,加上周末的家务事特别多,哪儿_____啊?

第三十四课　学太极
Lesson Thirty-four　Learning Taiji

A：不管你_____，锻炼的时间总是应该有的吧？练瑜伽对你的身体有很多好处，比方说，除了_____，还_____。

B：练瑜伽的这些好处我不是不知道，但是工作太忙也是真的。最近我刚换了新工作，每天不是_____，就是_____，连睡觉的时间都没有。

A：别找借口了。这个星期六下午两点我和三个朋友在家一块儿练，你就过来试试吧。时间不长，只要一个钟头。

B：让我想想，我星期五晚上给你发微信。

IV. Complete the following tasks in Chinese

If you are in China, you may find that there are many people doing outdoor exercises. Some people, especially middle-aged women, dance to music in parks or other public spaces. Find some and start up a conversation, asking them the following sorts of questions.

- How long have they been doing exercise there/practicing Taiji there?
- What schools of Taiji do they practice?
- What led them to start practicing Taiji?
- If the teacher/group leader doesn't show up for some reason, do they still practice on their own?

真实生活汉语
Chinese for Living in China

Culture Notes

1. Taiji and Taijiquan

The Taiji (太极 tàijí), or Taijiquan (太极拳 tàijíquán), seems to have been coined in the middle of the 19th century as a designation for types of movements, or exercises, based on Yin and Yang principles that originated in much earlier times. The name comes from the "太极 tàijí" (*The Great Support*)—the pole or roof-ridge of the universe—a concept that goes back to the "易经 Yì Jīng" (*Book of Changes*, 1046–770 BC), as well as other early classic texts. In traditional philosophy, the "太极 tàijí" is the source of both the Yin and the Yang. It is represented by the well-known Yin-Yang circle (太极图 tàijítú). Yin and Yang are the two great polarities, Yin being relatively female, cooler and shaded, represented by the moon, Yang being relatively male, warmer and brighter, represented by the sun. This idea of balance between light and dark, strength and weakness, male and female, has underpinned many aspects of Chinese society for more than a thousand years. This search for a perfect balance is an important principle in Taijiquan practice.

Taijiquan, like a number of other types of "martial" art, is classified as "soft", by contrast to the "hard" martial arts such as kongfu—though both types may ultimately derive from a common source. Taiji puts emphasis on internal processes that enhance the flow of the vital life force to improve blood circulation and to boost the immune system. The smooth transformations and continuous movements of Taiji, combined with breath control, promote physical health and mental and spiritual balance.

2. The different forms of Taijiquan

There are many different styles of Taijiquan. The five orthodox schools, named for their founders, are the best known: the Chen style, the Yang style, the two Wu styles (different tones, different characters), and the Sun style. All five are thought to trace back to the Chen style. According to historical records, the style that was later named Taijiquan was developed by Chen Wangting (陈王庭 Chén Wángtíng, 1597–1664), who lived in Chen Village in today's Henan province. Many other Taijiquan styles are also based on the Chen style.

There is also a simplified form of Taijiquan, called "Jiǎnhuà Tàijíquán (简化太极拳)". In 1956, it was created from 24 forms taken from the Yang style, which was developed from the Chen style during the Qing Dynasty by Yang Luchan, a Hebei native. Later, in 1979, the simplified set was elaborated into 48 forms. It is now the most popular style in China. Every morning, an estimated 200 million Chinese in every major city, town or village can be found in public parks and on street corners practicing Taiji.

Lesson Thirty-five The Travel Agency
第三十五课　旅行社
Dì-sānshíwǔ Kè　　Lǚxíngshè

In this lesson you will learn how to do the following

- Ask what sort of tours are possible, given your time constraints
- Make arrangements with a travel agency to go on a nature/culture tour
- Ask how you can get an English-speaking tour guide
- Describe the kind of places you'd like to visit

Grammar

- "对 duì" and "对于 duìyú" (about, in [regard to], with respect to, towards)
- "在 zài……以内 yǐnèi /之内 zhīnèi" (in, within, within the limits of)
- "经 jīng /经过 jīngguò……去 qù……" (to go… by way of…; to go via…)
- "非 fēi……不可 bùkě /不行 bùxíng" (have to, need to, insist on)
- "与其 yǔqí A, 不如 bùrú B" (rather than A, B would be better; to prefer B over A)

Culture Notes

- Tourist agencies in China
- How to select a good travel agent in China
- The names and codes of trains in China
- Types of hotel rooms in China

Dialogue

A: 卢卡斯
Lúkǎsī
Lucas

B: 客服人员
kèfú rényuán
service staff

卢卡斯在南京一家德国公司找到了一份实习工作。他想开始工作前先在中国旅旅游，就提前两个星期从柏林到了南京。办完工作和居住手续后，他还有一个星期的空闲时间。公司附近有一家旅行社，他就去那儿问问关于旅游的事。

Lúkǎsī zài Nánjīng yì jiā Déguó gōngsī zhǎodàole yí fèn shíxí gōngzuò. Tā xiǎng kāishǐ gōngzuò qián xiān zài Zhōngguó lǚlǚyóu, jiù tíqián liǎng ge xīngqī cóng Bólín dàole Nánjīng. Bànwán gōngzuò hé jūzhù shǒuxù hòu, tā hái yǒu yí ge xīngqī de kòngxián shíjiān. Gōngsī fùjìn yǒu yì jiā lǚxíngshè, tā jiù qù nàr wènwen guānyú lǚyóu de shì.

A: 您好。我有一周时间可以在中国旅游一下，但不知去哪儿好？
Nín hǎo. Wǒ yǒu yì zhōu shíjiān kěyǐ zài Zhōngguó lǚyóu yíxià, dàn bù zhī qù nǎr hǎo?

B: 您是想去南方还是北方？南方可以游苏州、杭州、上海几个城市，北方就去北京，看看长城、故宫什么的。
Nín shì xiǎng qù Nánfāng háishi Běifāng? Nánfāng kěyǐ yóu Sūzhōu、Hángzhōu、Shànghǎi jǐ ge chéngshì, Běifāng jiù qù Běijīng, kànkan Chángchéng、Gùgōng shénme de.

A: 我对[G1]城市旅游兴趣不大，倒是[1]很想看看自然风景。
Wǒ duì[G1] chéngshì lǚyóu xìngqù bú dà, dàoshì[1] hěn xiǎng kànkan zìrán fēngjǐng.

B: 想看自然风景的话，有四条旅游路线适合在一个星期内[G2]游玩：第一条线是去湖北，经武汉去[G3]神农架；第二条线是坐船游三峡，到重庆后坐飞机返回；第三条线是去四川，经成都去九寨沟；第四条线是去湖南的张家界。
Xiǎng kàn zìrán fēngjǐng dehuà, yǒu sì tiáo lǚyóu lùxiàn shìhé zài yí ge xīngqī nèi[G2] yóuwán: dì-yī tiáo xiàn shì qù Húběi, jīng Wǔhàn qù[G3] Shénnóngjià; dì-èr tiáo xiàn shì zuò chuán yóu Sānxiá, dào Chóngqìng hòu zuò fēijī fǎnhuí; dì-sān tiáo xiàn shì qù Sìchuān, jīng Chéngdū qù Jiǔzhàigōu; dì-sì tiáo xiàn shì qù Húnán de Zhāngjiājiè.

A: 张家界是不是拍美国电影《阿凡达》的地方？
Zhāngjiājiè shì bu shì pāi Měiguó diànyǐng《Āfándá》de dìfang?

Notes

1. "倒是 dàoshì" means on the contrary.

第三十五课　旅行社
Lesson Thirty-five　The Travel Agency

B： 对。就是因为那个电影，这两年去张家界的人突然多起来了。
Duì. Jiùshì yīnwèi nà ge diànyǐng, zhè liǎng nián qù Zhāngjiājiè de rén tūrán duō qǐlai le.

A： 我在欧洲没有见过那样的山，那我就去张家界吧！你们的价格是多少？
Wǒ zài Ōuzhōu méiyǒu jiànguo nàyàng de shān, nà wǒ jiù qù Zhāngjiājiè ba! Nǐmen de jiàgé shì duōshao?

B： 我们有不同的旅游方案，价格不一样。比如说两日游、三日游、五日游[2]，时间越长价格就越高。您有一个星期左右的时间，我建议您选五日游。
Wǒmen yǒu bùtóng de lǚyóu fāng'àn, jiàgé bù yíyàng. Bǐrú shuō liǎngrìyóu、sānrìyóu、wǔrìyóu[2], shíjiān yuè cháng jiàgé jiù yuè gāo. Nín yǒu yí ge xīngqī zuǒyòu de shíjiān, wǒ jiànyì nín xuǎn wǔrìyóu.

A： 五日游都包括[3]什么？
Wǔrìyóu dōu bāokuò[3] shénme?

B： 包括从南京飞到张家界一天，回程一天，参观张家界和袁家界的景点两天，参观凤凰古城一天。我会给您做一个详细的旅游计划，包括接待标准和报价。请您稍等一下，可以吗？
Bāokuò cóng Nánjīng fēidào Zhāngjiājiè yì tiān, huíchéng yì tiān, cānguān Zhāngjiājiè hé Yuánjiājiè de jǐngdiǎn liǎng tiān, cānguān Fènghuáng Gǔchéng yì tiān. Wǒ huì gěi nín zuò yí fèn xiángxì de lǚyóu jìhuà, bāokuò jiēdài biāozhǔn hé bàojià. Qǐng nín shāo děng yíxià, kěyǐ ma?

A： 可以。
Kěyǐ.

（做好旅游计划后　Zuòhǎo lǚyóu jìhuà hòu）

B： 好了。这是张家界五天的旅游计划，有飞机出发和到达的时间，每天住宿的宾馆的地址及简介，每天参观的景点介绍以及游览时间。
Hǎo le. Zhè shì Zhāngjiājiè wǔ tiān de lǚyóu jìhuà, yǒu fēijī chūfā hé dàodá de shíjiān, měitiān zhùsù de bīnguǎn de dìzhǐ jí jiǎnjiè, měitiān cānguān de jǐngdiǎn jièshào yǐjí yóulǎn shíjiān.

---

2. "两日游 liǎngrìyóu" "三日游 sānrìyóu" "五日游 wǔrìyóu" (two-day trips, etc.), the bound form "日 rì" forming a compound with the number.

3. "包括 bāokuò" (include as part of) and "包含 bāohán" (embody, contain) are similar in meaning, and in fact, both can be translated as "include". The former suggests the inclusion of additonal elements (hence "include as part of"): "去西安旅行的包括一个导游。Qù Xī'ān lǚxíng de bāokuò yí ge dǎoyóu." (A guide is included in the Xi'an tour.) The latter puts more emphasis on the constituents (hence "consists of"): "苹果酒当然包含酒精，不过不多。Píngguǒjiǔ dāngrán bāohán jiǔjīng, búguò bù duō." (Cider contains alcohol, of course, but not much.)

真实生活汉语
Chinese for Living in China 4

A：有导游吗？
Yǒu dǎoyóu ma?

B：因为团里有外国人，我们会专门配一个英文导游。
Yīnwèi tuán li yǒu wàiguórén, wǒmen huì zhuānmén pèi yí ge Yīngwén dǎoyóu.

A：请问，这里面包括哪些费用？
Qǐngwèn, zhè lǐmiàn bāokuò nǎxiē fèiyòng?

B：包括南京到张家界的往返机票、机场接送、四天的宾馆、从宾馆到景点的空调旅游车和所有景点的门票。考虑到您的饮食习惯不同，所以我们不包含[4]用餐。
Bāokuò Nánjīng dào Zhāngjiājiè de wǎngfǎn jīpiào, jīchǎng jiēsòng, sì tiān de bīnguǎn, cóng bīnguǎn dào jǐngdiǎn de kōngtiáo lǚyóuchē hé suǒyǒu jǐngdiǎn de ménpiào. Kǎolǜ dào nín de yǐnshí xíguàn bùtóng, suǒyǐ wǒmen bù bāohán[4] yòng cān.

A：为什么安排了三次购物？那会占我们很多旅游的时间。我非去不可[G4]吗？
Wèishénme ānpáile sāncì gòuwù? Nà huì zhàn wǒmen hěn duō lǚyóu de shíjiān. Wǒ fēi qù bùkě[G4] ma?

B：中国的旅游团都会安排购物活动。游客们一般来说都想买些当地的土特产。不过，您不用担心，我们不会强制顾客购物。
Zhōngguó de lǚyóutuán dōu huì ānpái gòuwù huódòng. Yóukèmen yìbān lái shuō dōu xiǎng mǎi xiē dāngdì de tǔtèchǎn. Búguò, nín búyòng dān xīn, wǒmen bú huì qiángzhì gùkè gòuwù.

A：我在中国的时间不多，与其购物，不如用那些时间多看几个景点[G5]。
Wǒ zài Zhōngguó de shíjiān bù duō, yǔqí gòuwù, bùrú yòng nàxiē shíjiān duō kàn jǐ ge jǐngdiǎn[G5].

B：如果您不想参加团体游，您可以选半自助游。
Rúguǒ nín bù xiǎng tuántǐ yóu, nín kěyǐ xuǎn bàn-zìzhùyóu.

A：什么是半自助游？
Shénme shì bàn-zìzhùyóu?

B：就是我们旅行社帮您买机票、订宾馆，也可以代订旅游车和导游。您到了张家界后，自己想去哪儿完全自主，不过价格会贵很多。
Jiùshì wǒmen lǚxíngshè bāng nín mǎi jīpiào, dìng bīnguǎn, yě kěyǐ dài dìng lǚyóuchē hé dǎoyóu. Nín dàole Zhāngjiājiè hòu, zìjǐ xiǎng qù nǎr wánquán zìzhǔ, búguò jiàgé huì guì hěn duō.

---

4. "包含 bāohán" see the note 3 on page 95.

96

第三十五课　旅行社
Lesson Thirty-five　The Travel Agency

A：我人生地不熟的，还是参加旅游团吧。
　　Wǒ rén shēng dì bù shú de, háishi cānjiā lǚyóutuán ba.

B：要不要再想一想？假如⁵我给您买了机票，就不能退票了。等您决定了，我再给您买吧。
　　Yào bu yào zài xiǎng yi xiǎng? Jiǎrú⁵ wǒ gěi nín mǎile jīpiào, jiù bù néng tuì piào le. Děng nín juédìng le, wǒ zài gěi nín mǎi ba.

A：我决定了。您出票吧。
　　Wǒ juédìng le. Nín chū piào ba.

New Words

1	柏林	Bólín	PropN	Berlin (Germany)
2	居住	jūzhù	V	to live, to dwell, to reside
3	空闲/空閒	kòngxián	Adj / N	idle, free, leisure; idle or free time, leisure time
4	旅行社	lǚxíngshè	N	travel agency
5	关于/關於	guānyú	Prep	regarding, concerning, about
6	北方	běifāng / Běifāng	N / PropN	north, northern region; Northern China
7	游/遊	yóu	V	to travel, to tour
8	苏州/蘇州	Sūzhōu	PropN	Suzhou (city in Jiangsu province)
9	杭州	Hángzhōu	PropN	Hangzhou (city in Zhejiang province)
10	倒是	dàoshì	Adv	on the contrary, but, yet
11	风景/風景	fēngjǐng	N	landscape, scenery
12	湖北	Húběi	PropN	Hubei (province)
13	神农架/神農架	Shénnóngjià	PropN	Shennongjia (scenic area in Hubei province)
14	三峡/三峽	Sānxiá	PropN	the Three Gorges (of the Yangtze River, on the border of Sichuan and Hubei)

5. "假如 jiǎrú" (if, supposing) is a more formal and more hypothetical version of "如果 rúguǒ" and "要是 yàoshi (if)". Like those two, it is often followed by a clause containing "就 jiù".

15	返回	fǎnhuí	V	to return, to come back
16	成都	Chéngdū	PropN	Chengdu (city and provincial capital in Sichuan province)
17	九寨沟/九寨溝	Jiǔzhàigōu	PropN	Jiuzhaigou ("Valley of the Nine Villages", name of a scenic area in northern Sichuan)
18	湖南	Húnán	PropN	Hunan (province)
19	张家界/張家界	Zhāngjiājiè	PropN	Zhangjiajie (scenic area in Hunan)
20	欧洲/歐洲	Ōuzhōu	PropN	Europe
21	方案	fāng'àn	N	plan, proposal, program
22	比如说/比如說	bǐrú shuō	Phrase	for example
23	回程	huíchéng	N	return trip
24	袁家界	Yuánjiājiè	PropN	Yuanjiajie (scenic area in Hunan province)
25	景点/景點	jǐngdiǎn	N	scenic spot
26	凤凰古城/鳳凰古城	Fènghuáng Gǔchéng	PropN	Phoenix Ancient Town (in Hunan)
	凤凰/鳳凰	fènghuáng	N	phoenix
	古城	gǔchéng	N	ancient Town
27	详细/詳細	xiángxì	Adj	detailed, thorough
28	接待	jiēdài	V	to receive, to host, to welcome
29	报价/報價	bào jià	VO	to give a (price) quotation, to make a quote
30	稍	shāo	Adv	a little, slightly
31	住宿	zhùsù	V	to get accommodation
32	简介/簡介	jiǎnjiè	N	brief introduction, synopsis
33	介绍/介紹	jièshào	V	to introduce, to recommend, to suggest
34	游览/遊覽	yóulǎn	V	to sight-see, to tour
35	导游/導遊	dǎoyóu	N	guide, tour guide
36	团/團	tuán	BF (N)	group, organization, league
37	专门/專門	zhuānmén	Adj / Adv	special, specialized; specially
38	配	pèi	V	to match, to join in (marriage), to mix (colors, medicine, etc.)

第三十五课　旅行社
Lesson Thirty-five　The Travel Agency

39	费用/費用	fèiyòng	N	expense, cost
40	接送	jiēsòng	V	to welcome and see off, to pick up and send
41	旅游车/旅遊車	lǚyóuchē	N	tour bus or van
42	门票/門票	ménpiào	N	admission ticket
43	考虑/考慮	kǎolù	V	to consider, to think over
44	饮食/飲食	yǐnshí	N	food and drink, diet
45	习惯/習慣	xíguàn	N / V	custom, habit; to be accustomed to, to have the habit of
46	用餐	yòng cān	VO	to dine, to have a meal
47	安排	ānpái	V	to arrange, to make arrangements
48	占/佔	zhàn	V	to occupy, to take by force
49	非……不可(不行)	fēi……bùkě (bùxíng)		have to, must… (not [to do] isn't possible)
	非	fēi	Adv / Pref	be not; have got to, must; non-, un-, in-
50	旅游团/旅遊團	lǚyóutuán	N	tour group, party of tourists
51	游客/遊客	yóukè	N	tourist, sightseer, visitor
52	当地/當地	dāngdì	N / Attr	in the locality; local
53	土特产/土特產	tǔtèchǎn	N	local specialty products
54	强制	qiángzhì	V	to coerce, to force
55	顾客/顧客	gùkè	N	customer, client
56	与其/與其	yǔqí	Conj	rather than, better than
57	团体/團体	tuántǐ	N	team, group
58	自助	zìzhù	V	to help oneself
59	代	dài	V	to substitute for
60	完全	wánquán	Adj / Adv	complete, whole, full; completely, entirely
61	自主	zìzhǔ	V	to do on one's own initiative, to decide for oneself
62	人生地不熟	rén shēng dì bù shú	Expr	a stranger in a strange land, not familiar with people or place
63	退票	tuì piào	VO	to return a ticket
64	出票	chū piào	VO	to issue a ticket

Re-enacting the Dialogue

Lucas got an internship at a German company in Nanjing. He decided to travel in China a bit before starting work, so he came to Nanjing from Berlin two weeks early. After dealing with formalities about employment and housing, he still has a week of free time. There's a travel agency near his company, so he's gone to ask them about a tour.

A: Hello. I have a week of time that'll allow me to do some touring in China, but I'm not sure where best to go.

B: You want to go to the South, or to the North? In the South, you can visit the cities of Suzhou, Hangzhou and Shanghai. In the North, you go to Beijing to take a look at the Great Wall, the Forbidden City, and so on.

A: I'm not too interested in seeing large cities, I'd rather see natural scenery instead.

B: If you want to see natural scenery, we have four travel routes for one-week tours: The 1st route is through Wuhan to Shennongjia in Hubei; the 2nd is to travel first through the Three Gorges by boat and then after reaching Chongqing to return by air; the 3rd route takes you to Sichuan, to Jiuzhaigou via Chengdu; and the 4th is to Zhangjiajie in Hunan.

A: Is Zhangjiajie where the American film *Avatar* was filmed?

B: Yes. It's because of that film that visitors to Zhangjiajie have suddenly increased so much over these two years.

A: In Europe, I never saw mountains like that. Okay, so why don't I go to Zhangjiajie, then? What's your price?

B: We have different tourism packages, and the prices vary. For example, there are two-day, three-day and five-day trips. The longer the trip, the higher the price. If you have about a week, I recommend you do the five-day trip.

A: What does the five-day trip include?

B: It includes a day to fly from Nanjing to Zhangjiajie and a day to return, two days to see the two scenic places, Zhangjiajie and Yuanjiajie, and a day to see the ancient town of Fenghuang City. I'll prepare a detailed travel plan for you, including reception criteria and a price-quote. Would you mind waiting for a short while?

A: Fine.

(After scheduling the sightseeing)

B: Okay. This is a five-day travel plan for Zhangjiajie. It has departure and arrival times, the address of the hotels you'll be staying in each day plus a brief introduction, an introduction to the tourist sites you'll be visiting, and the times of your tours.

A: Will there be a tour guide?

B: Because this is a group with foreigners, we will specially provide an English language tour guide.

A: May I ask which expenses are covered by the fee?

B: It includes a round-trip ticket from Nanjing to Zhangjiajie, transport to and from the airport, four days of hotel stay, an air-conditioned bus to take you from the hotel to the scenic sites, and tickets for all sites. Because we felt that your dietary habits would vary, we didn't include meals.

Lesson Thirty-five   The Travel Agency

A: How come you've arranged three stops for shopping? Those will take up a lot of our touring time. Do I have to go on them?

B: Chinese tour groups always arrange some shopping activities. Generally, tourists want to buy some local products. But no need to worry, we don't force our customers to buy things.

A: I don't have much time in China, so rather than shopping, I'd prefer to use that time seeing some sights.

B: If you don't want to participate in the travel group, you can do a semi-self-help tour.

A: What's a semi-self-help tour?

B: That's when the travel agent helps you to buy your plane tickets and book hotels, as well as book tourist buses for you and guides. Once you get to Zhangjiajie, where you go is entirely up to you. But the cost will be much higher.

A: This is my first time in a new place, I'd better go with the group.

B: Do you want to think it over? If I buy the tickets for you, I won't be able to refund them. Once you've decided, I'll go ahead and get the tickets for you.

A: I've decided. Go ahead and issue the tickets.

Grammar

▶ **G1.** "对 duì" and "对于 duìyú" (about, in [regard to], with respect to, towards)

"对于 duìyú" is a preposition which introduces a subject of interest or attention. "对于 duìyú" and "对 duì" can both take an object and form a prepositional phrase. In most cases, they are interchangeable, with "对 duì" simply an abbreviation of "对于 duìyú". However, the disyllabic "对于 duìyú" sounds more formal than the monosyllabic "对 duì".

对于中国文化我们都很有兴趣。
Duìyú Zhōngguó wénhuà wǒmen dōu hěn yǒu xìngqù.

对中国文化我们都很有兴趣。
Duì Zhōngguó wénhuà wǒmen dōu hěn yǒu xìngqù.

} We are all very interested in Chinese culture.

凯瑟琳对于锻炼身体向来很重视。
Kǎisèlín duìyú duànliàn shēntǐ xiànglái hěn zhòngshì.

凯瑟琳对锻炼身体向来很重视。
Kǎisèlín duì duànliàn shēntǐ xiànglái hěn zhòngshì.

} Catherine has always been keen on getting enough exercise.

你对于她说的话完全理解错了。
Nǐ duìyú tā shuō de huà wánquán lǐjiě cuò le.

你对她说的话完全理解错了。
Nǐ duì tā shuō de huà wánquán lǐjiě cuò le.

} You've completely misconstrued what she said.

While it is generally the case that "对于 duìyú" can usually be replaced with "对 duì" in colloquial contexts, the reverse is not true. In some cases only "对 duì" is possible, particularly when the verbal event deals with how someone (or less often, something) is treated. A less abstract prescription is to remember that verbs such as "笑 xiào" (laugh [at]) and "说 shuō" (speak [to]) take "对 duì" (rather than "对于 duìyú"):

① 她对我笑了笑。
Tā duì wǒ xiàole xiào.
She smiled at me.

② 中国老师对我们很热情。
Zhōngguó lǎoshī duì wǒmen hěn rèqíng.
The Chinese teachers are very warm to us.

第三十五课　旅行社
Lesson Thirty-five　The Travel Agency

▶ **G2.** "在 zài……以内 yǐnèi /之内 zhīnèi" (in, within, within the limits of)

The prepositional phrase "在 zài……以内 yǐnèi/之内 zhīnèi" indicates the time or space within which something can be accomplished.

① 有四条旅游路线适合在一个星期内游玩。
Yǒu sì tiáo lǚyóu lùxiàn shìhé zài yí ge xīngqī nèi yóuwán.
We have four travel routes for one-week tours.

② 我要租的公寓一定要在离学校两公里之内。
Wǒ yào zū de gōngyù yídìng yào zài lí xuéxiào liǎng gōnglǐ zhīnèi.
The apartment I'm going to rent must be within two kilometers of my school.

③ 你要在三天之内看完这本书。
Nǐ yào zài sān tiān zhīnèi kànwán zhè běn shū.
You must finish this book in three days.

④ 他的衣服价格都是在一百元以内的。
Tā de yīfu jiàgé dōu shì zài yìbǎi yuán yǐnèi de.
His clothes all cost within a hundred *yuan*.

▶ **G3.** "经 jīng / 经过 jīngguò……去 qù……" (to go… by way of…, to go… via…)

"经 jīng/经过 jīngguò" combines with a following object—typically a place—to form a prepositional phrase, meaning "via" or "by way of [place]" (in itineraries, for example). Examples in this lesson mostly have the form: "经 jīng/经过 jīngguò place A 去 qù place B":

① 第一条线是去湖北，经武汉去神农架；……第三条线是去四川，经成都去九寨沟。
Dì-yī tiáo xiàn shì qù Húběi, jīng Wǔhàn qù Shénnóngjià; ……dì-sān tiáo xiàn shì qù Sìchuān, jīng Chéngdū qù Jiǔzhàigōu.
The 1st route is through Wuhan to Shennongjia in Hubei; … the 3rd route takes you to Sichuan, Jiuzhaigou via Chengdu.

② 他每次都经日本回美国，因为机票比直飞的便宜点儿。
Tā měicì dōu jīng Rìběn huí Měiguó, yīnwèi jīpiào bǐ zhífēi de piányi diǎnr.
Every time he goes back to America via Japan, because the plane tickets are cheaper than direct flights.

While both "经 jīng" and "经过 jīngguò" are possible when an actual route is involved, "经 jīng" alone is preferred when the meaning is more abstract:

① 经她介绍我才认识了凯瑟琳。
Jīng tā jièshào wǒ cái rènshile Kǎisèlín.
I didn't know Catherine until she introduced me to her.

② 经检查这家公司的产品没有问题。
Jīng jiǎnchá zhè jiā gōngsī de chǎnpǐn méiyǒu wèntí.
The products of the company passed the inspection with no problem.

③ 你们的计划要经市政府批准才能实行。
Nǐmen de jìhuà yào jīng shì zhèngfǔ pīzhǔn cái néng shíxíng.
Your plan must be approved by the mayor's office before being implemented.

④ 经大家商定，虽然有点儿贵，我们还是请旅行社帮我们买机票、订宾馆。
Jīng dàjiā shāngdìng, suīrán yǒudiǎnr guì, wǒmen háishi qǐng lǚxíngshè bāng wǒmen mǎi jīpiào、dìng bīnguǎn.
Having talked it over with everyone, we're going to have the travel agency buy the tickets and book the hotel, even though it might be a little more expensive.

▶ **G4.** "非 fēi……不可 bùkě / 不行 bùxíng" (have to, need to, insist on)

"非 fēi" is a literary negative "not" (as in "非常 fēicháng", literally "not-regular", i.e. "unusually, very", or "非食用 fēi shíyòng", literally "not-edible", i.e. "inedible"); "不可 bùkě" or "不行 bùxíng" negate that negation, i.e. "not… isn't okay". The result is a double negative, making a positive: "have to, must, etc". "不可 bùkě" or "不行 bùxíng" may be absent, but the meaning remains the same: "have to, must". The following examples illustrate:

① 因为中国人多，很多地方交通也不方便，所以有时候还非跟旅游团去不行。
Yīnwèi Zhōngguó rén duō, hěn duō dìfang jiāotōng yě bù fāngbiàn, suǒyǐ yǒu shíhou hái fēi gēn lǚyóutuán qù bùxíng.
Because there are so many Chinese, a lot of places aren't convenient to drive to. So sometimes, you have to be in a tour group. (i.e. "not with a tour group not possible")

② 这个会很重要，我非去不可。
Zhège huì hěn zhòngyào, wǒ fēi qù bùkě.
This meeting is very important, I have to go.

③ 她非让我陪她去买东西。
Tā fēi ràng wǒ péi tā qù mǎi dōngxi.
She insisted on my going shopping with her.

④ 要是你不去，你的女朋友非生气不可。
Yàoshì nǐ bú qù, nǐ de nǚpéngyou fēi shēngqì bùkě.
If you don't go, your girlfriend is bound to be angry.

⑤ 在我看来，要做好这件事非他不可。
Zài wǒ kànlai, yào zuòhǎo zhè jiàn shì fēi tā bùkě.
In my opinion, he is the only one who can do this.

第三十五课　旅行社
Lesson Thirty-five　The Travel Agency

▶ **G5.** "与其 yǔqí A，不如 bùrú B" (rather than A, B would be better; to perfer B over A)

"与其 yǐqí A, 不如 bùrú B", with "与其 yǔqí" (rather than) in the first clause, and "不如 bùrú" (not equal to, be better to) in the second, expresses a preference, i.e. "A isn't as good as B", or in other words, "B is preferable to A".

① 我在中国的时间不多，与其购物，不如多看几个景点。
　　Wǒ zài Zhōngguó de shíjiān bù duō, yǔqí gòuwù, bùrú duō kàn jǐ ge jǐngdiǎn.
　　I don't have much time in China, so rather than shopping, I'd prefer to use that time seeing more sights.

② 学习中文，与其去香港，不如去北京。
　　Xuéxí Zhōngwén, yǔqí qù Xiānggǎng, bùrú qù Běijīng.
　　Rather than going to Hong Kong to study Chinese, it'd be better to go to Beijing.

③ 老北京的茶馆，与其说是喝茶的地方，不如说是找朋友聊天儿的地方。
　　Lǎo Běijīng de cháguǎn, yǔqí shuō shì hē chá de dìfang, bùrú shuō shì zhǎo péngyou liáo tiānr de dìfang.
　　Rather than saying traditional Beijing tea houses are places for drinking tea, I'd rather say that they are places where you can find friends to chat with.

④ 他的话与其说是鼓励，不如说是批评！
　　Tā de huà yǔqí shuō shì gǔlì, bùrú shuō shì pīpíng!
　　What he said is better taken as a criticism rather than an encouragement!

Consolidation & Practice

1. "对 duì" and "对于 duìyú"

    Complete the following questions incorporating "对 duì" or "对于 duìyú"

    ① A：你想当英语教师吗？(Hint: interested in / not interested in)
    Nǐ xiǎng dāng Yīngyǔ jiàoshī ma?

      B：是的，_____。
    Shì de, _____.

    ② A：你想当出租车司机吗？(Hint: interested in / not interested in)
    Nǐ xiǎng dāng chūzūchē sījī ma?

      B：这个……，_____。
    Zhège……, _____.

    ③ A：你知道健身教练的工作都是什么吗？(Hint: You don't know much about it.)
    Nǐ zhīdào jiànshēn jiàoliàn de gōngzuò dōu shì shénme ma?

      B：我_____，所以没法儿回答你的问题。
    Wǒ _____, suǒyǐ méi fǎr huídá nǐ de wèntí.

    ④ A：你知道导游的工作很不容易吗？(Hint: You know something about it.)
    Nǐ zhīdào dǎoyóu de gōngzuò hěn bù róngyì ma?

      B：我做过两年导游，对_____。
    Wǒ zuòguo liǎng nián dǎoyóu, duì _____.

    ⑤ A：我认为你大学毕业以后应该去读研究所。(Hint: You don't know much about me.)
    Wǒ rènwéi nǐ dàxué bì yè yǐhòu yīnggāi qù dú yánjiūsuǒ.

      B：你_____，你怎么知道我应该去读研究所？
    Nǐ _____, nǐ zěnme zhīdao wǒ yīnggāi qù dú yánjiūsuǒ?

    ⑥ A：所有去过长城的人都喜欢爬长城吗？
    Suǒyǒu qùguo Chángchéng de rén dōu xǐhuan pá Chángchéng ma?

      B：那不一定，年轻人_____，但是老年人对_____。
    Nà bù yídìng, niánqīngrén _____, dànshì lǎoniánrén duì _____.

    ⑦ A：为什么王老师的学生都特别喜欢她？
    Wèi shénme Wáng lǎoshī de xuésheng dōu tèbié xǐhuan tā?

      B：那是因为她_____。
    Nà shì yīnwèi tā _____.

    ⑧ A：为什么这些中国孩子的数学都相当好？
    Wèi shénme zhèxiē Zhōngguó háizi de shùxué dōu xiāngdāng hǎo?

第三十五课　旅行社
Lesson Thirty-five　The Travel Agency

B：你听说过"虎妈"吧？那是因为中国父母＿＿＿＿＿＿＿＿＿＿＿＿＿＿＿＿＿＿。
　　Nǐ tīngshuōguo "Hǔmā" ba? Nà shì yīnwèi Zhōngguó fùmǔ ＿＿＿＿＿＿＿＿＿＿＿＿.

2. "在 zài……以内 yǐnèi/之内 zhīnèi"

   (1) Fill in the blanks according to the hints provided

   ① 那五个景点＿＿＿＿＿＿＿＿＿＿＿＿＿＿＿＿＿＿＿＿可以游完。(within a week)
   　　Nà wǔ ge jǐngdiǎn ＿＿＿＿＿＿＿＿＿＿＿＿＿＿＿＿＿＿ kěyǐ yóuwán.

   ② 到了中国以后应该＿＿＿＿＿＿＿＿＿＿＿＿＿＿去公安局报到。(in a week)
   　　Dàole Zhōngguó yǐhòu yīnggāi ＿＿＿＿＿＿＿＿＿＿＿＿＿ qù gōng'ānjú bào dào.

   ③ 我相信自己＿＿＿＿＿＿＿＿＿＿＿＿可以学会简单的中文会话。(in three months)
   　　Wǒ xiāngxìn zìjǐ ＿＿＿＿＿＿＿＿＿＿＿ kěyǐ xuéhuì jiǎndān de Zhōngwén huìhuà.

   ④ 我们的公司＿＿＿＿＿＿＿＿＿＿从一个只有十人的小公司发展成一百多人的中型公司。(in a year)
   　　Wǒmen de gōngsī ＿＿＿＿＿＿＿＿ cóng yí ge zhǐyǒu shí rén de xiǎo gōngsī fāzhǎn chéng yìbǎi duō rén de zhōngxíng gōngsī.

   ⑤ 这个计划必须＿＿＿＿＿＿＿＿＿＿＿＿＿＿＿＿＿＿＿＿完成。(in a month)
   　　Zhège jìhuà bìxū ＿＿＿＿＿＿＿＿＿＿＿＿＿＿＿＿＿＿ wánchéng.

   (2) Complete the following dialogues with this pattern

   ① A：我去中国的签证是旅游签证，你说我可以在中国多长时间？
   　　　Wǒ qù Zhōngguó de qiānzhèng shì lǚyóu qiānzhèng, nǐ shuō wǒ kěyǐ zài Zhōngguó duō cháng shíjiān?

   　　B：我看一下，你的签证有效期是90天，所以＿＿＿＿＿＿＿＿＿＿都没有问题。
   　　　Wǒ kàn yíxià, nǐ de qiānzhèng yǒuxiào qī shì jiǔshí tiān, suǒyǐ ＿＿＿＿＿＿＿＿＿＿ dōu méiyǒu wèntí.

   ② 学生：老师，期中报告什么时候交？
   　　　Xuésheng: Lǎoshī, qīzhōng bàogào shénme shíhou jiāo?

   　　老师：你们得＿＿＿＿＿＿＿＿＿＿＿＿＿＿交给我，过了10天就算迟交了。
   　　　Lǎoshī: Nǐmen děi ＿＿＿＿＿＿＿＿＿＿＿＿ jiāo gěi wǒ, guòle shí tiān jiù suàn chí jiāo le.

   ③ A：如果你租房住，每个月最迟得什么时候交房租？
   　　　Rúguǒ nǐ zū fáng zhù, měi ge yuè zuì chí děi shénme shíhou jiāo fángzū?

   　　B：我想得＿＿＿＿＿＿＿＿＿＿＿＿＿＿＿＿＿＿＿＿。
   　　　Wǒ xiǎng děi ＿＿＿＿＿＿＿＿＿＿＿＿＿＿＿＿＿＿.

   ④ A：我一个汉字都不会写，怎么办？
   　　　Wǒ yí ge Hànzì dōu bú huì xiě, zěnme bàn?

B：不要紧，我教你，＿＿＿＿＿＿＿＿＿＿＿＿＿＿＿＿＿让你至少会写自己的名字。
　　Bú yàojǐn, wǒ jiāo nǐ, ＿＿＿＿＿＿＿＿＿＿＿＿ ràng nǐ zhìshǎo huì xiě zìjǐ de míngzi.

3. "经 jīng / 经过 jīngguò place A 去 qù place B"

   (1) Complete the following sentences

   ① 我这次旅游不是从纽约直飞北京，而是＿＿＿＿＿＿＿＿＿＿＿＿＿＿＿。(via Tokyo)
   　　Wǒ zhè cì lǚyóu bú shì cóng Niǔyuē zhífēi Běijīng, ér shì ＿＿＿＿＿＿＿＿＿＿＿＿＿.

   ② ＿＿＿＿＿＿＿＿＿＿＿＿＿＿＿去北京的旅客，请在这儿办理转机手续。(via Tokyo)
   　　＿＿＿＿＿＿＿＿＿＿＿＿＿＿＿ qù Běijīng de lǚkè, qǐng zài zhèr bànlǐ zhuǎnjī shǒuxù.

   ③ 很多南美洲人＿＿＿＿＿＿＿＿＿＿＿＿＿＿＿＿去美国打工。(via Mexico)
   　　Hěn duō Nánměizhōurén ＿＿＿＿＿＿＿＿＿＿＿＿＿＿ qù Měiguó dǎ gōng.

   ④ 以前从台湾不能直飞上海，必须＿＿＿＿＿＿＿＿＿＿＿＿＿＿。(via Hong Kong)
   　　Yǐqián cóng Táiwān bù néng zhífēi Shànghǎi, bìxū ＿＿＿＿＿＿＿＿＿＿＿＿＿＿.

   ⑤ 王先生和王太太不是大学同学，他们是＿＿＿＿＿认识的。(via friend's introduction)
   　　Wáng xiānsheng hé Wáng tàitai bú shì dàxué tóngxué, tāmen shì ＿＿＿＿＿ rènshi de.

   (2) Complete the following dialogues with "经 jīng" or "经过 jīngguò"

   ① A：除了从芝加哥直飞上海的航线以外，还有其他的航线吗？
   　　Chúle cóng Zhījiāgē zhífēi Shànghǎi de hángxiàn yǐwài, hái yǒu qítā de hángxiàn ma?
   　　B：还有很多航线，比方说，＿＿＿＿＿＿＿＿＿＿＿＿＿＿＿＿＿＿。
   　　Hái yǒu hěnduō hángxiàn, bǐfāng shuō, ＿＿＿＿＿＿＿＿＿＿＿＿＿＿＿＿.

   ② A：我们有10天的假期，我们从上海坐高铁去北京旅游，好吗？
   　　Wǒmen yǒu shí tiān de jiàqī, wǒmen cóng Shànghǎi zuò gāotiě qù Běijīng lǚyóu, hǎo ma?
   　　B：有十天的时间，我们可以＿＿＿＿＿＿＿＿＿＿＿＿＿＿＿＿＿＿＿。
   　　Yǒu shí tiān de shíjiān, wǒmen kěyǐ ＿＿＿＿＿＿＿＿＿＿＿＿＿＿＿＿＿.

   ③ A：你就快要回国了吗？
   　　Nǐ jiù kuàiyào huí guó le ma?
   　　B：是的，不过来一趟亚洲不容易，我打算＿＿＿＿＿＿＿＿＿＿＿＿＿＿。
   　　Shì de, búguò lái yí tàng Yàzhōu bù róngyì, wǒ dǎsuàn ＿＿＿＿＿＿＿＿＿＿＿＿＿＿.

   ④ A：你们决定好了没有？是坐火车去还是坐飞机去？
   　　Nǐmen juédìng hǎole méiyǒu? Shì zuò huǒchē qù háishi zuò fēijī qù?
   　　B：＿＿＿＿＿＿＿＿＿＿，我们决定还是坐火车去。(by discussing among ourselves)
   　　＿＿＿＿＿＿＿＿＿＿＿＿＿＿＿＿＿＿＿, wǒmen juédìng háishi zuò huǒchē qù.

第三十五课　旅行社
Lesson Thirty-five　The Travel Agency

⑤ A：听说有一种很受欢迎的饮料现在在超市买不到了，怎么回事？
　　Tīngshuō yǒu yì zhǒng hěn shòu huānyíng de yǐnliào xiànzài zài chāoshì mǎi bu dào le, zěnme huí shì?

　B：听说_____，那种饮料里有一种致癌(cancer)的成分，现在不准卖了。(through inspection)
　　Tīngshuō _____, nà zhǒng yǐnliào li yǒu yì zhǒng zhì'ái de chéngfèn, xiànzài bù zhǔn mài le.

4. "非 fēi…… 不可 bùkě /不行 bùxíng"

(1) Complete the following sentences with this pattern

① 你的飞机票已经出票了，不能退了，你_____。
　Nǐ de fēijīpiào yǐjīng chū piào le, bù néng tuì le, nǐ _____.

② 谁都不喜欢吃药，但是生病的时候药是_____的。
　shuí dōu bù xǐhuan chī yào, dànshì shēng bìng de shíhou yào shì _____ de.

③ 你参加的是团体游，所以购物这样的活动你也_____。
　Nǐ cānjiā de shì tuántǐyóu, suǒyǐ gòu wù zhèyàng de huódòng nǐ yě _____.

④ 这是你的工作，即使不喜欢也_____。
　Zhè shì nǐ de gōngzuò, jíshǐ bù xǐhuan yě _____.

⑤ 如果主人向我敬酒，我是不是_____？
　Rúguǒ zhǔrén xiàng wǒ jìng jiǔ, wǒ shì bu shì _____?

(2) Complete the following dialogues with this pattern

① A：我决定不去上海了，这张飞机票能退吗？
　　Wǒ juédìng bú qù Shànghǎi le, zhè zhāng fēijīpiào néng tuì ma?

　B：你的这张票是不能退的，看来你_____。
　　Nǐ de zhè zhāng piào shì bù néng tuì de, kànlái nǐ _____.

② 孩子：妈妈，药太苦了，我可以不吃吗？
　Háizi: Māma, yào tài kǔ le, wǒ kěyǐ bù chī ma?

　妈妈：不行，你生病了，这药_____。
　Māma: Bùxíng, nǐ shēng bìng le, zhè yào _____.

③ 老师：今天下午我们要去参观美术馆。
　Lǎoshī: Jīntiān xiàwǔ wǒmen yào qù cānguān měishùguǎn.

　学生：我对美术没有兴趣，我_____吗？
　Xuésheng: Wǒ duì měishù méiyǒu xìngqù, wǒ _____ ma?

④ 学生：老师，我下个学期不想选中文课了。
Xuésheng: Lǎoshī, wǒ xià ge xuéqī bù xiǎng xuǎn Zhōngwénkè le.

老师：那怎么行？你是中文专业的学生，你_____。
Lǎoshī: nà zěnme xíng? Nǐ shì Zhōngwén zhuānyè de xuésheng, nǐ _____.

⑤ A：你怎么照着书学瑜伽，应该跟着瑜伽教练学。
Nǐ zěnme zhàozhe shū xué yújiā, yīnggāi gēnzhe yújiā jiàoliàn xué.

B：谁说学瑜伽非_____不可？照着书学也不错。
Shuí shuō xué yújiā fēi _____ bùkě?
Zhàozhe shū xué yě búcuò.

5. "与其 yǔqí A，不如 bùrú B"

(1) Complete the following sentences with this pattern

① 旅游的时候，与其购物，不如_____。
Lǚyóu de shíhou, yǔqí gòuwù, bùrú _____.

② 要想学好中文，与其一个星期上两个钟头的中文课，不如_____。
Yào xiǎng xuéhǎo Zhōngwén, yǔqí yí ge xīngqī shàng liǎng ge zhōngtóu de Zhōngwén kè, bùrú _____.

③ 你与其去上海旅游一个星期，不如_____。
Nǐ yǔqí qù Shànghǎi lǚyóu yí ge xīngqī, bùrú _____.

④ 与其老的时候没有钱，不如_____。
Yǔqí lǎo de shíhou méiyǒu qián, bùrú _____.

⑤ 与其天天坐在沙发上看电视，不如_____。
Yǔqí tiāntiān zuò zài shāfā shang kàn diànshì, bùrú _____.

(2) Complete the dialogues with this pattern

① A：导游安排了两天的购物时间。
Dǎoyóu ānpāi le liǎngtiān de gòuwù shíjiān.

B：我不喜欢购物，在北京就待一个星期，我们与其_____。
Wǒ bù xǐhuan gòuwù, zài Běijīng jiù dāi yí ge xīngqī, wǒmen yǔqí _____.

② A：我们坐飞机去上海怎么样？
Wǒmen zuò fēijī qù Shànghǎi de zěnmeyàng?

B：听说从北京到上海的高铁又快又方便，我们与其_____。
Tīngshuō cóng Běijīng dào Shànghǎi de gāotiě yòu kuài yòu fāngbiàn, wǒmen yǔqí _____.

第三十五课　旅行社

Lesson Thirty-five　The Travel Agency

③ A：我们去参加旅游团怎么样?
　　　Wǒmen qù cānjiā lǚyóutuán zěnmeyàng?

　　B：旅游团有太多的团体活动了，我们与其_____。
　　　Lǚyóutuán yǒu tài duō de tuántǐ huódòng le, wǒmen yǔqí _____.

④ A：我们去办健身次卡，以后可以常去健身房运动，怎么样?
　　　Wǒmen qù bàn jiànshēn cìkǎ, yǐhòu kěyǐ cháng qù jiànshēnfáng yùndòng, zěnmeyàng?

　　B：那该多贵啊。与其_____。
　　　Nà gāi duō guì a. Yǔqí _____.

⑤ A：听说苹果的新款手机马上要出来了。
　　　Tīngshuō Píngguǒ de xīnkuǎn shǒujī mǎshàng yào chūlai le.

　　B：现在中国的华为手机也不差，与其_____。
　　　Xiànzài Zhōngguó de Huáwéi shǒujī yě bú chà, yǔqí _____.

Listening Comprehension

1. Listen to the voice message and answer the questions

(1) Who calls Mr. Lin?
   A. Someone from the Sihai Tour Company
   B. Someone from the Nanjing Bank
   C. Mr. Lin's friend from Zhangjiajie

(2) Why does Xiao Zhang call?
   A. To remind Mr. Lin that he needs to purchase a plane ticket.
   B. To tell Mr. Lin that his plane tickets have been purchased.
   C. To see if he should go ahead and purchase the plane ticket.

(3) Which of the following statements is correct?
   A. Mr. Lin is scheduled to go to Zhangjiajie from Beijing.
   B. Mr. Lin is leaving for Zhangjiajie on July 12.
   C. Mr. Lin has two options to pay for his airfare.

2. Listen to the conversation between Xiao Li, a tour guide, and Teacher Zhang, the field director for an overseas study program, then answer the questions

(1) Why did Xiao Li argue that she deserved a tip for the amount stated?
   A. Because she didn't get a commission from the group's shopping.
   B. Because she claimed that she had given excellent service as a tour guide.
   C. Because the travel agency required her to collect that amount of money.

(2) How much of a tip did Xiao Li ask for?
   A. ￥1200
   B. $ 1200
   C. ￥2000

(3) How much was Teacher Zhang willing to give Xiao Li?
   A. ￥1200
   B. $ 1200

第三十五课　旅行社

Lesson Thirty-five　The Travel Agency

Communication Activities

Pair Work

Scenario I: Tell your language partner about a memorable trip that you once took.

Include the following:

- When you went.
- Where you traveled to.
- How you got there.
- Why the trip was so memorable.

Scenario II: Tell your language partner about your experience dealing with a travel agency.

Group Work

1. The teacher breaks the class up into groups, and assigns each a travel plan, such as "a week in Shenzhen" or "a long weekend in Shanghai". Each group goes online to find a travel package to share with the class. In their oral presentations, the teams need to summarize how the travel package works and why it is the best travel package. At the end of all the presentations, the class votes for the best travel plan.

....

....

2. Design a travel plan for no more than $500. Choose a destination, and a mode of transportation that will get you there. Detail the places you want to visit, the daily activities, and so on. If the class is small, this can be an individual project; otherwise, the class can be divided into groups, with each group reporting. In either case, the project ends with presentations to the class.

....

....

Review Exercises

I. Match the verbs in the left-hand list with the nouns in the right-hand list

1. 办　　　　　A. 宾馆
2. 拍　　　　　B. 购物活动
3. 安排　　　　C. 英文导游
4. 配　　　　　D. 电影
5. 订　　　　　E. 手续

II. Fill in the blanks with the words provided

风景 fēngjǐng	游玩 yóuwán	景点 jǐngdiǎn	导游 dǎoyóu	游览 yóulǎn	费用 fèiyòng	自助 zìzhù
饮食习惯 yǐnshí xíguàn	安排 ānpái					

今年是父母结婚30周年，我和姐姐计划给父母报个旅游团，坐邮轮去加勒比海＿＿＿＿＿一个星期。听说那儿的＿＿＿＿＿非常漂亮，邮轮在海上航行的时候，旅客能24小时吃到好吃的＿＿＿＿＿餐。因为近年来中国旅客日益增多，公司为了配合中国游客的＿＿＿＿＿，在邮轮上也准备了中国风味的食物。船开一两天，在经过有名的＿＿＿＿＿时就会停下来，旅客们可以下船＿＿＿＿＿，当地的＿＿＿＿＿也会带着大家去买特色小吃和纪念品。这样旅游一个星期，包括吃、住、参观，一个人的＿＿＿＿＿差不多是五千块钱，很划得来。我们打算先把旅游的事情＿＿＿＿＿好了再告诉父母，给他们个大惊喜。

III. Complete the following dialogues

A：我女儿告诉我，春节期间她想和两个同学一起去台湾旅游。我和她爸爸从来没去过台湾，对台湾＿＿＿＿＿＿＿＿＿＿＿＿＿＿＿＿＿＿＿＿。你说，我该不该同意她们去啊？

B：你的女儿现在多大了？

A：她十七岁，高二了。假如＿＿＿＿＿＿＿＿＿＿＿＿＿＿＿，她明年就得准备高考，没时间去了，所以，她说非＿＿＿＿＿＿＿＿＿＿＿＿＿不可。

B：其实台湾是个相当安全的地方，当地老百姓一般来说很和气、很有礼貌。台湾并不大，如果只去几个有名的景点旅游，在＿＿＿＿＿＿＿＿＿之内就可以参观完了。她们年轻人喜欢自助游，你如果不放心，可以让她们报个旅游团。

第三十五课 旅行社
Lesson Thirty-five The Travel Agency

A：呵呵，听你这么一说，我也对＿＿＿＿＿＿＿＿＿＿感兴趣了。也许，12月份我和先生先去报一个台湾旅游团。假如我们＿＿＿＿＿＿＿＿＿＿，我就让女儿去，假如＿＿＿＿＿＿＿＿＿＿＿，我就不让她去了。

B：这主意不错，与其在你不了解的情况下就不许她去，不如＿＿＿＿＿＿＿＿＿＿＿＿＿＿＿＿＿＿＿＿＿＿＿＿。

A：谢谢你的建议。我今晚就和先生商量商量。

IV. Complete the following tasks in Chinese.

1. You're leading a group of elderly tourists from your home country on a tour of China. At present, you're on a tour bus, and your Chinese tour guide is singing Chinese songs for the passengers, and between songs, trying to describe the sights in rather poor English. Suggest politely to your guide that rather than singing, you'd prefer him or her to concentrate on giving short clear commentary on the sights.

2. Your tour group is driving up to another shopping center, the third you've visited on this tour today. Find a way to express your dissatisfaction to the guide, and request that there be no more shopping stops the next day.

3. You're leading a group of 30 high school students—17 boys and 13 girls—on a 5-day trip to Chengdu. Check the prices of three different hotels on the Website, choose one of them, and then prepare to explain to the group how you made your decision.

Culture Notes

1. Tourist agencies in China

Among the best known national travel agencies are: China Travel Service (CTS, Zhōngguó Lǚxíngshè 中国旅行社), China Youth Travel Service (Zhōngguó Qīngnián Lǚxíngshè 中国青年旅行社) and China Travel International Service (CTIS, Zhōngguó Guójì Lǚxíngshè 中国国际旅行社) are government agencies. There are also many travel services run by local companies, such as Shanghai Yangzi International Travel Service (Shànghǎi Guójì Yángzǐ Lǚxíngshè 上海国际扬子旅行社), Tianma International Travel Service (Tiānmǎ Guójì Lǚxíngshè 天马国际旅行社), Shenzhen Baoye International Travel Service (Shēnzhèn Bàoyè Guójì Lǚxíngshè 深圳报业国际旅行社), Xi'an Educational International Travel Service (Xī'ān Jiàoyù Guójì Lǚxíngshè 西安教育国际旅行社), and Chengdu Overseas International Travel Service (Chéngdū Hǎiwài Guójì Lǚxíngshè 成都海外国际旅行社).

2. How to select a good travel agent in China

A good travel agent should provide an itinerary and quote a price. For a long weekend, or for a holiday, tourists can choose tours of 5, 8 or 10 days. Weekend tours, or short tours of 1 or 2 days are also available. Travel agencies generally offer full package tours, which include travel, hotels, meals and tickets for tourist spots, or basic packages, without meals and other extras, at a relatively lower price.

Transport needs to be discussed with the travel agent in detail. What sort of airplane, train, bus, car or boat will you be traveling on? If you're flying, is the seating economy or business class? If traveling by train, is it hard sleeper or soft? If you're going by boat, what class cabin or seating? If you're going by bus or car, is it a domestic vehicle or imported, with or without air conditioning? These questions will bear directly on your travel costs.

Another consideration is the standard of accommodation. Cheaper tours will probably provide economy standard rooms, which may not have ensuite bathrooms. They may also place several people in a room to keep prices down. Normally, international tourists would need regular accommodation standards, with bathroom, air conditioning, telephone, television, etc. Luxury accommodation would mean a four star or higher hotel.

Finally, one should ask the travel agent about arrangements for the tour bus, and get a detailed description of the sights to be seen. The tour should have good coverage and, of course, be reasonably priced. Once you've settled on a tour package, you should get a signed contract from the agency detailing the itinerary and the conditions discussed above.

3. The names and codes of trains in China

Pinyin	name	English meaning	code
gāotiě	高铁	Bullet train	The code is G
dòngchē	动车	Motor Train (high speed)	The code is D
pǔtōng lǚkè kuàichē	普通旅客快车	fast passenger train	The code is 1001-5998

第三十五课 旅行社
Lesson Thirty-five　The Travel Agency

Pinyin	name	English meaning	code
pǔtōng lǚkè mànchē	普通旅客慢车	slow passenger train	The code is 6001-7598
zhídá tèkuài lǚkè lièchē	直达特快旅客列车	direct express passenger train	The code is Z
kuàisù lǚkè lièchē	快速旅客列车	fast passenger train	The code is K
tèkuài lǚkè lièchē	特快旅客列车	express passenger train	The code is T
línshí lǚkè lièchē	临时旅客列车	temporary passenger train	The code is L
lǚyóu lièchē	旅游列车	touring train	The code is Y

4. Types of hotel rooms in China

Pinyin	name	English meaning
dānrénfáng	单人房	single room, with one single bed
biāozhǔnjiān	标准间	standard room, with two single beds
shuāngrénfáng	双人房	standard room, with two single beds
dàchuángfáng	大床房	single room with a large bed (double or queen size)
sānrénfáng	三人房	room for three, with three single beds
jīngjìjiān	经济间	economy room
tàojiān	套间	standard suite
gāojí tàofáng	高级套房	superior suite
háohuájiān	豪华间	deluxe room
zǒngtǒng tàofáng	总统套房	presidential suite

Lesson Thirty-six   DIY Touring
第三十六课   自由行
Dì-sānshíliù Kè   Zìyóuxíng

In this lesson you will learn how to do the following:

- Ask which would be the best place to go to on a DIY tour
- Ask what you should do on a DIY tour in China
- Make arrangements with a hotel and get discount tickets for air or boat travel
- Describe the local culture and food of the place(s) you what to travel to

Grammar

- The conjunction "随着 suízhe" (as, along with)
- "感到 gǎndào+ [clause] +很 hěn+Adj" (feel very…to…)
- "早就想 zǎo jiù xiǎng……, 但是 dànshì /就是 jiùshì /可是 kěshì……" (have wanted…for a long time, but…)
- "A 给 gěi B 带来 dàilai……的影响 de yǐngxiǎng" (A is influential in bringing…to B)
- "恨不得 hènbude" (be very anxious to, itch to)
- "A 跟 gēn B 有关系 yǒu guānxi / 没关系 méi guānxi" (have something/ nothing to do with…)
- "好 hǎo" used as a verb (the better to, so as to, so that)

Culture Notes

- "自助游 zìzhùyóu" and "自由行 zìyóuxíng" : two types of DIY touring
- "春运 Chūnyùn" : travel around the time of the Chinese Lunar New Year/ Spring Festival

第三十六课　自由行
Lesson Thirty-six　DIY Touring

Dialogue

A: 夏雨
Xià Yǔ
De Vinci's roommate

B: 达芬奇
Dáfēnqí
De Vinci

达芬奇来自意大利，他到杭州的浙江大学做一个学期的交换生。杭州很漂亮！虽然随着[G1]城市越来越大，车越来越多，城市污染越来越严重，但他还是感到[G2]能住在美丽的西湖边很幸运，特别是很多著名的旅游景点都在杭州附近。他利用周末已经去看过了苏州园林、黄山、水乡周庄、乌镇、上海。中国的学期比较长，快到春节的时候才放寒假。他打算回国前再去旅游一次。早就听说哈尔滨有一个冰雕城，正好放假时又是冬天，他决定去哈尔滨。他的室友夏雨听说他要去东北看冰雕，也想和他一起去。

Dáfēnqí láizì Yìdàlì, tā dào Hángzhōu de Zhèjiāng Dàxué zuò yí ge xuéqī de jiāohuànshēng. Hángzhōu hěn piàoliang! Suīrán suízhe[G1] chéngshì yuè lái yuè dà, chē yuè lái yuè duō, chéngshì wūrǎn yuè lái yuè yánzhòng, dàn tā háishi gǎndào[G2] néng zhù zài měilì de Xīhú biān hěn xìngyùn, tèbié shì hěn duō zhùmíng de lǚyóu jǐngdiǎn dōu zài Hángzhōu fùjìn. Tā lìyòng zhōumò yǐjīng qù kànguole Sūzhōu Yuánlín、Huángshān、shuǐxiāng Zhōuzhuāng、Wūzhèn、Shànghǎi. Zhōngguó de xuéqī bǐjiào cháng, kuài dào Chūnjié de shíhou cái fàng hánjià. Tā dǎsuan huí guó qián zài qù lǚyóu yí cì. Zǎo jiù tīngshuō Hā'ěrbīn yǒu yí ge bīngdiāochéng, zhènghǎo fàng jià shí yòu shì dōngtiān, tā juédìng qù Hā'ěrbīn. Tā de shìyǒu Xià Yǔ tīngshuō tā yào qù Dōngběi kàn bīngdiāo, yě xiǎng hé tā yìqǐ qù.

A: 我早就想去看冰雕了，但是一直没有攒够钱[G3]。我跟爸爸说你要去，他说可以"赞助"我跟你一起去。
Wǒ zǎo jiù xiǎng qù kàn bīngdiāo le, dànshì yìzhí méiyǒu zǎn gòu qián[G3]. Wǒ gēn bàba shuō nǐ yào qù, tā shuō kěyǐ "zànzhù" wǒ gēn nǐ yìqǐ qù.

B: 太好了。有你同行，我就什么也不用担心了。
Tài hǎo le. Yǒu nǐ tóngxíng, wǒ jiù shénme yě búyòng dān xīn le.

A: 我们两人可以自由行。
Wǒmen liǎng rén kěyǐ zìyóuxíng.

B: 什么意思？
Shénme yìsi?

A: "自由行"也叫"自助游"，就是自己游览，自己安排一切行程，自由自在地玩儿，不受旅游团的约束。
"Zìyóuxíng" yě jiào "zìzhùyóu", jiùshì zìjǐ yóulǎn, zìjǐ ānpái yíqiè xíngchéng, zìyóu zìzài de wánr, bú shòu lǚyóutuán de yuēshù.

B： 我们在意大利都是自己开车去旅游，可以说我从来都是自由行。
Wǒmen zài Yìdàlì dōu shì zìjǐ kāi chē qù lǚyóu, Kěyǐ shuō wǒ cónglái dōu shì zìyóuxíng.

A： 自己开车游在中国叫"自驾游"。因为中国人多，很多地方交通也不方便，所以有时候还非跟旅游团不行。比方说，有一次我去云南丽江古城，那儿附近有一座雪山，非常壮丽，我很想去看看，因为没有跟旅游团，就买不到票，没看成。
Zìjǐ kāi chē yóu zài Zhōngguó jiào "zìjiàyóu". Yīnwèi Zhōngguórén duō, hěn duō dìfang jiāotōng yě bù fāngbiàn, suǒyǐ yǒu shíhou hái fēi gēn lǚyóutuán bùxíng. Bǐfang shuō, yǒu yí cì wǒ qù Yúnnán Lìjiāng Gǔchéng, nàr fùjìn yǒu yí zuò xuěshān, fēicháng zhuànglì, wǒ hěn xiǎng qù kànkan, yīnwèi méiyǒu gēn lǚyóutuán, jiù mǎi bu dào piào, méi kànchéng.

B： 听说冬天去哈尔滨看冰雕的人也很多，票会不会很紧张？
Tīngshuō dōngtiān qù Hā'ěrbīn kàn bīngdiāo de rén yě hěn duō, piào huì bu huì hěn jǐnzhāng?

A： 应该不会。来，我们可以上网查查。
Yīnggāi bú huì. Lái, wǒmen kěyǐ shàng wǎng chácha.

(两人看电脑 Liǎng rén kàn diànnǎo)

A： 你看，这儿说票很容易买，别忘了带学生证，因为学生票会便宜很多。你看，这是哈尔滨城市和冰雕的一些照片。冰雕城又叫"冰雪大世界"。
Nǐ kàn, zhèr shuō piào hěn róngyì mǎi, bié wàngle dài xuéshēngzhèng, yīnwèi xuéshēngpiào huì piányì hěn duō. Nǐ kàn, zhè shì Hā'ěrbīn chéngshì hé bīngdiāo de yìxiē zhàopiàn. Bīngdiāochéng yòujiào "Bīngxuě Dàshìjiè".

B： 哇，真可谓[1]壮观！哈尔滨的建筑看起来有俄罗斯的风格。
Wā, zhēn kěwèi[1] zhuàngguān! Hā'ěrbīn de jiànzhù kàn qilai yǒu Éluósī de fēnggé.

A： 对，最有代表性的是圣·索非亚教堂，也是我们应该看的一个景点。还有中央大街，号称"东方小巴黎"，是中国的第一条步行街[2]。
Duì, zuì yǒu dàibiǎoxìng de shì Shèng · Suǒfēiyà Jiàotáng, yě shì wǒmen yīnggāi kàn de yí ge jǐngdiǎn. Hái yǒu Zhōngyāng Dàjiē, hàochēng "Dōngfāng Xiǎo Bālí", shì Zhōngguó de dì-yī tiáo bùxíngjiē[2].

Notes

1. "可谓 kěwèi" is a slightly more literary version of "可以说是 kěyǐ shuō shì……".

2. "步行街 bùxíngjiē" is a pedestrianized street, where traffic is not allowed. These are now common in the heart of large and medium sized cities in China.

第三十六课 自由行
Lesson Thirty-six DIY Touring

B：我们还应该去看看黑龙江。
Wǒmen hái yīnggāi qù kànkan Hēilóngjiāng.

A：当然。我们可以在上面滑冰。
Dāngrán. Wǒmen kěyǐ zài shàngmiàn huá bīng.

B：我还想尝尝当地的特色菜。
Wǒ hái xiǎng chángchang dāngdì de tèsè cài.

A：到了黑龙江，哪儿能不尝尝东北菜[3]啊。我们应该找个地道的东北菜馆，了解一下东北的"吃文化"。网上说那里的俄罗斯菜也不错，我们也应该试试。
Dàole Hēilóngjiāng, nǎr néng bù chángchang Dōngběicài[3] a. Wǒmen yīnggāi zhǎoge dìdao de Dōngběi càiguǎn, liǎojiě yíxià Dōngběi de "chī wénhuà". Wǎngshang shuō nàli de Éluósīcài yě búcuò, wǒmen yě yīnggāi shìshi.

B：好像去了哈尔滨也同时游了俄罗斯一样。
Hǎoxiàng qùle Hā'ěrbīn yě tóngshí yóule Éluósī yíyàng.

A：听说很多俄罗斯人住在那里，给哈尔滨带来了一些俄罗斯文化的影响[G4]。
Tīngshuō hěn duō Éluósīrén zhù zài nàli, gěi Hā'ěrbīn dàilaile yìxiē Éluósī wénhuà de yǐngxiǎng[G4].

B：这次旅游一定很有意思，我恨不得[G5]现在就走！
Zhè cì lǚyóu yídìng hěn yǒu yìsi, wǒ hènbude[G5] xiànzài jiù zǒu!

A：怎么？你想逃课啊！我们一放假就走，赶在春运开始之前去。
Zěnme? Nǐ xiǎng táo kè a! Wǒmen yí fàng jià jiù zǒu, gǎn zài Chūnyùn kāishǐ zhīqián qù.

B：什么是春运？跟我们旅游有什么关系[G6]？
Shénme shì Chūnyùn? Gēn wǒmen lǚyóu yǒu shénme guānxi[G6]?

A：中国人在春节的时候都回家过年，跟你们的圣诞节一样。春节前后的交通运输非常繁忙，机票、火车票、汽车票都很难买到，而且很贵，所以在中国旅游最好避开春运期。
Zhōngguórén zài Chūnjié de shíhou dōu huí jiā guò nián, gēn nǐmen de Shèngdàn Jié yíyàng. Chūnjié qiánhòu de jiāotōng yùnshū fēicháng fánmáng, jīpiào, huǒchēpiào, qìchēpiào dōu hěn nán mǎidào, érqiě hěn guì, suǒyǐ zài Zhōngguó lǚyóu zuì hǎo bìkāi Chūnyùnqī.

---

3. "东北菜 Dōngběicài" (Northeast cuisine) is one of the major cuisines of China. It is a blend of the Manchu and Shandong styles, with additional elements from Mongolian and Korean dishes. It is particularly well known for its stews.

B：我没问题，随时都可以走。
Wǒ méi wèntí, suíshí dōu kěyǐ zǒu.

A：咱们现在就坐下来订一个详细的旅游计划，好^G7买到去哈尔滨的打折机票。
Zánmen xiànzài jiù zuò xialai dìng yí ge xiángxì de lǚyóu jìhuà, hǎo^G7 mǎi dào qù Hā'ěrbīn de dǎzhé jīpiào.

New Words

1	达芬奇/達芬奇	Dáfēnqí	PropN	De Vinci (a person's name)
2	意大利/義大利	Yìdàlì	PropN	Italy
3	浙江大学/浙江大學	Zhèjiāng Dàxué	PropN	Zhejiang University (in Hangzhou)
	浙江	Zhèjiāng	PropN	Zhejiang (province)
4	交换	jiāohuàn	V	to exchange, to swap
5	随着/隨著	suízhe	Conj	along with, in conjunction with, accordingly, as
6	感到	gǎndào	V	to feel, to sense
7	美丽/美麗	měilì	Adj	beautiful
8	西湖	Xīhú	PropN	the West Lake (in Hangzhou)
9	著名	zhùmíng	Adj	famous, renowned, well-known
10	利用	lìyòng	V	to use, to utilize, to make use of
11	园林/園林	yuánlín	N	garden, park
12	黄山	Huángshān	PropN	The Yellow Mountain (in Anhui province)
13	水乡/水鄉	shuǐxiāng	N	water village
14	周庄/周莊	Zhōuzhuāng	PropN	Zhouzhuang (a town near Shanghai in Jiangsu province which has preserved its canals)
15	乌镇/烏鎮	Wūzhèn	PropN	Wuzhen (a historical town in Jiangsu province)
16	回国/回國	huí guó	VO	to return to one's native country

第三十六课 自由行
Lesson Thirty-six DIY Touring

17	哈尔滨/哈爾濱	Hā'ěrbīn	PropN	Harbin (a city in Heilongjiang province)
18	冰雕	bīngdiāo	N	ice sculpture
19	攒(钱)/攢(錢)	zǎn (qián)	V	to save up (money), to assemble (a sum of money)
20	赞助/贊助	zànzhù	V	to sponsor, to support, to assist
21	同行	tóngxíng	V	to go together, to accompany
22	自由行	zìyóuxíng	V	to have a DIY Tour, to make all your own arrangements in touring
	自由	zìyóu	N / Adj	freedom, liberty; free, carefree
23	自助游/自助遊	zìzhùyóu	V	to have a DIY Tour, choosing your own tour, seeing the sights on your own
24	一切	yíqiè	Pron	all, everything, the entire matter
25	行程	xíngchéng	N	itinerary, travel itinerary, trip
26	自由自在	zìyóu zìzài	Phr	be free and unrestrained
27	受	shòu	V	to receive, to accept, to bear, to endure
28	约束/約束	yuēshù	V	to restrain, to bind
29	可以说/可以說	kěyǐ shuō	Phr	it can be said that..., we can say that...
30	自驾游/自駕遊	zìjiàyóu	V	to have a self-drive tour
	驾/駕	jià	V	to drive, to operate (a vehicle), to harness (an animal)
31	比方说/比方說	bǐfang shuō	Phr	for example
32	云南/雲南	Yúnnán	PropN	Yunnan (province)
33	丽江/麗江	Lìjiāng	PropN	Lijiang (an ancient city in Yunnan province)
34	座	zuò	Meas / N	for fixed structures: buildings, mountains, bridges; seat, base
35	雪山	xuěshān	N	snow-covered mountain
36	壮丽/壯麗	zhuànglì	Adj	grand-looking, magnificent, glorious
37	紧张/緊張	jǐnzhāng	Adj	anxious, nervous, tense; in short supply
38	学生证/學生證	xuéshēngzhèng	N	student ID
39	冰雪	bīngxuě	N	snow and ice ("冰雪大世界 Bīngxuě Dàshìjiè" the Great Snow and Ice World)

40	哇	wā	Intj	wow
41	可谓/可謂	kěwèi	V	one may well say, (it) may be said to be
42	壮观/壯觀	zhuàngguān	Adj	magnificent, grand-looking
43	建筑/建築	jiànzhù	V / N	to construct, to build; building, architecture
44	俄罗斯/俄羅斯	Éluósī	PropN	Russia
45	风格/風格	fēnggé	N	style (of work, writing, singing, etc.)
46	代表性	dàibiǎoxìng	N	representative, typical, symbolic
47	圣·索非亚/聖·索非亞	Shèng · Suǒfēiyà	PropN	St. Sophia
48	教堂	jiàotáng	N	church, chapel, cathedral
49	大街	dàjiē	N	main street, avenue
50	号称/號稱	hàochēng	V	to be called, to be known as, to claim to be
51	东方/東方	dōngfāng/ DōngFāng	N / PropN	east; the East, the Orient
52	巴黎	Bālí	PropN	Paris(in France)
53	步行街	bùxíngjiē	N	pedestrian street
54	黑龙江/黑龍江	Hēilóngjiāng	PropN	Heilongjiang province; the Heilong River
55	滑冰	huá bīng	VO	to skate
56	尝尝/嚐嚐	chángchang	V	to have a taste
57	特色菜	tèsè cài	N	special (regional) dishes
58	特色	tèsè	N	(special) characteristic, distinctive feature or quality
59	地道	dìdao	Adj	authentic, genuine, typical
60	菜馆/菜館	càiguǎn	N	restaurant
	吃文化	chī wénhuà	Phr	food culture
61	影响/影響	yǐngxiǎng	V / N	to influence, to impact; influence, impact
62	逃课/逃課	táo kè	VO	to cut class, to skip school, to play hooky
63	关系/關係	guānxi	N	relation, connection, relationship
64	繁忙	fánmáng	Adj	busy

第三十六课　自由行
Lesson Thirty-six　DIY Touring

65	避开/避開	bìkāi	V	to avoid, to evade
66	咱们/咱們	zánmen	Pron	we
67	订/訂	dìng	V	to subscribe to (a periodical, etc.), to reserve (a ticket, etc.)
68	打折	dǎ zhé	VO	to give a discount

Re-enacting the Dialogue

De Vinci has come to Zhejiang University in Hangzhou from Italy to be an exchange student for a semester. Hangzhou's very pretty! Despite the fact that as cities get bigger and bigger and there are more and more vehicles, cities are getting more and more polluted, he still feels lucky to be able to live on the shores of beautiful West Lake, especially since there are so many famous tourist sites near to Hangzhou. He's already made use of weekends to go and visit Suzhou gardens, the Yellow mountain, the Water Village Zhouzhuang, Wuzhen and Shanghai. Chinese semesters are a bit longer, the winter vacation doesn't begin until just before the Spring Festival. He's planning to go traveling again before he returns home. For a long time, he's heard about Harbin's "ice city", it turns out that the Spring Festival is actually also in winter, so he's decided to go to Harbin. When his roommate Xia Xue heard that he was going to the Northeast, he wanted to go with him.

A: I've always wanted to go and see the ice sculptures, but I've never been able to save up enough money. When I told Dad that you were going, he said he'd "sponsor" me to go with you.

B: That's great. With you along, I have nothing to worry about.

A: The two of us can do "free touring".

B: What do you mean?

A: "Free touring" is also called "self-help touring". You tour on your own, organize your own itinerary, and enjoy yourself freely, without any of the restrictions you get when you're part of a tour group.

B: In Italy we always toured around in our own car. I guess you could say I've always done "free touring".

A: In China, touring in your own car is called "self-drive touring". Because there are so many Chinese, a lot of places aren't convenient to drive to. So sometimes, you have to be in a tour group. For example, once I went to Lijiang Ancient Town in Yunnan. There's a snowy mountain which is very impressive, and I wanted to go and see it. But because I was not with a tour group, I couldn't buy a ticket, and so I didn't get to see it.

B: I hear lots of people go to Harbin to see the ice sculptures in the winter. Will it be hard to get tickets?

A: Shouldn't be. Here, let's look on the Website.

真实生活汉语 Chinese for Living in China

(The two of them looking on the computer)

A: See, it says here that tickets are quite easy to get, but don't forget to bring your student ID, because student tickets are much cheaper. Look, here are some photos of Harbin city and the ice sculptures. Ice City is also called "The Great Snow and Ice World".

B: Wow, it's certainly impressive! Harbin architecture looks Russian in style.

A: True. The most representative is the St. Sophia Cathedral, which is also a sight that we ought to see. There's also Central Avenue, which is called "Little Paris of the East", China's first pedestrian street.

B: We should go and see the Heilongjiang (River), too.

A: Of course, we can skate on it.

B: I'd also like to try some of the local dishes.

A: If you're going to Heilongjiang, how can you not try Northeastern style food? We should find an authentic Northeastern style restaurant and learn a bit about the food culture of the Northeast. The web also says that Russian food there is pretty good. We should try some.

B: Visiting Harbin is a little like going to Russia.

A: I hear a lot of Russians live there, and they've been influential in bringing certain aspects of Russian culture to Harbin.

B: This trip is going to be really interesting, that's for sure. I feel like setting off right now!

A: What? You want to miss class? We'll go as soon as classes get out, we'll get away before the New Year's rush.

B: What's the New Year's rush? What's that got to do with our trip?

A: At the Lunar New Year, Chinese all go home to pass the holiday, just like at your Christmas. So around the Lunar New Year, travel is extremely busy. It's very difficult to buy train, bus or plane tickets; plus, they're expensive. So if you travel in China, it's best to avoid the Chinese New Year period.

B: No problem for me, we can go whenever it's convenient.

A: Now let's sit down and decide on a detailed itinerary, so we can get discounted tickets to Harbin.

第三十六课　自由行

Lesson Thirty-six　DIY Touring

Grammar

▶ G1. The conjunction "随着 suízhe" (as, along with)

"随着 suízhe", built on the root "随 suí" (follow), often appears at the beginning of a sentence to introduce factors that are simultaneous with, and contribute to a developing situation expressed in the following clause.

① 随着城市越来越大，车越来越多，城市污染也越来越严重了。
Suízhe chéngshì yuè lái yuè dà, chē yuè lái yuè duō, chéngshì wūrǎn yě yuè lái yuè yánzhòng le.
As cities get bigger and bigger and there are more and more vehicles, cities are getting more and more polluted.

② 随着经济的快速发展，中国大城市的汽车越来越多了。
Suízhe jīngjì de kuàisù fāzhǎn, Zhōngguó dà chéngshì de qìchē yuè lái yuè duō le.
With the speed of economic development, there are getting to be more and more vehicles in China's large cities.

③ 随着中文水平的提高，跟中国朋友的交流也更有意思了。
Suízhe Zhōngwén shuǐpíng de tígāo, gēn Zhōngguó péngyou de jiāoliú yě gèng yǒu yìsi le.
As my Chinese improves, communication with Chinese friends is also becoming much more interesting.

▶ G2. "感到 gǎndào + [clause] + 很 hěn + Adj" (feel very… to…)

To feel fortunate, happy, proud, etc. about something is expressed with a rather different order of sentence elements in Chinese than in English. In English you "feel happy [about something]", in Chinese, you "feel [about something] happy" ("感到 gǎndào [……]很高兴 hěn gāoxìng"). The following examples illustrate:

① 虽然随着城市越来越大，车越来越多，城市污染越来越严重，但是他还是感到能住在美丽的西湖边很幸运。
Suīrán suízhe chéngshì yuè lái yuè dà, chē yuè lái yuè duō, chéngshì wūrǎn yuè lái yuè yánzhòng, dànshì tā háishì gǎndào néng zhù zài měilì de Xīhú biān hěn xìngyùn.
Despite the fact that, as cities get bigger and bigger and there are more and more vehicles, cities are getting more and more polluted, he still feels lucky to be able to live on the shores of beautiful West Lake.

② 他毕业就找到了工作，感到自己能独立生活很高兴。
Tā bì yè jiù zhǎodàole gōngzuò, gǎndào zìjǐ néng dúlì shēnghuó hěn gāoxìng.
Having managed to find a job after he graduated, he felt very fortunate to be able to live independently.

③ 达芬奇刚到中国感到很不习惯，几个星期以后就好了。
Dáfēnqí gāng dào Zhōngguó gǎndào hěn bù xíguàn, jǐ ge xīngqī yǐhòu jiù hǎo le.
De Vinci felt quite out of place when he first arrived in China, but he was fine after a few weeks.

G3. "早就想 zǎo jiù xiǎng……, 但是 dànshì/就是 jiùshì/可是 kěshì……" (have wanted... for a long time, but...)

"早 zǎo", literally "early" meaning "long ago, for a long time". "就 jiù", emphasizes that something have happened long before. In the following examples, it is followed by the auxiliary verb "想 xiǎng" (want, think of) to mean "to have wanted to [do sth.] for a long time". The following clause is often an explanation, introduced by a conjunction such as "但是 dànshì" (but).

① 我早就想去看冰雕了，但是一直没有攒够钱。
   Wǒ zǎo jiù xiǎng qù kàn bīngdiāo le, dànshì yìzhí méiyǒu zǎn gòu qián.
   I've always wanted to go and see the ice sculptures, but I've never been able to save up enough money.

② 我早就想去中国看看了，就是还没有时间。
   Wǒ zǎo jiù xiǎng qù Zhōngguó kànkan le, jiùshì hái méiyǒu shíjiān.
   I've been wanting to go and visit China for a long time, it's just that I don't have the time yet.

③ 我早就想学太极拳了，可是没有老师。
   Wǒ zǎo jiù xiǎng xué Tàijíquán le, kěshì méiyǒu lǎoshī.
   I've been thinking of doing Taijiquan for ages, but I don't have a teacher.

G4. "A 给 gěi B 带来 dàilai……的影响 de yǐngxiǎng" (A is influential in bringing... to B)

"影响 yǐngxiǎng" can be a verb, "to influence, to affect", or a noun, "influence, effect". In sentences such as the one from the dialogue, reproduced below, it is a noun, with the previous modifying phrase expressing the influence, and the person or place being influenced introduced by "给 gěi".

① 听说因为很多俄罗斯人住在那里，给哈尔滨带来了一些俄罗斯文化的影响。
   Tīngshuō yīnwèi hěn duō Éluósīrén zhù zài nàli, gěi Hā'ěrbīn dàilaile yìxiē Éluósī wénhuà de yǐngxiǎng.
   I hear a lot of Russians live there, and they've been influential in bringing certain aspects of Russian culture to Harbin.

② 随着改革开放的发展，西方文化给中国带来了巨大影响。
   Suízhe gǎigé kāifàng de fāzhǎn, Xīfāng wénhuà gěi Zhōngguó dàilaile jùdà yǐngxiǎng.
   Reform and opening up has led to an increase of Western cultural influence in China.

G5. "恨不得 hènbude" (be very anxious to, itch to)

"恨不得 hènbude" is built on the root "恨 hèn" (to hate), hence "hate to not be able to", or more colloquially "be very anxious to, if only, itch to". It is often used to express frustration at delay or some other obstacle to one's desire. The object of "恨不得 hènbude" is typically something that is unlikely to happen.

① 这次旅游一定很有意思，我恨不得现在就走！
   Zhè cì lǚyóu yídìng hěn yǒu yìsi, wǒ hènbude xiànzài jiù zǒu!
   This trip is going to be really interesting, that's for sure. I feel like setting off right now!

② 他做了一件好事就恨不得全世界都知道。
Tā zuòle yí jiàn hǎoshì jiù hènbude quán shìjiè dōu zhīdào.
When he does something good, he'd anxious to let the whole world know!

③ 这么热，我恨不得明天就能回家！
Zhème rè, wǒ hènbude míngtiān jiù néng huí jiā!
It is so hot here, if only we could go home tomorrow!

▶ G6. "A 跟 gēn B 有关系 yǒu guānxi / 没关系 méi guānxi" (have something / nothing to do with…)

"关系 guānxi" means "connections or relationships", "有关系 yǒu guānxi" or "没关系 méi guānxi" means "have something to do with" or "have nothing to do with". Here, "with" is expressed in Chinese as "跟 gēn", which unlike the English equivalent, regularly forms a phrase before the verb.

① 什么是春运？跟我们旅游有什么关系？
Shénme shì Chūnyùn? Gēn wǒmen lǚyóu yǒu shénme guānxi?
What's the New Year's Rush? What's that got to do with our trip?

② 这件事跟我没有关系。
Zhè jiàn shì gēn wǒ méiyǒu guānxi.
This has nothing to do with me.

③ 保护环境跟每一个人都有关系。
Bǎohù huánjìng gēn měi yí ge rén dōu yǒu guānxi.
Protecting the environment is everyone's business.

▶ G7. "好 hǎo" used as a verb (the better to, so as to, so that)

"好 hǎo" can act as a verb in the sense of "the better to". It appears before the verb (or preposition) in the second clause of a compound sentence.

① 咱们现在就坐下来订一个详细的旅游计划，好买到去哈尔滨的打折机票。
Zánmen xiànzài jiù zuò xialai dìng yí ge xiángxì de lǚyóu jìhuà, hǎo mǎidào qù Hā'ěrbīn de dǎzhé jīpiào.
Now let's sit down and decide on a detailed itinerary, so we can get discounted tickets to Harbin.

② 你最好告诉大家明天开会讨论什么，好让大家准备。
Nǐ zuìhǎo gàosu dàjiā míngtiān kāi huì tǎolùn shénme, hǎo ràng dàjiā zhǔnbèi.
It's best you tell everyone what's going to be discussed at the meeting tomorrow, so as to let people prepare.

③ 请你把他的电话告诉我，我好跟他联系。
Qǐng nǐ bǎ tā de diànhuà gàosu wǒ, wǒ hǎo gēn tā liánxì.
Please give me his telephone number, so I can contact him.

真实生活汉语
Chinese for Living in China

Consolidation & Practice

1. "随着 suízhe"

(1) Complete the following sentences incorporating the conjunction "随着 suízhe"

① 随着城市_____，污染也越来越厉害。
Suízhe chéngshì _____, wūrǎn yě yuè lái yuè lìhai.

② 随着我_____，我也开始习惯中国的生活了。
Suízhe wǒ _____, wǒ yě kāishǐ xíguàn Zhōngguó de shēnghuó le.

③ 随着我_____，我很想一个人去外地旅游。
Suízhe wǒ _____, wǒ hěn xiǎng yí ge rén qù wàidì lǚyóu.

④ 随着参观的游客_____，那个地方变得越来越商业化了。
Suízhe cānguān de yóukè _____, nà ge dìfang biàn de yuè lái yuè shāngyèhuà le.

⑤ 随着天气变凉，你_____。
Suízhe tiānqì biàn liáng, nǐ _____.

(2) Complete the following dialogues by adding appropriate language after "随着 suízhe"

① A：去年这里的房子还没有这么贵，怎么今年涨了这么多啊？
　　Qùnián zhèli de fángzi hái méiyǒu zhème guì, zěnme jīnnián zhǎngle zhème duō a?

　B：那是因为随着_____。
　　Nà shì yīnwèi suízhe _____.

② A：过去三年学习汉语的学生从60人增加到120人了，你知道什么原因吗？
　　Guòqù sān nián xuéxí Hànyǔ de xuésheng cóng liùshí rén zēngjiā dào yìbǎi èrshí rén le, nǐ zhīdào shénme yuányīn ma?

　B：我想，随着_____。
　　Wǒ xiǎng, suízhe _____.

③ A：我年轻的时候身体很好，可是现在身上的小毛病特别多，真奇怪。
　　Wǒ niánqīng de shíhou shēntǐ hěn hǎo, kěshì xiànzài shēn shang de xiǎo máobìng tèbié duō, zhēn qíguài.

　B：这有什么奇怪的，随着_____。
　　Zhè yǒu shénme qíguài de, suízhe _____.

④ A：听说现在"不婚族"越来越多了，这是怎么一回事？
　　Tīngshuō xiànzài "bù hūn zú" yuè lái yuè duō le, zhè shì zěnme yì huí shì?

　B：随着_____，年轻人不愿意和父母沟通了，他们宁愿和不认识的人网上聊天儿。
　　Suízhe _____, niánqīngrén bú yuànyì hé fùmǔ gōutōng le, tāmen nìngyuàn hé bú rènshi de rén wǎngshang liáo tiānr.

第三十六课 自由行
Lesson Thirty-six　DIY Touring

⑤ A：现在世界各地的大城市里都能看到从中国来的游客。
　　　Xiànzài shìjiè gèdì de dà chéngshì li dōu néng kàndào cóng Zhōngguó lái de yóukè.

　　B：是的，随着＿＿＿＿＿＿＿＿＿＿＿＿＿＿＿＿＿，中国人有钱参加出国旅游团了。
　　　Shìde, suízhe ＿＿＿＿＿＿＿＿＿＿＿＿＿＿＿, Zhōngguórén yǒu qián cānjiā chū guó lǚyóutuán le.

2. "感到 gǎndào +[clause]+很 hěn + Adj"

(1) Complete the following sentences with this pattern

① 他出国旅游了一个月回到家，感到＿＿＿＿＿＿＿＿＿＿＿＿＿＿＿＿＿＿。
　Tā chū guó lǚyóule yí ge yuè huídào jiā, gǎndào ＿＿＿＿＿＿＿＿＿＿＿＿＿＿＿.

② 虽然房价很高，但是我感到＿＿＿＿＿＿＿＿＿＿＿＿＿＿＿＿＿＿。
　Suīrán fángjià hěn gāo, dànshì wǒ gǎndào ＿＿＿＿＿＿＿＿＿＿＿＿＿＿＿.

③ 赚钱真不容易，我感到＿＿＿＿＿＿＿＿＿＿＿＿＿＿＿＿＿＿。
　Zhuàn qián zhēn bù róngyì, wǒ gǎndào ＿＿＿＿＿＿＿＿＿＿＿＿＿＿＿.

④ 孩子都离开家了，他感到＿＿＿＿＿＿＿＿＿＿＿＿＿＿＿＿＿＿。
　Háizi dōu líkāi jiā le, tā gǎndào ＿＿＿＿＿＿＿＿＿＿＿＿＿＿＿.

⑤ 病了的时候没人打电话来，他感到＿＿＿＿＿＿＿＿＿＿＿＿＿＿＿＿＿＿。
　Bìngle de shíhou méi rén dǎ diànhuà lai, tā gǎndào ＿＿＿＿＿＿＿＿＿＿＿＿＿＿＿.

(2) Complete the following dialogues with this pattern

① A：你最近怎么关心起老人问题来了？
　　　Nǐ zuìjìn zěnme guānxīn qǐ lǎorén wèntí lai le?

　　B：上个星期我去敬老院参观，看到很多老人，＿＿＿＿＿＿＿＿＿＿＿＿＿＿＿。
　　　Shàng ge xīngqī wǒ qù jìnglǎoyuàn cānguān, kàndào hěn duō lǎorén, ＿＿＿＿＿＿＿＿＿＿＿＿＿＿＿.

② A：我在路上常看到很多人没有地方住，就睡在公园里，我有自己的房子，自己的家，＿＿＿＿＿＿＿＿＿＿＿＿＿＿＿。
　　　Wǒ zài lù shang cháng kàndào hěn duō rén méiyǒu dìfang zhù, jiù shuì zài gōngyuán li, wǒ yǒu zìjǐ de fángzi, zìjǐ de jiā, ＿＿＿＿＿＿＿＿＿＿＿＿＿＿＿.

　　B：是的，我们都是幸运的人。
　　　Shìde, wǒmen dōu shì xìngyùn de rén.

③ A：他为什么现在看起来没有以前快乐了？
　　　Tā wèi shénme xiànzài kàn qilai méiyǒu yǐqián kuàilè le?

　　B：那是因为他当市长(mayor)的时候，很多人来和他做朋友，可是退休以后，就没有人来找他了，他＿＿＿＿＿＿＿＿＿＿＿＿＿＿＿。
　　　Nà shì yīnwèi tā dāng shìzhǎng de shíhou, hěn duō rén lái hé tā zuò péngyou, kěshì tuìxiū yǐhòu, jiù méiyǒu rén lái zhǎo tā le, tā ＿＿＿＿＿＿＿＿＿＿＿＿＿＿＿.

真实生活汉语 4
Chinese for Living in China

④ A：随着年纪越来越大，我_____。
　　Suízhe niánjì yuè lái yuè dà, wǒ _____.

　B：我也这么觉得，假如健康没有了，就什么都没有了。
　　Wǒ yě zhème juéde, jiǎrú jiànkāng méiyǒu le, jiù shénme dōu méiyǒu le.

⑤ A：为什么一到星期一，学生上课的时候就看起来很没有精神？
　　Wèi shénme yí dào xīngqīyī, xuésheng shàng kè de shíhou jiù kàn qilai hěn méiyǒu jīngshen?

　B：是啊，这也是我_____的事，难道和周末有关系吗？
　　Shì a, zhè yě shì wǒ _____ de shì, nándào hé zhōumò yǒu guānxi ma?

3. "早就想 zǎo jiù xiǎng……，但是 dànshì/就是 jiùshì/可是 kěshì……"

(1) Complete the following sentences with this pattern

① 我早就想_____，但是三年前_____，所以没搬。
　Wǒ zǎo jiù xiǎng _____, dànshì sān nián qián _____, suǒyǐ méi bān.

② 我早就想_____，就是一直没有时间旅游。
　Wǒ zǎo jiù xiǎng _____, jiùshì yìzhí méiyǒu shíjiān lǚyóu.

③ 学生早就想_____，就是学期还没有结束，不能走。
　Xuésheng zǎo jiù xiǎng _____, jiùshì xuéqī hái méiyǒu jiéshù, bù néng zǒu.

④ 我早就不想_____，但是我妈妈不同意，没办法。
　Wǒ zǎo jiù bù xiǎng _____, dànshì wǒ māma bù tóngyì, méi bànfǎ.

⑤ 王先生早就想_____，就是王太太一直不愿意生，所以到现在还没有孩子。
　Wáng xiānsheng zǎo jiù xiǎng _____, jiùshì Wáng tàitai yìzhí bú yuànyì shēng, suǒyǐ dào xiànzài hái méiyǒu háizi.

(2) Complete the dialogues with this pattern

① A：这个小城并不现代化，你为什么住在这儿？
　　Zhège xiǎochéng bìng bú xiàndàihuà, nǐ wèi shénme zhù zài zhèr?

　B：因为我_____，所以我不想离开这儿。
　　Yīnwèi wǒ _____, suǒyǐ wǒ bù xiǎng líkāi zhèr.

② A：你不是说过很想去哈尔滨看冰雕吗？怎么还没去？
　　Nǐ bú shì shuōguo hěn xiǎng qù Hā'ěrbīn kàn bīngdiāo ma? Zěnme hái méi qù?

　B：我早就想_____，可是_____。
　　Wǒ zǎojiù xiǎng _____, kěshì _____.

③ A：你说想买辆新汽车，怎么现在还开着这辆老的呢？
　　Nǐ shuō xiǎng mǎi liàng xīn qìchē, zěnme xiànzài hái kāizhe zhè liàng lǎode ne?

　B：其实我早就想_____，可是_____。
　　Qíshí wǒ zǎojiù xiǎng _____, kěshì _____.

132

第三十六课　自由行
Lesson Thirty-six　DIY Touring

④ A：既然我们到了哈尔滨，我们就去吃吃地道的东北菜，好吗？
　　　Jìrán wǒmen dàole Hā'ěrbīn, wǒmen jiù qù chīchi dìdao de Dōngběicài, hǎo ma?

　B：好极了，我早就想＿＿＿＿＿＿＿＿＿，可是＿＿＿＿＿＿＿＿＿。
　　　Hǎojí le, wǒ zǎojiù xiǎng ＿＿＿＿＿＿＿＿＿, kěshì ＿＿＿＿＿＿＿＿＿.

⑤ 学生：老师，我想和您谈谈我选专业的事情。您现在有空儿吗？
　　　Xuésheng: Lǎoshī, wǒ xiǎng hé nín tántan wǒ xuǎn zhuānyè de shìqing. Nín xiànzài yǒu kòngr ma?

　老师：现在可以的。你已经大二了，我早就想＿＿＿＿＿＿，可是＿＿＿＿＿＿。
　　　Lǎoshī: Xiànzài kěyǐ de. Nǐ yǐjīng dà èr le, wǒ zǎo jiù xiǎng ＿＿＿＿＿, kěshì ＿＿＿＿＿.

⑥ A：你说要带我去九寨沟旅游，我们什么时候去啊？
　　　Nǐ shuō yào dài wǒ qù Jiǔzhàigōu lǚyóu, wǒmen shénme shíhou qù a?

　B：我早就想＿＿＿＿＿＿＿＿＿＿＿＿，可是＿＿＿＿＿＿＿＿＿＿＿＿＿。
　　　wǒ zǎojiù xiǎng ＿＿＿＿＿＿＿＿, kěshì ＿＿＿＿＿＿＿＿＿＿＿.

4. "A 给 gěi B 带来 dàilai……的影响 de yǐngxiǎng"

(1) Complete the following sentnces with this pattern

① 污染的空气给＿＿＿＿＿＿＿＿＿＿＿带来＿＿＿＿＿＿＿＿＿＿＿。
　Wūrǎn de kōngqì gěi ＿＿＿＿＿＿＿＿＿＿＿ dàilai ＿＿＿＿＿＿＿＿＿＿＿.

② 好莱坞 (Hollywood) 的电影给世界各国带来了＿＿＿＿＿＿＿＿＿＿＿影响。
　Hǎoláiwù de diànyǐng gěi shìjiè gèguó dàilaile ＿＿＿＿＿＿＿＿＿＿＿ yǐngxiǎng.

③ 孔子思想给＿＿＿＿＿＿＿带来了＿＿＿＿＿＿＿＿＿的影响。
　Kǒngzǐ sīxiǎng gěi ＿＿＿＿＿＿＿ dàilaile ＿＿＿＿＿＿＿＿＿ de yǐngxiǎng.

④ 朝鲜族文化给中国东北带来了＿＿＿＿＿＿＿＿＿＿＿的影响。
　Cháoxiǎnzú wénhuà gěi Zhōngguó Dōngběi dàilaile ＿＿＿＿＿＿＿＿＿ de yǐngxiǎng.

⑤ 家庭教育给每个人都带来了＿＿＿＿＿＿＿＿＿＿＿的影响。
　Jiātíng jiàoyù gěi měi ge rén dōu dàilai le ＿＿＿＿＿＿＿＿＿ de yǐngxiǎng.

(2) Complete the following dialogues with this pattern

① A：你为什么认为中国已经美国化了？
　　　Nǐ wèi shénme rènwéi Zhōngguó yǐjīng Měiguóhuà le?

　B：因为在中国城市里，到处看得见可口可乐、肯德基、麦当劳的广告，也就是说，＿＿＿＿＿＿＿＿＿＿＿＿＿＿＿＿＿＿＿＿＿。
　　　Yīnwèi zài Zhōngguó chéngshì li, dàochù kàn de jiàn Kěkǒu-Kělè、Kěndéjī、Màidāngláo de guǎnggào, yě jiùshì shuō, ＿＿＿＿＿＿＿＿＿＿＿＿＿＿＿＿.

② A：现在在香港到处都能看到很多从中国内地来的人。
　　　Xiànzài zài Xiānggǎng dàochù dōu néng kàndào hěn duō cóng Zhōngguó nèidì lái de rén.

真实生活汉语 4
Chinese for Living in China

B：是的，改革开放这几十年来，有很多人从中国内地到香港去工作生活，因此_____。
　　Shìde, gǎigé kāifàng zhè jǐshí nián lái, yǒu hěn duō rén cóng Zhōngguó nèidì dào Xiānggǎng qù gōngzuò shēnghuó, yīncǐ_____.

③ A：为什么中国的中学愿意请美国老师教英文？
　　Wèi shénme Zhōngguó de zhōngxué yuànyì qǐng Měiguó lǎoshī jiāo Yīngwén?

　　B：如果中学里有美国老师来教英文，_____。
　　　Rúguǒ zhōngxué li yǒu Měiguó lǎoshī lái jiāo Yīngwén, _____
　　　_____.

④ A：为什么老师不准学生在课上使用手机？
　　Wèi shénme lǎoshī bù zhǔn xuésheng zài kè shang shǐyòng shǒujī?

　　B：那是因为老师发现_____。
　　　Nà shì yīnwèi lǎoshī fāxiàn _____.

⑤ A：为什么很多国家都要申请主办奥林匹克运动会？
　　Wèi shénme hěn duō guójiā dōu yào shēnqǐng zhǔbàn Àolínpǐkè Yùndònghuì?

　　B：那是因为主办奥林匹克运动会_____。
　　　Nà shì yīnwèi zhǔbàn Àolínpǐkè Yùndònghuì _____.

5. "恨不得 hènbude"

(1) Complete the following sentences with "恨不得 hènbude"

① 我从小到大都在上学，今年大四了，我恨不得_____
　 Wǒ cóng xiǎo dào dà dōu zài shàng xué, jīnnián dà sì le, wǒ hènbude _____
　 _____.

② 女朋友说月底会来看我，我恨不得_____。
　 Nǚpéngyou shuō yuèdǐ huì lái kàn wǒ, wǒ hènbude _____.

③ 他太想出名了，唱了一首歌就恨不得_____。
　 Tā tài xiǎng chū míng le, chàngle yì shǒu gē jiù hènbude _____.

④ 想学好汉语得花时间、下功夫，不能学了两个月就恨不得_____。
　 Xiǎng xuéhǎo Hànyǔ děi huā shíjiān、xià gōngfu, bù néng xuéle liǎng ge yuè jiù hènbude
　 _____.

⑤ 父母太爱孩子，恨不得_____。
　 Fùmǔ tài ài háizi, hènbude _____.

(2) Complete the following dialogues

① A：天气怎么这么热啊？
　　 Tiānqì zěnme zhème rè a?

134

第三十六课 自由行
Lesson Thirty-six　DIY Touring

　　B：是啊，我真恨不得_____。
　　　　Shì a, wǒ zhēn hènbude _____.

② A：听说哈尔滨的冰雕非常值得一看。
　　　　Tīngshuō Hā'ěrbīn de bīngdiāo fēicháng zhídé yí kàn.

　　B：是的。可惜只有每年冬天才有，我恨不得_____。
　　　　Shì de. Kěxī zhǐyǒu měi nián dōngtiān cái yǒu, wǒ hènbude _____.

③ A：现在的年轻人不好好学习，就想着赚钱！
　　　　Xiànzài de niánqīngrén bù hǎohao xuéxí, jiù xiǎngzhe zuàn qián!

　　B：没错，他们恨不得_____。
　　　　Méi cuò, tāmen hènbude _____.

④ A：现代人什么时候都在赶时间，什么都希望快、快、快！
　　　　Xiàndàirén shénme shíhou dōu zài gǎn shíjiān, shénme dōu xīwàng kuài、kuài、kuài!

　　B：是的，比方说旅行，一出发，就恨不得_____。
　　　　Shì de, bǐfang shuō lǚxíng, yì chūfā, jiù hènbude _____.

⑤ A：还有一个多星期新学期就要开始了。
　　　　Hái yǒu yí ge duō xīngqī xīn xuéqī jiù yào kāishǐ le.

　　B：放暑假真好，我恨不得_____。
　　　　Fàng shǔjià zhēn hǎo, wǒ hènbude _____.

6. "A 跟 gēn B（没）有关系 (méi) yǒu guānxi"

(1) Complete the following sentence with this pattern

① 身体健康跟_____有很大的关系。
　　Shēntǐ jiànkāng gēn_____ yǒu hěn dà de guānxi.

② 旅游快乐不快乐跟_____有关系。
　　Lǚyóu kuàilè bú kuàilè gēn_____ yǒu guānxi.

③ 我哪天去旅游和_____没有关系。
　　Wǒ nǎtiān qù lǚyóu hé _____ méiyǒu guānxi.

④ 最近火车票不好买和_____大有关系。
　　Zuìjìn huǒchēpiào bù hǎo mǎi hé _____ dà yǒu guānxi.

⑤ 房价的高低和_____有很大的关系。
　　Fángjià de gāodī hé _____ yǒu hěn dà de guānxi.

(2) Complete the following dialogues with this pattern

① A：你怎么病了，是不是工作太忙了？
　　　　Nǐ zěnme bìng le, shì bu shì gōngzuò tài máng le?

　　B：_____.

135

真实生活汉语 Chinese for Living in China 4

② A：现在物价越来越高，一定是因为有钱人太多了。
　　　Xiànzài wùjià yuè lái yuè gāo, yídìng shì yīnwèi yǒu qián rén tài duō le.

　B：是吗？_____吧？
　　　Shì ma? _____ ba?

③ A：最近女儿总是不回家吃饭，是不是交男朋友了？
　　　Zuìjìn nǚ'ér zǒngshì bù huí jiā chī fàn, shì bu shì jiāo nánpéngyou le?

　B：我想_____，可能是她最近新换了工作比较忙。
　　　Wǒ xiǎng _____, kěnéng shì tā zuìjìn xīn huàn le gōngzuò bǐjiào máng.

④ A：听说北极的冰山化得很快！
　　　Tīngshuō Běijí de bīngshān huà de hěn kuài!

　B：嗯，科学家说这和_____。
　　　Ǹg, kēxuéjiā shuō zhè hé _____.

⑤ A：怎么最近去香港购物的内地人越来越少了？
　　　Zěnme zuìjìn qù Xiānggǎng gòu wù de nèidì rén yuè lái yuè shǎo le?

　B：你如果看新闻就知道，这_____。
　　　Nǐ rúguǒ kàn xīnwén jiù zhīdào, zhè _____.

7. "好 hǎo"

(1) Complete the following sentences with this word

① 请快点儿告诉我你们参不参加这个旅游团，我们好_____。
　　Qǐng kuài diǎnr gàosu wǒ nǐmen cān bu cānjiā zhège lǚyóutuán, wǒmen hǎo _____.

② 要买票了，请把学生证给我，我好_____。
　　Yào mǎi piào le, qǐng bǎ xuéshēngzhèng gěi wǒ, wǒ hǎo _____.

③ 请你_____，我好安排一下行程。
　　Qǐng nǐ _____, wǒ hǎo ānpái yíxià xíngchéng.

④ 请你_____，我好帮你在网上找找有没有那种款式。
　　Qǐng nǐ _____, wǒ hǎo bāng nǐ zài wǎngshang zhǎozhao yǒu méiyǒu nàzhǒng kuǎnshì.

⑤ 周末我打算给他办个生日晚会，你先别告诉他，好让他_____。
　　Zhōumò wǒ dǎsuan gěi tā bàn ge shēngrì wǎnhuì, nǐ xiān bié gàosu tā, hǎo ràng tā _____.

第三十六课　自由行
Lesson Thirty-six　DIY Touring

(2) Complete the following dialogues with "好 hǎo"

① A：你最晚什么时候必须知道我们有几个人参加旅游团？
　　　Nǐ zuìwǎn shénme shíhou bìxū zhīdào wǒmen yǒu jǐ ge rén cānjiā lǚyóutuán?

　B：越早越好，这样我好_____。
　　　Yuè zǎo yuè hǎo, zhèyàng wǒ hǎo _____.

② A：我打算先走了。
　　　Wǒ dǎsuan xiān zǒu le.

　B：你怎么现在就要走？
　　　Nǐ zěnme xiànzài jiù yào zǒu?

　A：我想现在离开这儿，好_____。
　　　Wǒ xiǎng xiànzài líkāi zhèr, hǎo _____.

③ 孩子：爸爸，您为什么要买一张新桌子？
　　　Háizi: Bàba, nín wèi shénme yào mǎi yì zhāng xīn zhuōzi?

　父亲：买了新桌子，你和妹妹好_____。
　　　Fùqīn: Mǎile xīn zhuōzi, nǐ hé mèimei hǎo _____.

④ A：你们为什么不参加旅游团，而选择自助游呢？
　　　Nǐmen wèi shénme bù cānjiā lǚyóutuán, ér xuǎnzé zìzhùyóu ne?

　B：自助游好_____。
　　　Zìzhùyóu hǎo _____.

⑤ A：订机票为什么得那么早订？
　　　Dìng jīpiào wèi shénme děi nàme zǎo dìng?

　B：听说早订机票好_____。
　　　Tīngshuō zǎo dìng jīpiào hǎo _____.

Listening Comprehension

1. Listen to the conversation which takes place between two friends, then select the correct answers

   (1) Over what period of time can both Xiao Li and Xiao Zhang travel?
      A. Three days before Chinese New Year's eve
      B. Five days, starting from Chinese New Year's eve
      C. One week, starting from Chinese New Year

   (2) Where do they plan to go at last?
      A. Kunming
      B. Hong Kong
      C. Tibet

2. Listen to the voice message and answer the questions

   (1) When was Mr. Lu planning to fly to Chengdu?
      A. At 9:00 a.m. on July 14
      B. At 9:00 p.m. on July 14
      C. At 9:00 a.m. on July 13

   (2) Why did the travel agent suggest another option?
      A. The airfare would be cheaper.
      B. The schedule would be better.
      C. The date would be more suitable for Mr. Lu.

第三十六课 自由行
Lesson Thirty-six DIY Touring

Communication Activities

Pair Work

Scenario I: Ask your partner if he/she likes to do DIY tours, and why.

Scenario II: Compare tours arranged by a travel agency with DIY trips. Tell your partner why you prefer one to the other.

Group Work

1. Before class meets, students decide on a destination in China for a DIY tour. Then, individual students, or small groups of students (depending on class size) investigate one aspect of the tour (transport, sights, history, meals, hotels, local products, etc.). Later, in class, students report on what they have found.

....

....

2. Based on information on Harbin gained from this lesson, design a 3-day trip to Harbin from where you are now, and estimate how much the whole trip will cost. Present your findings to the class (individually or in groups). The class can vote for the best plan.

....

....

Review Exercises

I. Match the verbs in the left-hand list with the nouns in the right-hand list

1. 放   A. 很深的影响
2. 尝   B. 旅游团
3. 参加   C. 我们的自由
4. 约束   D. 寒假
5. 带来   E. 旅游计划
6. 订   F. 有特色的菜

II. Fill in the blanks with the words listed

| 恨不得 hènbude | 自由 zìyóu | 特色 tèsè | 地道 dìdao | 导游 dǎoyóu | 壮观 zhuàngguān | 景点 jǐngdiǎn | 旅游团 lǚyóutuán |

我和父母决定，今年夏天在我学完了八个星期的暑期中文以后，一起到云南旅游。爸妈说，他们不需要参加_____，也不需要请一位_____，因为那个时候我的汉语应该相当好了，可以做他们的导游，这样也好让我_____地和当地中国人交流，多练习口语。到了云南以后，我们发现云南是个很有_____的地方，有很多少数民族，穿着不同的服装，说着不同的语言，不过一般老百姓都会说普通话，我能用汉语和他们交谈。丽江古城很美，我们三个人在那儿的小饭馆吃到了_____的云南菜。雪龙山很_____，可是因为是八月份，山上并没有雪。一个星期的旅游时间很快就过去了，可是云南的_____很多，我们根本看不完，我_____再多留两个星期再回美国。云南，我还会回来看你的！

III. Complete the following dialogues

A：最近我看了一篇关于哈尔滨冰雕城的报道，真恨不得_____。

B：冰雕城？那很有名啊，我早就想_____，可是_____。

A：虽然冰雕城我还没见过，但是哈尔滨我是去过的。

B：你不是冬天去的吧？

A：不是，我是两年前七月份去的。那时全中国都又湿又热，但是哈尔滨是个例外，天气非常凉快，尤其是晚上。

B：那你一定也到哈尔滨的中央大街看过吧？

A：是的。听说哈尔滨当年不但有很多俄罗斯人，也有很多从欧洲其他国家来的人，他们给_____带来了_____的影响。走在中央大街上，你到处可以听到小提琴的乐声，感到_____。

B：我想，哈尔滨人喜爱音乐一定和_____有很大的关系。看来哈尔滨不论冬天还是夏天都值得去。

A：怎么样？我们下个旅游计划就是去哈尔滨好吗？

B：好啊！等你确定哪天有假期，你告诉我，我好_____。

A：我们一言为定。

第三十六课　自由行

Lesson Thirty-six DIY Touring

IV. Complete the following tasks in Chinese

1. You have about a week free after the semester is over in August, so you plan to travel on your own in China. Ask your Chinese officemate to suggest some places to travel to. You will need to ask for details about sights, food and hotels, etc. The more details (s)he supplies, the better.

2. It is around the time of the Lunar New Year. You are trying to purchase two train tickets to Harbin—one for you and one for your roommate. You need to persuade the ticket seller to sell you tickets ahead of all the other people who are waiting.

3. Your roommate has a chance to visit your hometown. Suggest interesting things to see, places to visit, things to eat, and facts of historical and cultural interest.

Culture Notes

1. "自助游 zìzhùyóu" and "自由行 zìyóuxíng": two types of DIY touring

"自助游 zìzhùyóu" is literally "self-help touring", a kind of DIY touring in which you make all the arrangements, including transportation and lodging. You plan the tour, you buy the tickets, you arrange the hotels and cars, you arrange your own meals, and so on. DIY touring is becoming more and more popular in China these days, since many people have their own cars.

"自由行 zìyóuxíng" is literally "free travel", another kind of DIY touring that is becoming popular in China. The travel agency arranges accommodation, transportation (airline tickets, train tickets, bus/car) for you, but once you arrive at your destination, you are completely free to tour on your own, without guides. You also arrange your own meals.

2. "春运 Chūnyùn": travel around the time of the Chinese Lunar New Year / Spring Festival

For about 40 days around the Lunar New Year (the Spring Festival), from 15 days before, when the workers begin to travel home for the New Year to 25 days after, when they return, about two billion passenger trips take place across the country, representing the largest movement of people that has ever taken place over such as short period of time.

At a special National Summit meeting, which included the State Economic and Trade Commission, the Ministry of Railways, the Ministry of Communications, and the Civil Aviation Administration, this peak travel time was given the name "春运 Chūnyùn". The various organizations met to find ways to improve transportation during the Spring Festival. The Ministry of Railways, for example, now provides additional trains and carriages to meet peak demand. Despite all the efforts, transportation is still insufficient to meet the demands of the period.

Lesson Thirty-seven   Dafen Village
第三十七课   大芬村
Dì-sānshíqī Kè   Dàfēn Cūn

In this lesson you will learn how to do the following

- Ask what you should know about Chinese art and crafts
- Make arrangements to visit museums or art villages
- Find out how to bargain at Chinese markets
- Talk about the Chinese art market

Grammar

- "A 相当于 xiāngdāng yú B" (for A to correspond to/be equal to/be commensurate with B)
- Extended use of the compound directional complement "起来 qǐlai"
- "当 dàng……一样 yíyàng + verb" (to [verb] as if the same as…)
- Alternatives to the preposition "被 bèi" (by): "给 gěi", "让 ràng", "叫 jiào"
- "以 yǐ……为主 wéi zhǔ" (mainly, mostly, chiefly, principally)
- "A 和 hé/与 yǔ B 挂钩 guà gōu /对接 duìjiē" (A is linked/connected with B)

Culture Notes

- The Shenzhen Special Economic Zone
- Dafen Village

真实生活汉语
Chinese for Living in China 4

Dialogue

A: 布吕妮 **B:** 李艺
Bùlǔnī   Lǐ Yì

a French student   a Chinese student

圣诞节的时候布吕妮的爸爸萨科齐¹从法国来深圳看她。她的室友李艺有车,很热情地要开车带他们在深圳转转。萨科齐喜欢艺术,想去艺术博物馆看看。李艺告诉他们,既然时间有限,与其参观艺术博物馆,不如去深圳大芬村,那是一个世界有名的油画村。连美国的《国家地理》都报道过。萨科齐觉得李艺说得很有道理,欣然同意。他们就一起坐上李艺的车,向大芬村开去。李艺一边开车,一边给他们介绍大芬村。布吕妮给她爸爸做翻译。

Shèngdàn Jié de shíhou Bùlǔnī de bàba Sàkēqí¹ cóng Fǎguó lái Shēnzhèn kàn tā. Tā de shìyǒu Lǐ Yì yǒu chē, hěn rèqíng de yào kāi chē dài tāmen zài Shēnzhèn zhuànzhuan. Sàkēqí xǐhuan yìshù, xiǎng qù yìshù bówùguǎn kànkan. Lǐ Yì gàosu tāmen, jìrán shíjiān yǒuxiàn, yǔqí cānguān yìshù bówùguǎn, bùrú qù Shēnzhèn Dàfēn Cūn, nà shì yí ge shìjiè yǒumíng de yóuhuàcūn. Lián Měiguó de 《Guójiā Dìlǐ》 dōu bàodàoguo. Sàkēqí juéde Lǐ Yì shuō de hěn yǒu dàolǐ, xīnrán tóngyì. Tāmen jiù yìqǐ zuòshang Lǐ Yì de chē, xiàng Dàfēn Cūn kāiqu. Lǐ Yì yìbiān kāi chē, yìbiān gěi tāmen jièshào Dàfēn Cūn. Bùlǔnī gěi tā bàba zuò fānyì.

A: 大芬村为什么这么有名?
Dàfēn Cūn wèi shénme zhème yǒumíng?

B: 大芬村就像是深圳的一个缩影。深圳在改革开放²前是一个只有30000人的渔村,30年就发展成了一个有1000多³万人的大城市,是世界上发展最快的城市。改革开放前大芬村只有村民三百人,平均每人一年的收入是200元,相当于[G1]22欧元。现在这个0.4平方公里的村子有1000多家画室,8000多名画工、画家和画商,每年油画出口总额超过5亿元,占有全球60%的油画市场,被称为"中国油画第一村"。

Dàfēn Cūn jiù xiàng shì Shēnzhèn de yí ge suōyǐng. Shēnzhèn zài gǎigé kāifàng² qián shì yí ge zhǐ yǒu sānwàn rén de yúcūn, sānshí nián jiù fāzhǎn chéngle yí ge yǒu yìqiān duō³

Notes

1. "布吕妮的爸爸萨科齐 Bùlǔnī de bàba Sàkēqí" (Bruni's dad Sarkozy): the relationship of "爸爸 bàba" to "萨科齐 Sàkēqí" is obviously one of apposition, i.e. they refer to the same person.

2. "改革开放 gǎigé kāifàng" is now a set term referring to China's policy of reform and rapprochement that took effect in 1979.

3. "多 duō" following multiples of ten ("十 shí" "百 bǎi" "千 qiān" and "万 wàn") indicates approximation (over the amount), e.g. "四十多岁 sìshí duō suì" (over 40 years old).

第三十七课　大芬村
Lesson Thirty-seven　Dafen Village

wàn rén de dàchéngshì, shì shìjiè shang fāzhǎn zuì kuài de chéngshì. Gǎigé kāifàng qián Dàfēn Cūn zhǐyǒu cūnmín sānbǎi rén, píngjūn měi rén yì nián de shōurù shì liǎng bǎi yuán, xiāngdāng yú^G1 èrshí'èr Ōuyuán. Xiànzài zhège líng diǎn sì píngfāng gōnglǐ de cūnzi yǒu yìqiān duō jiā huàshì, bāqiān duō míng huàgōng、huàjiā hé huàshāng, měi nián yóuhuà chūkǒu zǒng'é chāoguò wǔyì yuán, zhànyǒu quánqiú bǎi fēn zhī liùshí de yóuhuà shìchǎng, bèi chēngwéi "Zhōngguó yóuhuà dì-yī cūn".

A: 那真是个奇迹！我爸爸想知道这个奇迹是怎么发生的？
Nà zhēn shì ge qíjì! Wǒ bàba xiǎng zhīdào zhège qíjì shì zěnme fāshēng de?

B: 据说1989年有一个香港画商带了20多名画工到大芬村，在那儿租了房当工作室，专门仿制没有版权的古典油画。他们用流水作业的方式生产油画：几个人分工，每人专画其中一部分。这样，熟练的画工一天可以画出十多幅梵高的《向日葵》。每幅售价在30元左右，最贵的也就一两千元。由于价格低廉，画的风格多样，很快就在欧洲畅销起来^G2。中国各地画家听说这儿能赚钱，很多人跑来开画室，渐渐地就形成现在的规模了。
Jùshuō yījiǔbājiǔ nián yǒu yí ge Xiānggǎng huàshāng dàile èrshí duō míng huàgōng dào Dàfēn Cūn, zài nàr zūle fáng dàng gōngzuòshì, zhuānmén fǎngzhì méiyǒu bǎnquán de gǔdiǎn yóuhuà. Tāmen yòng liúshuǐ zuòyè de fāngshì shēngchǎn yóuhuà: jǐ ge rén fēngōng, měi rén zhuān huà qízhōng yí bùfen. Zhèyàng, shúliàn de huàgōng yì tiān kěyǐ huàchū shí duō fú Fàngāo de 《Xiàngrìkuí》. Měi fú shòujià zài sānshí yuán zuǒyòu, zuì guì de yě jiù yì-liǎngqiān yuán. Yóuyú jiàgé dīlián, huà de fēnggé duōyàng, hěn kuài jiù zài Ōuzhōu chàngxiāo qilai^G2. Zhōngguó gèdì huàjiā tīngshuō zhèr néng zhuàn qián, hěn duō rén pǎolai kāi huàshì, jiànjiàn de jiù xíngchéng xiànzài de guīmó le.

A: 如果手绘油画这么便宜，欧洲人当然会买啦。法国的中产阶级家庭一般每家都挂十几幅到几十[4]幅画。他们能接受的美术作品价格，相当于家庭的月平均收入，那在外国只能买得起印刷品。如果是手绘的画，价格又便宜，自然会畅销。我一会儿也买几幅送给爸爸。
Rúguǒ shǒuhuì yóuhuà zhème piányi, Ōuzhōurén dāngrán huì mǎi la. Fǎguó de zhōngchǎn jiējí jiātíng yìbān měi jiā dōu guà shíjǐ fú dào jǐshí[4] fú huà. Tāmen néng jiēshòu de měishù zuòpǐn jiàgé, xiāngdāng yú jiātíng de yuè píngjūn shōurù, nà zài wàiguó zhǐ néng mǎi de qǐ yìnshuāpǐn. Rúguǒ shì shǒuhuì de huà, jiàgé yòu piányi, zìrán huì chàngxiāo. Wǒ yíhuìr yě mǎi jǐ fú sòng gěi bàba.

---

4. "几 jǐ" in its meaning of "several" can be placed before or after a multiple of ten to indicate some appropriate amount less than nine: "十几 shíjǐ" (ten odd), "几十 jǐ shí" (several tens of).

B：在那儿买画要会讲价。
Zài nàr mǎi huà yào huì jiǎng jià.

A：怎么讲价?
Zěnme jiǎng jià?

B：从半价开始砍。比如卖画的跟你要一千元，你就说："五百怎么样？"
Cóng bànjià kāishǐ kǎn. Bǐrú mài huà de gēn nǐ yào yìqiān yuán, nǐ jiù shuō: "wǔbǎi zěnmeyàng?"

A：砍价我可不行，到时还要请你帮忙。
Kǎn jià wǒ kě bùxíng, dào shí hái yào qǐng nǐ bāng máng.

B：没问题……到了。
Méi wèntí……Dào le.

A：哇，画廊真多! 怎么就在高速公路边上？
Wā, huàláng zhēn duō! Zěnme jiù zài gāosù gōnglù biānshang?

B：这条公路直通香港，把这里的油画产品运到海外非常方便，所以大芬村才能发达起来。
Zhè tiáo gōnglù zhítōng Xiānggǎng, bǎ zhèli de yóuhuà chǎnpǐn yùndào hǎiwài fēicháng fāngbiàn, suǒyǐ Dàfēn Cūn cái néng fādá qilai.

（在大芬村 Zài Dàfēn Cūn）

A：这些画画⁵得真不错。这里也有当代油画和传统中国画。
Zhèxiē huà huà⁵ de zhēn búcuò. Zhèli yě yǒu dāngdài yóuhuà hé chuántǒng Zhōngguóhuà.

B：对。大部分都是仿制品，叫"行画"，也就是当商品一样ᴳ³卖的画，有些是中国画家的原创作品。如果给ᴳ⁴外国画商看中了，他们就批量生产。
Duì. Dà bùfen dōu shì fǎngzhìpǐn, jiào "hánghuà", yě jiùshì dàng shāngpǐn yíyàngᴳ³ mài de huà. Yǒuxiē shì Zhōngguó huàjiā de yuánchuàng zuòpǐn. Rúguǒ gěiᴳ⁴ wàiguó huàshāng kàn zhòng le, tāmen jiù pīliàng shēngchǎn.

A：你是说这里卖的都是商品油画，不是原创艺术品？
Nǐ shì shuō zhèli mài de dōu shì shāngpǐn yóuhuà, bú shì yuánchuàng yìshùpǐn?

---

5. The two words "画画" do not form a grammatical consituent: the first "画 huà" [pronounced "huàr" in northern Mandarin] is a noun (painting, drawing), which combines with "这些 zhèxiē" to form an object, the second "画 huà" is a verb (to paint, to draw).

第三十七课 大芬村
Lesson Thirty-seven Dafen Village

B：也有一些，不太多。北京有一个叫798的地方，那里的画廊大多是以原创艺术品为主^{G5}。现在深圳人也在讨论大芬村是不是应该升级，生产出口以原创艺术品为主的商品。

Yě yǒu yìxiē, bú tài duō. Běijīng yǒu yí ge jiào Qījiǔbā de dìfang, nàli de huàláng dàduō shì yǐ yuánchuàng yìshùpǐn wéi zhǔ^{G5}. Xiànzài Shēnzhènrén yě zài tǎolùn Dàfēn Cūn shì bu shì yīnggāi shēng jí, shēngchǎn chūkǒu yǐ yuánchuàng yìshùpǐn wéi zhǔ de shāngpǐn.

A：有些高水平的仿制品也有艺术价值。如果都是原创，这些画家的作品反而就进不了国际市场了。中国人很会把文化艺术和商品市场挂钩^{G6}。

Yǒuxiē gāo shuǐpíng de fǎngzhìpǐn yě yǒu yìshù jiàzhí. Rúguǒ dōu shì yuánchuàng, zhèxiē huàjiā de zuòpǐn fǎn'ér jiù jìn bu liǎo guójì shìchǎng le. Zhōngguórén hěn huì bǎ wénhuà yìshù hé shāngpǐn shìchǎng guà gōu^{G6}.

B：你说得太对了。大芬村人自己也说，艺术与市场在这里对接，才华与财富在这里转换。

Nǐ shuō de tài duì le. Dàfēn Cūn rén zìjǐ yě shuō, yìshù yǔ shìchǎng zài zhèli duìjiē, cáihuá yǔ cáifù zài zhèli zhuǎnhuàn.

A：真有意思。谢谢你建议我们来这儿！

Zhēn yǒu yìsi. Xièxie nǐ jiànyì wǒmen lái zhèr!

B：不用客气。

Bú yòng kèqi.

New Words

1	大芬村	Dàfēn Cūn	PropN	Dafen Village (in Shenzhen, China)
2	热情/熱情	rèqíng	N / Adj	warm feelings, warmth, enthusiasm; warm
3	转转/轉轉	zhuànzhuan	V	to take a short walk, to go for a stroll
4	艺术/藝術	yìshù	N / Adj	art (literature, dance, music); conforming to good taste
5	博物馆/博物館	bówùguǎn	N	museum
6	既然	jìrán	Conj	since, now that

7	有限	yǒuxiàn	Adj	limited, finite
8	有名	yǒumíng	Adj	famous, celebrated, well-known
9	油画/油畫	yóuhuà	N	oil painting
10	国家地理/國家地理	Guójiā Dìlǐ	PropN	National Geographic (magazine)
	地理	dìlǐ	N	geography
11	道理	dàoli	N	principle, basic truth, reason
12	欣然	xīnrán	Adj	joyful
13	缩影/縮影	suōyǐng	N	miniature, microcosm, epitome
14	改革	gǎigé	V	to reform
15	开放/開放	kāifàng	V	to open to the world, to lift (a ban)
16	渔村/漁村	yúcūn	N	fishing village
17	村民	cūnmín	N	villager
18	平均	píngjūn	V	to average; on average
19	相当于/相當於	xiāngdāng yú	Phr	to be equivalent to
20	欧元/歐元	Ōuyuán	PropN	Euro (European currency)
21	平方公里	píngfāng gōnglǐ	Meas	square kilometer
	平方	píngfāng	N	square (in measuring area)
	公里	gōnglǐ	Meas	kilometre
22	村子	cūnzi	N	village, hamlet
23	画室/畫室	huàshì	N	studio (of a painter)
24	画工/畫工	huàgōng	N	painting technician
25	画家/畫家	huàjiā	N	artist
26	画商/畫商	huàshāng	N	art dealer
27	总额/總額	zǒng'é	N	total, total amount
28	奇迹/奇蹟	qíjì	N	miracle, wonder, marvel
29	发生/發生	fāshēng	V	to occur, to happen, to take place, to arise

第三十七课 大芬村
Lesson Thirty-seven Dafen Village

30	工作室	gōngzuòshì	N	a place of work, a studio
31	仿制/仿製	fǎngzhì	V	to copy, to imitate, to counterfeit
32	版权/版權	bǎnquán	N	copyright
33	古典	gǔdiǎn	N / Attr	classic; classical
34	流水作业/流水作業	liúshuǐ zuòyè	N	assembly line production, the conveyer system of production
35	生产/生產	shēngchǎn	V	to produce, to manufacture, to make, to give birth to
36	分工	fēn gōng	VO	to divide the work
37	熟练/熟練	shúliàn	Adj	skilled, accomplished
38	画/畫	huà	N / V	picture, drawing; to draw, to paint
39	幅	fú	Meas	for paintings, scrolls, etc.
40	梵高	Fàngāo	PropN	Van Gogh
41	向日葵	xiàngrìkuí	N	sunflower
42	售价/售價	shòujià	N	selling price
43	低廉	dīlián	Adj	inexpensive, cheap
44	风格/風格	fēnggé	N	style (of work, writing, singing, etc.)
45	多样/多樣	duōyàng	Adj	various
46	畅销/暢銷	chàngxiāo	V	to be in great demand, to sell well
47	各地	gèdì	N	everywhere
48	赚钱/賺錢	zhuàn qián	VO	to make money, to run business at a profit
49	形成	xíngchéng	V	to form, to shape, to develop
50	规模/規模	guīmó	N	scale, size, scope
51	手绘/手繪	shǒuhuì	V	hand-painted
52	中产阶级/中產階級	zhōngchǎn jiējí	N	middle class
	阶级/階級	jiējí	N	(social) class
53	挂/掛	guà	V	to hang, to hang up (a telephone)
54	美术/美術	měishù	N	the fine arts, drawing, painting

55	作品	zuòpǐn	N	literary or artistic work
56	印刷品	yìnshuāpǐn	N	printed matter
57	半价/半價	bànjià	N	half price
58	砍	kǎn	V	to cut (e.g. funding) ("砍价 kǎn jià", cut the price, bargain), cut out (e.g. a paragraph)
59	画廊/畫廊	huàláng	N	art gallery, picture gallery
60	公路	gōnglù	N	public road ("高速公路 gāosù gōnglù", highway)
61	产品/產品	chǎnpǐn	N	product, produce
62	海外	hǎiwài	N	overseas, abroad, foreign
63	发达/發達	fādá	Adj / V	devcloped, prosperous; to develop, to thrive
64	当代/當代	dāngdài	N	the present age, the contemporary era
65	仿制品/仿製品	fǎngzhìpǐn	N	reproduction (in art), imitation, copy
66	商品	shāngpǐn	N	commodity, merchandise, goods
67	原创/原創	yuánchuàng	N	original (work, research, etc.)
68	看中	kàn zhòng	V	to find exactly what one likes, to take a fancy to
69	批量	pīliàng	N	batch (production, process)
70	讨论/討論	tǎolùn	V / N	to discuss, to talk over; discussion
71	价值/價值	jiàzhí	N	value, worth
72	反而	fǎn'ér	Adv	on the contrary, instead
73	挂钩/掛鉤	guà gōu/guàgōu	V / N	to link (one thing with another); hook
74	对接/對接	duìjiē	V	to connect, to link up (e.g. two things)
75	才华/才華	cáihuá	N	talent (esp. literary or artistic)
76	财富/財富	cáifù	N	wealth, riches
77	转换/轉換	zhuǎnhuàn	V	to change, to switch, to transform (of direction, topic, etc.)

Lesson Thirty-seven Dafen Village

Re-enacting the Dialogue

At Christmas time, Bruni's father, Sarkozy, has come to Shenzhen from France to visit her. Li Yi, her roommate, has a car and is eager to take them to look around Shenzhen. Sarkozy likes art and wants to visit the art museum. Li Yi says to them, since time is short, rather than visiting an art museum, it would be better to go to Shenzhen's Dafen Village, the world-famous oil painting village. America's *National Geographic* has even reported on it. Sarkozy feels that what Li Yi is saying makes sense and so he happily agrees. They all get into Li Yi's car and drive towards Dafen Village. As she drives, Li Yi introduces Dafen Village to them. Bruni translates for her father.

A: Why is Dafen Village so well-known?

B: Dafen Village is a sort of a microcosm of Shenzhen. Before the policy of reform and opening up, Shenzhen was nothing but a fishing village of 30000 people. In 30 years, it's developed into a large city of over 10 million, the fastest growth of any city ever. Before reform and opening up, Dafen Village had a population of only 300 people. People's average annual income was 200 *yuan*, equivalent to 22 Euros. Now this 0.4 square kilometer village has over 1000 art studios, over 8000 artisan-painters, artists and art dealers. The total value of oil paintings exported each year exceeds 500 million *yuan*. It makes up 60% of the world market in oil paintings. It's been call "China's No.1 Oil Painting Village".

A: That really is a miracle! My Dad wonders how such a miracle came about.

B: Reputedly, in 1989, a Hong Kong art dealer brought about 20 artisan-painters over to Dafen Village. There, they rented a house to use as a studio. They specialized in copying classical oil paintings that didn't have copyrights. They used assembly-line methods to produce the paintings: the work was divided among several people, and each person specialized in painting one part. In that way, a skilled practitioner could paint over 10 of Van Gogh's "*Sunflowers*" in a day. Each copy sold for about 30 *yuan*, though the most expensive sold for 1000–2000 *yuan*. Because the price was so low, and there were so many styles of painting, they quickly became best-sellers in Europe. Chinese artists everywhere heard it was possible to make money, so a lot of people hurried there to open a studio, and gradually it grew to its current scale.

A: If there were hand-painted oils for that price, sure, Europeans would have bought them. Middle-class families in France generally have from ten or more, to several tens of paintings hanging in their homes. They can accept a price for art work that is consistent with their average monthly income. For that, you would only be able to afford to buy prints abroad. If it's an original hand-painted, and still cheap, naturally, they'd sell well. In a while, I'm also going to buy some for my Dad.

B: When you buy paintings there, you have to bargain.

A: How do you bargain?

B: You start at a half. For example, if the art seller wants 1000 *yuan* from you, you say "how about 500?"

A: I'm just no good at bargaining. When the time comes, I'll ask for help from you.

B: No problem… Here we are.

A: Wow, what a lot of galleries! How is it that they're alongside the expressway?

B: This road leads directly to Hong Kong. It's very convenient for shipping the art products from here, which allowed Dafen Village to flourish.

(In Dafen Village)

A: These paintings are done quite well. They also have contemporary paintings and traditional Chinese paintings here.

B: Yes. Most of them are imitations, known as "commercial art", which are sold as if they were the same as merchandise. Some are originals by Chinese artists. If they appeal to foreign art dealers, they will produce them in large quantities for wholesale.

A: Are you saying that the things sold here are all imitation paintings rather than original art?

B: There are some original paintings, but not many. In Beijing, there's a place called 798. The art galleries there deal primarily with originals. Currently, people in Shenzhen are considering whether or not Dafen Village should upgrade and produce mainly artistic originals for export.

A: Some top quality imitations also have artistic value. In any case, if they were all originals, the products of these artists wouldn't make it into international markets. Chinese are very good at combining art and commodity markets.

B: You're absolutely right. Dafen Villagers themselves also say that here art and the market come together, and talent is exchanged for riches.

A: It's fascinating. Thanks for suggesting that we come here!

B: You're welcome.

第三十七课　大芬村
Lesson Thirty-seven　Dafen Village

Grammar

▶ **G1.** "A 相当于 xiāngdāng yú B" (A correspond to/be equal to/be commensurate with B)

The intransitive compound verb "相当 xiāngdāng" (to match, correspond, be equal) can be made transitive (be a match for, correspond to, be equivalent to) by the addition of the formal particle "于 yú" (which in classical Chinese acts as an all-purpose preposition, corresponding to English "in, on, by, from, than, etc.").

① 平均每人一年的收入是200元，相当于22欧元。
Píngjūn měirén yì nián de shōurù shì liǎngbǎi yuán, xiāngdāng yú èrshí'èr Ōuyuán.
People's average annual income was 200 *yuan*, equivalent to 22 Euros.

② 中产阶级家庭一般能接受的美术作品价格相当于家庭的月平均收入。
Zhōngchǎn jiējí jiātíng yìbān néng jiēshòu de měishù zuòpǐn jiàgé xiāngdāng yú jiātíng de yuè píngjūn shōurù.
The price that middle-class families can generally accept for works of art is commensurate with their average monthly income.

③ 有人说在中国学一年中文相当于在美国学三年。
Yǒu rén shuō zài Zhōngguó xué yì nián Zhōngwén xiāngdāng yú zài Měiguó xué sān nián.
Some people say that the amount of Chinese you learn in a year in China is equivalent to three year's study in the U.S.

▶ **G2.** Extended use of the compound directional complement "起来 qǐlai"

Among the complex directional complements introduced in lesson 23 (G1) was "起来 qǐlai", literally "to rise up (towards the speaker)". With verbs of motion, the "起来 qǐlai" complement has a more or less predictable meaning of "upwards": "站起来 zhàn qilai" (to stand up), "跳起来 tiào qilai" (to jump up), "拿起来 ná qilai" (to pick up). But with other verbs, the upwards motion may be less obvious: "锁起来 suǒ qilai" (to lock up), "收起来 shōu qilai" (to pick up [homework]) — though it is interesting to see that English also uses "up" in these cases.

In certain contexts, the range of "起来 qǐlai" extends to meanings that are not clearly directional. In "他哭起来了 Tā kū qilai le" (He started crying), the sense is "to start to; to begin and keep on" (cf. the English "tears welled up"). Here are some more examples (including two from the dialogue):

① 她看着信突然哭起来了！
Tā kànzhe xìn tūrán kū qilai le!
As she was reading the letter, she began to cry.

② 因为大芬村离香港很近，所以很快发展起来了。
Yīnwèi Dàfēn Cūn lí Xiānggǎng hěn jìn, suǒyǐ hěn kuài fāzhǎn qilai le.
Because Dafen Village is close to Hong Kong, it's developed very quickly.

③ 由于价格低廉，画的风格多样，这种画很快就在欧洲畅销起来了。
Yóuyú jiàgé dīlián, huà de fēnggé duōyàng, zhè zhǒng huà hěn kuài jiù zài Ōuzhōu chàngxiāo qilai le.
Because the price was so low, and there were so many styles of paintings, they quickly became best-sellers in Europe.

In northern Mandarin, "起来" like other directional complements, is pronounced "qǐlai", with "lai" in neutral tone. And in fact, it operates more like a directional particle meaning "direction towards". So it is not surprising to find that in northern speech, if an object is present (after the main verb), it comes before "lai". (This is true for other directional complements as well, whether with "lai" or "qu".) Put another way, the object splits the directional complement, as shown in the following examples:

① 来中国以后他吸起烟来了。
Lái Zhōngguó yǐhòu tā xī qǐ yān lai le.
He started smoking after he came to China.

② 你小的时候学了几天中文就不学了，怎么现在学起中文来了？
Nǐ xiǎo de shíhou xuéle jǐ tiān Zhōngwén jiù bù xué le, zěnme xiànzài xué qǐ Zhōngwén lai le?
When you were young, you studied Chinese for a few days then gave up; how come you've started studying it again?

In other contexts, "起来 qǐlai" may have an even more abstract meaning, serving simply to bring up something for consideration. The following examples illustrate:

① 布吕妮的爸爸看起来很年轻。
Bùlǚnī de bàba kàn qilai hěn niánqīng.
Bruni's father looks young.

② 他说英文听起来不像是美国人。
Tā shuō Yīngwén tīng qilai bú xiàng shì Měiguórén.
He doesn't sound like an American when he speaks English.

③ 很多事情都是说起来容易，做起来难。
Hěn duō shìqing dōu shì shuō qilai róngyì, zuò qilai nán.
Many things are easier said than done.

"起来 qǐlai" versus "出来 chūlai"

Like "起来 qǐlai", the complex directional complement "出来 chūlai" also has extended usage. With non-motion verbs, it can mean "to figure out, to recognize". Thus, "看得出来 kàn de chūlái" (can make out [who it is]), "想不出来 xiǎng bu chūlái" (can't figure out [who it is]). The distinction between verb "出来 chūlai" and verb "起来 qǐlai" can be nicely illustrated with the word "想 xiǎng" (to think): "想起来 xiǎng qilai" is "to remember", that is "think up something that you once knew"; "想出来 xiǎng chulai" is "to figure out (something for the first time)". Here are some examples:

第三十七课　大芬村
Lesson Thirty-seven　Dafen Village

① 他以前的女朋友叫什么名字，他想了半天也没想起来。
　　Tā yǐqián de nǚpéngyou jiào shénme míngzi, tā xiǎngle bàntiān yě méi xiǎng qilai.
　　He's been trying for quite a while to think of the name of his former girlfriend, but he hasn't been able to.

② 他的太太刚生了一个孩子，他给孩子想出来一个很好听的名字。
　　Tā de tàitai gāng shēngle yí ge háizi, tā gěi háizi xiǎng chulai yí ge hěn hǎotīng de míngzì.
　　Right after his wife had given birth, he came up with a nice-sounding name for the child.

Both complements are common with verbs of perception, such as "看 kàn" and "听 tīng":

① 他今天看起来很累。
　　Tā jīntiān kàn qilai hěn lèi.
　　He looks tired today. ("On looking at him, he seems tired.")

② 我看得出来他很累，虽然他不说。
　　Wǒ kàn de chūlái tā hěn lèi, suīrán tā bù shuō.
　　I can tell that he is tired even though he doesn't say so.

① 他说英文听起来不像是美国人。
　　Tā shuō Yīngwén tīng qilai bú xiàng shì Měiguórén.
　　He doesn't sound like an American when he speaks English.

② 虽然他在美国生活了几十年了，我们还能听得出来他不是美国人。
　　Suīrán tā zài Měiguó shēnghuóle jǐ shí nián le, wǒmen hái tīng de chūlái tā bú shì Měiguórén.
　　Although he has been living in America for decades, we could still recognize that he isn't an American.

▶ **G3.** "当 dàng…… 一样 yíyàng + verb" (to [verb] as if the same as…)

"当 dàng" (or more formally "当成 dàngchéng")—pronounced on falling tone—means "to treat as, to regard as".

① 不要把她当〈成〉小孩儿！
　　Búyào bǎ tā dàngchéng xiǎoháir!
　　Don't treat her like a child!

② 人们就把他当〈成〉怪物。
　　Rénmen jiù bǎ tā dàngchéng guàiwù.
　　People treat him like a freak.

The word can also be used in conjunction with a following verb, in which case the sense is "[verb] as if …". Note the difference in word order between Chinese and English.

我把他当〈成〉我的一个朋友来看待。
Wǒ bǎ tā dàng<chéng>wǒde yí ge péngyou lái kàndài.
I treat him as if he were one of my friends.

The sense of equivalence can be emphasized by adding "一样 yíyàng" (the same), as in the examples in this lesson:

① "行画"就是当商品一样卖的画。
"Hánghuà" jiù shì dàng shāngpǐn yíyàng mài de huà.
"Commercial art" is sold as if it were the same as merchandise.

② 李艺把布吕妮的爸爸当自己的父亲一样照顾。
Lǐ Yì bǎ Bùlǔnī de bàba dàng zìjǐ de fùqīn yíyàng zhàogù.
Li Yi takes care of Bruni's father just as though he were her own father.

③ 有些人骗老外，把"行画"当真画一样卖。
Yǒuxiē rén piàn lǎowài, bǎ "hánghuà" dàng zhēnhuà yíyàng mài.
Some people cheat foreigners by selling commercial copies as though they were authentic paintings.

④ 布吕妮的爸爸说要是李艺去法国，他会把李艺当自己的女儿一样看待。
Bùlǔnī de bàba shuō yàoshi Lǐ Yì qù Fǎguó, tā huì bǎ Lǐ Yì dàng zìjǐ de nǚ'ér yíyàng kàndài.
Bruni's father said that if Li Yi goes to France, he would treat her just as if she were his own daughter.

▶ G4. Alternatives to the preposition "被 bèi"(by): "给 gěi", "让 ràng", "叫 jiào"

The preposition "被 bèi" was introduced in lesson 17 (G1):

① 我的自行车被人偷了。
Wǒ de zìxíngchē bèi rén tōu le.
My bike was stolen by someone.

or

② 我的自行车被偷了。
Wǒ de zìxíngchē bèi tōu le.
My bike got stolen.

In either sentence, the thing stolen is the subject, not the person who stole it (the agent or doer), in fact, the latter can be omitted as in the second sentence. In English, the corresponding sentences are often in the form known as "passive voice", which means that the verb is formed with "be" or "get" ("was stolen, got stolen") and the agent ("the person who did it") is either unexpressed or introduced with "by".

In Chinese, several other prepositions are available for more or less the same purpose, that is, to emphasize the agent—the doer. They are "给 gěi", "让 ràng" and "叫 jiào". All three, you will note, have other functions. "给 gěi" can be a full verb meaning "to give" (cf. L7, G4), "让 ràng" can be a pivot verb meaning "let" (L13, G7), and "叫 jiào" is also a verb meaning "to call, to be called".

The example in this lesson's dialogue involves "给 gěi":

如果给外国画商看中了，他们就批量生产。
Rúguǒ gěi wàiguó huàshāng kàn zhòng le, tāmen jiù pīliàng shēngchǎn.
If they appeal to foreign art dealers, they will produce them wholesale in large quantities.

As the first pair of examples (above) showed, sentences formed with "被 bèi" can omit the object—the doer: "被〈人〉偷了 bèi〈rén〉tōu le" (was stolen〈by someone〉). This is not the case with "给 gěi", "让 ràng" or

第三十七课　大芬村
Lesson Thirty-seven　Dafen Village

"叫 jiào", they require a following object. The following examples illustrate:

① 很多投资商都被上海的发展机会吸引了。
　　Hěn duō tóuzīshāng dōu bèi Shànghǎi de fāzhǎn jīhuì xīyǐn le.
　　Many investors have been attracted by the economic opportunities that Shanghai offers.

② 院子里的树都给风刮倒了。
　　Yuànzi li de shù dōu gěi fēng guādǎo le.
　　All the trees in the yard were blown down by the wind.

③ 他过马路时给车撞了。
　　Tā guò mǎlù shí gěi chē zhuàng le.
　　He was hit by a car while crossing the street.

There is one other complication that is worth mentioning in this section. As well as taking on the role of a preposition introducing an agent (or "doer") like "被 bèi", "给 gěi" can also occur directly before a verb to give it a passive nuance: "被他给卖了 bèi tā gěi mài le" (got sold by him), "让猫给吃了 ràng māo gěi chī le" (got eaten by the cat). Here are some additional examples, one showing the plain verb, the other with "给 gěi + verb":

院子里的树都给风刮倒了。	院子里的树都被风给刮倒了。
Yuànzi li de shù dōu gěi fēng guādǎo le.	Yuànzi li de shù dōu bèi fēng gěi guādǎo le.
他过马路时给车撞了。	他过马路时被车给撞了。
Tā guò mǎlù shí gěi chē zhuàng le.	Tā guò mǎlù shí bèi chē gěi zhuàng le.

We end this section with a sentence that illustrates "给 gěi + verb" for this lesson and the "非 fēi……不可 bùkě" construction from lesson 35:

你是学生，可是不上课不做作业，我看你非要给学校开除了不可。
Nǐ shì xuésheng, kěshì bú shàngkè bú zuò zuòyè, wǒ kàn nǐ fēi yào gěi xuéxiào kāichú le bùkě.
You are a student, but you don't go to class and don't do any homework, I think you'll have to be expelled by the school.

▶G5. "A 以 yǐ……为主 wéi zhǔ" (mainly, mostly, chiefly, principally)

The pattern means literally "take A to be fundamental" (cf. "主要 zhǔyào" important), the idiomatic English equivalent often involves an adverb like "primarily", "mainly" or "mostly". Other words may substitute for "主 zhǔ", such as "基础 jīchǔ" (foundation): "以农业为基础 yǐ nóngyè wéi jīchǔ" (to be primarily agricultural).

① 那儿的店都以卖油画为主。
　　Nàr de diàn dōu yǐ mài yóuhuà wéi zhǔ.
　　The shops there sell oil paintings primarily.

② 北京有一个叫798的地方，那里的画廊大多是以原创艺术品为主。
　　Běijīng yǒu yí ge jiào Qījiǔbā de dìfang, nàli de huàláng dàduō shì yǐ yuánchuàng yìshùpǐn wéi zhǔ.
　　In Beijing, there's a place called 798. The art galleries there deal primarily with originals.

③ 这儿的画大部分都是仿制品，叫"行画"，艺术家们不以艺术原创为主。
Zhèr de huà dà bùfen dōu shì fǎngzhìpǐn, jiào "hánghuà", yìshùjiāmen bù yǐ yìshù yuánchuàng wéi zhǔ.
Most of the paintings here are imitations, known as "commercial art". The artists do not focus on originals.

④ 学生应该以学习为主，不能把打工挣钱放在第一位。
Xuésheng yīnggāi yǐ xuéxí wéi zhǔ, bù néng bǎ dǎ gōng zhèng qián fàng zài dì-yī wèi.
Students should focus on studying, they shouldn't make working to make money their top priority.

▶ **G6.** "A 和 hé/与 yǔ B 挂钩 guà gōu/对接 duìjiē" (A is linked /connected with B)

Verbs such as "挂钩 guà gōu" (to link up with, to establish contact with, to get in touch with) and "对接 duìjiē" (to connect, to join together) take coordinate subjects, linked by a conjunction such as "和 hé" or "与 yǔ" (the latter more common in written language):

① 中国人很会把文化艺术和商品市场挂钩。
Zhōngguórén hěn huì bǎ wénhuà yìshù hé shāngpǐn shìchǎng guà gōu.
Chinese are very good at combining art and commodity markets.

② 大芬村人自己也说，艺术与市场在这里对接。
Dàfēn Cūn rén zìjǐ yě shuō, yìshù yǔ shìchǎng zài zhèli duìjiē.
Dafen Villagers themselves also say that here art and the market come together.

③ 教育要不要与市场经济挂钩？
Jiàoyù yào bu yào yǔ shìchǎng jīngjì guà gōu?
Should education be geared to the market economy?

④ 大学选专业应不应该与毕业后的就业前景挂钩？
Dàxué xuǎn zhuānyè yīng bu yīnggāi yǔ bì yè hòu de jiù yè qiánjǐng guà gōu?
When choosing a major in college, should you take into account the prospects of finding a job after graduation?

第三十七课 大芬村
Lesson Thirty-seven Dafen Village

Consolidation & Practice

1. "A 相当于 xiāngdāng yú B"

   (1) Complete the following sentences by using "A 相当于 xiāngdāng yú B"

   ① 一辆宝马是三十万人民币，他一个月的工资是三万人民币。也就是说，_____
   _____。
   Yí liàng Bǎomǎ shì sānshíwàn Rénmínbì, tā yí ge yuè de gōngzī shì sānwàn Rénmínbì. Yě jiùshì shuō, _____.

   ② 有钱人一顿饭要花两千块钱，一个农民工一个月赚一千块钱。也就是说，_____
   _____。
   Yǒu qián rén yí dùn fàn yào huā liǎngqiān kuài qián, yí ge nóngmíngōng yí ge yuè zhuàn yìqiān kuài qián. Yě jiùshì shuō, _____.

   ③ 他每个星期工作80个小时，而一般人每个星期工作40个小时。也就是说，_____
   _____。
   Tā měi ge xīngqī gōngzuò bāshí ge xiǎoshí, ér yìbānrén měi ge xīngqī gōngzuò sìshí ge xiǎoshí. Yě jiùshì shuō, _____.

   ④ 那孩子才四岁就能认一千个汉字，别人十岁才能认一千个汉字。也就是说，___
   _____。
   Nà háizi cái sì suì jiù néng rèn yìqiān ge Hànzi, biérén shí suì cái néng rèn yìqiān ge Hànzì. Yě jiùshì shuō, _____.

   ⑤ 那匹马的跑速是每小时30公里，汽车的车速也是每小时30公里。也就是说，___
   _____。
   Nà pǐ mǎ de pǎosù shì měi xiǎoshí sānshí gōnglǐ, qìchē de pǎosù yě shì měi xiǎoshí sānshí gōnglǐ. Yě jiùshì shuō, _____.

   (2) Complete the following dialogues with this pattern

   ① A：你怎么不买手绘画？
       Nǐ zěnme bù mǎi shǒuhuìhuà?

   B：太贵了，买一张名人的手绘画相当于_____，我怎么买得起啊？
       Tài guì le, mǎi yì zhāng míngrén de shǒuhuìhuà xiāngdāng yú _____
       _____, wǒ zěnme mǎi de qǐ a?

   ② A：难道你不爱吃巧克力吗？
       Nándào nǐ bú ài chī qiǎokèlì ma?

   B：我不是不爱吃，而是一颗巧克力的卡路里相当于_____，
       所以我不敢多吃。
       Wǒ bú shì bú ài chī, érshì yì kē qiǎokèlì de kǎlùlǐ xiāngdāng yú _____,
       suǒyǐ wǒ bù gǎn duō chī.

真实生活汉语 **Chinese for Living in China 4**

③ A：上个月我卖车赚了一万块钱。
   Shàng ge yuè wǒ mài chē zuànle yíwàn kuài qián.

B：哇，你卖车的收入相当于＿＿＿＿＿＿＿＿＿＿＿＿＿＿＿＿＿＿，我也想去卖车了。
   Wā, nǐ mài chē de shōurù xiāngdāng yú ＿＿＿＿＿＿＿＿＿＿, wǒ yě xiǎng qù mài chē le.

④ A：中国一家一个孩子的政策实行了30年了，对家庭有什么影响吗？
   Zhōngguó yì jiā yí ge háizi de zhèngcè shíxíngle sānshí nián le, duì jiātíng yǒu shénme yǐngxiǎng ma?

B：有很大的影响，在现在老龄化的社会里，＿＿＿＿＿＿＿＿＿＿＿＿＿＿＿＿＿＿。
   Yǒu hěn dà de yǐngxiǎng, zài xiànzài lǎolínghuà de shèhuì li, ＿＿＿＿＿＿＿＿＿＿＿＿＿＿.
   (Hint: 1 young person supports 4 olders)

⑤ A：你们公司年底有奖金吗？
   Nǐmen gōngsī niándǐ yǒu jiǎngjīn ma?

B：听说年底我们公司每个人可以拿到＿＿＿＿＿＿＿＿＿＿＿＿＿＿＿＿＿＿。
   Tīngshuō niándǐ wǒmen gōngsī měi ge rén kěyǐ nádào ＿＿＿＿＿＿＿＿＿＿＿＿.
   (Hint: 2 months' pay as bonus)

2. **The extended use of the compound directional complement "起来 qǐlai"**

(1) Complete the following sentences with a suitable construction

① 上海两百年前是个很落后的小村子，现在早就＿＿＿＿＿＿＿＿＿＿＿＿＿＿＿＿了。
   Shànghǎi liǎngbǎi nián qián shì ge hěn luòhòu de xiǎocūnzi, xiànzài zǎo jiù ＿＿＿＿＿＿ le.

② 这里是不可以吸烟的，你怎么在这儿反而＿＿＿＿＿＿＿＿＿＿＿＿＿＿＿＿呢？
   Zhèli shì bù kěyǐ xī yān de, nǐ zěnme zài zhèr fǎn'ér ＿＿＿＿＿＿＿＿＿＿＿＿ ne?

③ IKEA的家具现在在中国有很多人买，已经＿＿＿＿＿＿＿＿＿＿＿＿＿＿＿＿了。
   IKEA de jiājù xiànzài zài Zhōngguó yǒu hěn duō rén mǎi, yǐjīng ＿＿＿＿＿＿＿＿＿＿ le.

④ 刚才还是大晴天，怎么就＿＿＿＿＿＿＿＿＿＿＿＿＿＿＿了？ (Hint: starting to rain)
   Gāngcái háishì dàqíngtiān, zěnme jiù ＿＿＿＿＿＿＿＿＿＿＿＿＿＿＿ le?

⑤ 客人还没有走，主人怎么就＿＿＿＿＿＿＿＿＿＿＿＿＿＿＿了？ (Hint: falling asleep)
   Kèrén hái méiyǒu zǒu, zhǔrén zěnme jiù ＿＿＿＿＿＿＿＿＿＿＿＿＿＿＿ le?

(2) Fill in the blanks with "（不 bù）起来 qǐlai" or "（不 bù）出来 chūlai":

① A：小张，你还记得我吗？我是你的小学同学啊。
   Xiǎo Zhāng, nǐ hái jìde wǒ ma? Wǒ shì nǐ de xiǎoxué tóngxué a.

B：哦，你看起来很面熟，可是真不好意思，你的名字我想＿＿＿＿＿＿＿＿＿＿了。
   Ò, nǐ kàn qilai hěn miànshú, kěshì zhēn bù hǎo yìsi, nǐ de míngzi wǒ xiǎng ＿＿＿＿＿＿ le.

160

第三十七课 大芬村
Lesson Thirty-seven Dafen Village

② A：你为什么怕考汉字？
　　Nǐ wèi shénme pà kǎo Hànzì?

　 B：汉字太难了，我考试前练习了半天，可是到考试的时候就想_____了。
　　Hànzì tài nán le, wǒ kǎo shì qián liànxíle bàntiān, kěshì dào kǎo shì de shíhou jiùxiǎng _____ le.

③ 教授：你的研究报告题目有了吗？
　　Jiàoshòu: nǐ de yánjiū bàogào tímù yǒu le ma?

　 学生：对不起，老师！我还在想，可是还想_____。您再给我几天时间吧。
　　Xuésheng: Duìbuqǐ, lǎoshī! Wǒ hái zài xiǎng, kěshì hái xiǎng _____. Nín zài gěi wǒ jǐ tiān shíjiān ba.

④ A：这个工厂办得很成功啊！
　　Zhè ge gōngchǎng bàn de hěn chénggōng a!

　 B：是的，五年来我们发展得很快，规模也_____了。(Hint: getting bigger)
　　Shì de, wǔ nián lái wǒmen fāzhǎn de hěn kuài, guīmó yě _____ le.

⑤ 客人：老板，你们的生意怎么样？
　　Kèrén: Lǎobǎn, nǐmen de shēngyì zěnmeyàng?

　 老板：我们这个小饭馆生意不错，一到下午四点就_____了，客人也_____了。(Hint: getting busier, increasing in number)
　　Lǎobǎn: Wǒmen zhège xiǎo fànguǎn shēngyì búcuò, yí dào xiàwǔ sì diǎn jiù _____ le, kèrén yě _____ le.

3. "当 dàng……一样 yíyàng + verb"

(1) Complete the following sentences with this pattern

① 这幅行画画得好极了，可以当_____一样卖。(Hint: creative art)
　　Zhè fú hánghuà huà de hǎojí le, kěyǐ dàng _____ yíyàng mài.

② 老人把他的狗当_____一样照顾。
　　Lǎorén bǎ tā de gǒu dàng _____ yíyàng zhàogù.

③ 有钱人不把名画当艺术品，而把它当_____一样收藏。(Hint: investment)
　　Yǒuqiánrén bù bǎ mínghuà dàng yìshùpǐn, ér bǎ tā dàng _____ yíyàng shōucáng.

④ 他把那只鹦鹉当_____一样和它说话聊天儿。
　　Tā bǎ nà zhī yīngwǔ dàng _____ yíyàng hé tā shuō huà liáo tiānr.

⑤ 中国人把请客吃饭当_____一样对待。(Hint: serious business)
　　Zhōngguórén bǎ qǐng kè chī fàn dàng _____ yíyàng duìdài.

真实生活汉语
Chinese for Living in China 4

(2) Connect the two entities with this pattern (*pinyin* omitted)

① 手机 —— 电脑

② 行画 —— 真正的艺术品

③ 工作 —— 娱乐

④ 金钱 —— 生命

⑤ 朋友 —— 兄弟

4. alternatives to the preposition "被 bèi" (by): "给 gěi" "让 ràng" "叫 jiào"

(1) Complete the following sentences

① 一幅画如果_____看中了就可以高价卖出去。(Hint: an artist)
Yì fú huà rúguǒ _____ kànzhòngle jiù kěyǐ gāojià mài chuqu.

② 没有版权的古典油画可以_____的。(Hint: to copy)
Méiyǒu bǎnquán de gǔdiǎn yóuhuà kěyǐ _____ de.

③ 我新买的手机在地铁_____了。(Hint: to be stolen)
Wǒ xīn mǎi de shǒujī zài dìtiě _____ le.

④ 我计划好的周末活动_____了。(Hint: to be messed up by roommate)
Wǒ jìhuà hǎo de zhōumò huódòng _____ le.

⑤ 你听听，杭州_____。(Hint: to be described as a paradise on earth by Chinese)
Nǐ tīngting, Hángzhōu _____.

(2) Complete the following dialogues

① A：你迟到了，怎么不先打个电话来啊，我等了好长时间了。
Nǐ chídào le, zěnme bù xiān dǎ ge diànhuà lai a, wǒ děngle hǎo cháng shíjiān le.

B：真对不起，我不是不想打电话，可是我的手机_____。
Zhēn duìbuqǐ, wǒ bú shì bù xiǎng dǎ diànhuà, kěshì wǒ de shǒujī _____.

② A：这幅画不是已经卖出去了吗？怎么还在这儿？
Zhè fú huà bú shì yǐjīng mài chuqu le ma? Zěnme hái zài zhèr?

B：原来的买主本来很有钱的，可是他的钱_____，结果现在买不起了。
Yuánlái de mǎizhǔ běnlái hěn yǒuqián de, kěshì tā de qián _____, jiéguǒ xiànzài mǎi bu qǐ le.

③ A：你想要的那幅画怎么没有买回来？
Nǐ xiǎngyào de nà fú huà zěnme méiyǒu mǎi huilai?

B：我去晚了，那幅画已经_____，不在店里了。
Wǒ qùwǎn le, nà fú huà yǐjīng _____, bú zài diàn li le.

第三十七课　大芬村
Lesson Thirty-seven　Dafen Village

④ A：诺基亚（Nokia）的手机为什么已经没有以前那么热门了？
　　　Nuòjīyà de shǒujī wèi shénme yǐjīng méiyǒu yǐqián nàme rèmén le?

　B：你听说过华为吗？诺基亚的手机现在已经_____。
　　　Nǐ tīngshuōguo Huáwéi ma? Nuòjīyà de shǒujī xiànzài yǐjīng _____.
　　　　　　　　　　　　　　　　　　　　　　　　　(Hint: to be replaced by Huawei)

⑤ A：我可以借用一下你的电脑吗？
　　　Wǒ kěyǐ jièyòng yíxià nǐ de diànnǎo ma?

　B：对不起，我的电脑_____，这两天用不了了。
　　　Duìbuqǐ, wǒ de diànnǎo _____, zhè liǎng tiān yòng bu liǎo le.
　　　　　　　　　　　　　　　　　　　　　　　(Hint: to be broken by son)

5. "以 yǐ……为主 wéi zhǔ"

(1) Complete the following sentences with this pattern

① 虽然这是一个中国饭馆，可是来这儿吃饭的中国人不多，客人多半_____。
　Suīrán zhè shì yí ge Zhōngguó fànguǎn, kěshì lái zhèr chī fàn de Zhōngguórén bù duō, kèrén duō bàn _____.

② 我这次到中国去_____，可能没时间旅游。
　Wǒ zhè cì dào Zhōngguó qù _____, kěnéng méi shíjiān lǚyóu.

③ 学生去学校应该_____，不应该一天到晚忙着喝酒跳舞。
　Xuésheng qù xuéxiào yīnggāi _____, bù yīnggāi yìtiān-dàowǎn mángzhe hē jiǔ tiào wǔ.

④ 苹果公司以_____，如果你想买电视，不必去那家公司。
　Píngguǒ gōngsī yǐ _____, rúguǒ nǐ xiǎng mǎi diànshì, búbì qù nà jiā gōngsī.

⑤ Gap的服装都非常时尚，顾客也_____，六十岁以上的老人多半不在Gap买衣服。
　Gap de fúzhuāng dōu fēicháng shíshàng, gùkè yě _____, liùshí suì yǐshàng de lǎorén duōbàn bú zài Gap mǎi yīfu.

(2) Indicate what kind of work the following professionals will do by using this pattern

① 高中的数学教师_____。
　Gāozhōng de shùxué jiàoshī _____.

② 饭馆的服务员_____。
　Fànguǎn de fúwùyuán _____.

③ 公寓的保安_____。
　Gōngyù de bǎo'ān _____.

④ 空乘人员（flight attendant）_____。
　　Kōngchéng rényuán _____.

⑤ 导游_____。
　　Dǎoyóu _____.

6. "A 和 hé/与 yǔ B 挂钩 guà gōu/对接 duìjiē"

　　Complete the following sentences with this pattern

① 理论必须_____挂钩，要不然也只是抽象的东西。
　　Lǐlùn bìxū _____ guà gōu, yàobùrán yě zhǐshì chōuxiàng de dōngxi.

② 香港是一个_____与_____对接的城市，既有中国的传统，也有西方的文明。
　　Xiānggǎng shì yí ge _____ yǔ _____ duìjiē de chéngshì, jì yǒu Zhōngguó de chuántǒng, yě yǒu Xīfāng de wénmíng.

③ 大学里的课本知识必须与_____挂钩，因此大学现在非常鼓励学生参加实习工作。
　　Dàxué li de kèběn zhīshi bìxū yǔ _____ guà gōu, yīncǐ dàxué xiànzài fēicháng gǔlì xuésheng cānjiā shíxí gōngzuò.

④ 如果产品设计与_____挂钩，就不必担心没有顾客来买这些产品。
　　Rúguǒ chǎnpǐn shèjì yǔ _____ guà gōu, jiù búbì dān xīn méiyǒu gùkè lái mǎi zhèxiē chǎnpǐn.

第三十七课　大芬村
Lesson Thirty-seven　Dafen Village

Listening Comprehension

1. Listen to the conversation between the two artists, then answer the questions:

   (1) How does Mr. Ma feel about Zhu's moving to Shenzhen to work?
      A. He thinks it's a good opportunity for Mr. Zhu.
      B. He wonders if it's the best use of his talent.
      C. He thinks that Mr. Zhu would do better to stay in Beijing.

   (2) Which of the following statements is NOT correct?
      A. Mr. Ma is an artist who paints original paintings.
      B. Mr. Zhu will work for his friend in Shenzhen copying art works.
      C. Mr. Zhu worries that he won't earn enough income working in Shenzhen.

2. Wang Zijie is a young artist, Nicolas is a French art dealer. Listen to their conversation, then answer the questions

   (1) Why did Nicolas pay a visit to Wang Zijie?
      A. To compliment Wang on his work and to ask if he'd be interested in producing it in quantity.
      B. To compliment Wang on his work and to offer him a job in his company.
      C. To compliment Wang on his work and to negotiate a price for one of his paintings.

   (2) Which of the following statements is correct?
      A. Wang Zijie believes that a work of art should be unique.
      B. Nicolas can't understand Wang's views on the uniqueness of a work of art.
      C. Nicolas wants Wang to make a decision about his request right away.

   (3) When do they plan to meet again?
      A. 10:00 a.m. the next day
      B. 10:00 a.m. next Tuesday

Communication Activities

Pair Work

Scenario I: After you read this lesson, introduce 大芬村 to each other. Mention its location, changes that have taken place in recent years, special characteristics, likely future developments, and so on.

Scenario II: Tell your partner about places like 大芬村, such as the 798 District in Beijing, or SOHO in New York.

Group Work

1. Explain how art is important in your life, and describe your involvement in the art world—the sort of art you appreciate and might buy. If you buy, are you willing to spend fairly large amounts? Why?

……………………………………………………………………………………………………
……………………………………………………………………………………………………
……………………………………………………………………………………………………

2. You learn from this lesson that "大芬村 Dàfēn Cūn" has become successful by manufacturing and selling copies of paintings. Do you think it should change its model, and start creating art instead of just copying it? Why, or why not?

……………………………………………………………………………………………………
……………………………………………………………………………………………………
……………………………………………………………………………………………………

第三十七课　大芬村
Lesson Thirty-seven　Dafen Village

Review Exercises

I. Match the verbs in the left-hand list with the nouns in the right-hand list

1. 参观　　　　　　A. 画室
2. 发生　　　　　　B. 古典油画
3. 开　　　　　　　C. 规模
4. 仿制　　　　　　D. 商品油画
5. 形成　　　　　　E. 奇迹
6. 生产　　　　　　F. 艺术博物馆

II. Fill in the blanks with the words listed

相当于 xiāngdāng yú	作品 zuòpǐn	实际 shíjì	画工 huàgōng	理想 lǐxiǎng	画廊 huàláng	创作 chuàngzuò
艺术 yìshù	接轨 jiēguǐ					

　　李强是个学_____的大学生。他的_____是去法国继续学习艺术，希望有一天能有自己的_____，在里头展览自己的油画_____，如果有人愿意出高价买下他的作品，那就更好了。但是理想必须与现实_____，他的想法太简单也太不_____了。他发现一张油画_____的时间很长，但是实际上，卖出去一张作品的价钱才_____三个星期的饭钱，这哪儿够生活啊！他虽然有画画的才能，但是还是不能和梵高比。最后他决定回国，去大芬村做一个熟练的_____。

III. Complete the following dialogues

父亲：儿子，你怎么不在法国发展了？难道你_____吗？

儿子：爸爸，我还是热爱艺术的，但是只喜欢艺术还是不够的，我不能把_____
　　　当成_____一样。我想去大芬村当一个画工。

父亲：你很有画画的天赋(a talent for painting)，如果只当个画工，是不是有点可惜了？

儿子：我不觉得。做个画工也必须有才能，他得能画出风格多样的欧洲传统油画。

父亲：大芬村的油画村以_____为主，他们画的多半不是原创作品，这怎么能算是真正的艺术作品呢？

167

儿子：爸爸，这您就不懂了。仿制作品也需要艺术才能，这些仿制品在欧洲很畅销，能赚不少钱。理想总得和＿＿＿＿＿＿＿＿挂钩，等我将来赚够了钱，还是可以发展我的油画创作的。

父亲：在艺术方面，你懂的比我多。只要你高兴，能有工作，怎么做都行吧。

IV. Complete the following tasks in Chinese

1.You're visiting Shenzhen, but you notice that "大芬村 Dàfēn Cūn" isn't on the itinerary. Ask your host politely, if there's any way to include it—explain what you know of it, why you think it's worth a visit, and how much time you'd want there.

2.You've bought a copy of Van Gogh's "*Sunflowers*" and you're presenting it to your friend back home. Explain where you got it, and why it's rather special.

3.You have a friend back home who's an artist. (S)he's looking for opportunities to start an art business in China. Suggest some possibilities, based on your knowledge of "大芬村 Dàfēn Cūn".

Lesson Thirty-seven Dafen Village

Culture Notes

1. The Shenzhen Special Economic Zone

Shenzhen is a city across the Shenzhen River from Hong Kong. 30 years ago, it was a fishermen's village with 30,000 residents, a depressed area behind the border town. Today, Shenzhen is one of the five largest cities in China, with a population of about 11 million. Shenzhen's GDP is second only to that of Shanghai, Beijing, and Guangzhou.

In early 1978, on the eve of the period of reform and opening up, top Chinese government leader, Deng Xiaoping with the Vice Premier and 13 government ministers visited over 50 countries, including Europe, and Japan and other parts of Asia. On these visits, Deng was deeply impressed by the level of development and the use of technology. When he returned, Deng Xiaoping put forward the idea at the Central Committee that "some areas should get rich before others". He drew a circle round the small fishing village of Shenzhen to establish the first Special Economic Zone (SEZ). It was a major decision, and a breakthrough in opening China to the world. In July of 1979, the State Council decided to establish four pilot SEZs to create production and export bases near Hong Kong, Macau and Taiwan. These were in Shenzhen, Zhuhai, Shantou and Xiamen.

In 1983, the gross value of Shenzhen's industrial output was 12 times what it had been in 1978, the year before it became the Shenzhen SEZ. Shenzhen has attracted in excess of $20 billion of foreign investment. Merchants from 67 countries and regions have invested in more than 14000 foreign-funded enterprises in the city. 78 of the world's top 500 companies have offices in Shenzhen. Beginning as nothing more than a small backwater across the border from Hong Kong, it has emerged at "Shenzhen speed" as a modern city with international influence.

Over the past 30 years, Shenzhen has been first to issue stock and first to try land sales in China. It began market-price reform, and started the first joint-stock enterprise, and it took the lead in "breaking the iron rice bowl", that is, giving up the practice of having the government assign jobs and guarantee an income, giving people the freedom to choose their own jobs. Shenzhen's economic reforms provided a model for the rest of China.

On August 26, 1980, the National Political Consultation Committee, after a year of discussion and the adoption of 13 amendments, declared that the "Ordinance for Establishing a Special Economic Zone in Guangdong Province" had been approved. As a result, August 26th became the birthday of the Shenzhen SEZ, and the day has continued to be celebrated every year since.

Top: Shenzhen in 1979
Bottom: Shenzhen in 2017

2. Dafen Village

In many ways, the history of Dafen Village reflects the development of Shenzhen itself. It began as a small village of 0.4 square kilometers on the outskirts of Shenzhen, before Shenzhen was a SEZ. Its 300 villagers relied on farming for a living. Their per capita income was less than 200 *yuan* a year.

When Shenzhen was established as a SEZ, the Chinese government implemented special measures to allow it to take advantage of the low cost of land in the area to attract Hong Kong financing and technology in order to establish transportation facilities geared towards export. The builders had a slogan, "Time is money, efficiency is life." Economic reform had a significant impact on the development of Dafen Village. In 1989, a Hong Kong art dealer named Huang Jiang came to Dafen Village bringing orders for oil paintings from Hong Kong and foreign countries. Because it was close to Hong Kong, transportation was easy and there was no need to get cross-border documents. The rent was low at that time, and it was easy for artists around China to come and work for him. Their wages were low, too.

Huang Jiang and the artist students he recruited formed a centralized, vertically integrated system which not only produced the paintings, but arranged for marketing and export—a prototype of what was to become the Dafen Village business model. Art dealers, artists and artisan-painters have flocked to Dafen Village seeking their fortunes. It is now home to more than 8000 artists and artisans, and more than 1200 art galleries and studios, plus a floating population of more than 10000, who copy popular paintings for sale to the whole world.

After only ten years, Dafen Village produced 60% of oil paintings for the world market. Dafen Village now has an annual production of over a million paintings, worth 30 million *yuan* in exports, earning it the title of "China's No.1 Oil Painting Village".

Visit Dafen Village official website at http://www.cndafen.com.

Lesson Thirty-eight   Panjiayuan

第三十八课   潘家园

Dì-sānshíbā Kè   Pānjiāyuán

In this lesson you will learn how to do the following

- Find out the location of antique markets
- Make arrangements with a Chinese friend to visit a souvenir/antique/art market
- Learn about bargaining at places like art markets
- Talk about Chinese art objects

Grammar

- The phrase "具有 jùyǒu…… 特色 tèsè" (possess…special qualities, be characteristic of)
- The verb "当 dāng" (to take on the role of, to serve as, to act as)
- Conjoining clauses with "不光 bùguāng……，也 yě……" (not only…, but also…)
- "……之类的 zhīlèi de" (things like, and such, and so forth, etc.)
- The adverb "反正 fǎnzheng" (in any case, anyway, anyhow, regardless)
- Conjunction "不然 bùrán" (or else, otherwise)

Culture Notes

- The top ten antique markets in China
- Suggestions on what to do when you visit Panjiayuan Antique Market

真实生活汉语 4
Chinese for Living in China

Dialogue

A: 比尔
Bǐ'ěr
Bill

B: 吴老师
Wú lǎoshī
A teacher from Tsinghua University

C: 摊贩
tānfàn
stall vendor

　　海内外的游客到北京一定要做的四件事是：登长城，进故宫，吃北京烤鸭，逛潘家园。潘家园怎么会跟历史悠久的长城和故宫、最具有北京特色[G1]的烤鸭一样有名呢？因为潘家园在中国经济改革的大潮中，从90年代的一个跳蚤市场发展成了中国最大的古玩市场，占地五万平方米，有三千多个摊位。全国二十四个省市自治区的商人都来这里设摊。星期六、星期日地摊开放的时候，每天都有五六万人来这里逛。不仅有中国人，也有外国人。

　　比尔教授夏天带学生到北京清华大学办暑期班。他对古董很有兴趣，非常想去潘家园看看。清华大学的吴老师自愿当[1, G2]向导，星期六和他一起去逛潘家园。

　　Hǎinèiwài de yóukè dào Běijīng yídìng yào zuò de sì jiàn shì shì: dēng Chángchéng, jìn Gùgōng, chī Běijīng Kǎoyā, guàng Pānjiāyuán. Pānjiāyuán zěnme huì gēn lìshǐ yōujiǔ de Chángchéng hé Gùgōng、zuì jùyǒu Běijīng tèsè[G1] de kǎoyā yíyàng yǒumíng ne? Yīnwèi Pānjiāyuán zài Zhōngguó jīngjì gǎigé de dàcháo zhōng, cóng jiǔshí niándài de yí ge tiàozao shìchǎng fāzhǎn chéngle Zhōngguó zuìdà de gǔwán shìchǎng, zhàndì wǔwàn píngfāngmǐ, yǒu sānqiān duō ge tānwèi. Quánguó èrshísì ge shěng-shì-zìzhìqū de shāngrén dōu lái zhèli shè tān. Xīngqīliù、xīngqīrì dìtān kāifàng de shíhou, měitiān dōu yǒu wǔ-liùwàn rén lái zhèli guàng. Bùjǐn yǒu Zhōngguórén, yě yǒu wàiguórén.

　　Bǐ'ěr jiàoshòu xiàtiān dài xuésheng dào Běijīng Qīnghuá Dàxué bàn shǔqībān. Tā duì gǔdǒng hěn yǒu xìngqù, fēicháng xiǎng qù Pānjiāyuán kànkan. Qīnghuá Dàxué de Wú lǎoshī zìyuàn dāng[1, G2] xiàngdǎo, xīngqīliù hé tā yìqǐ qù guàng Pānjiāyuán.

A: 潘家园离这儿远不远？
　　Pānjiāyuán lí zhèr yuǎn bu yuǎn?

B: 不太近。在东三环南路，潘家园桥那儿。我们最好打的去。
　　Bú tài jìn. Zài DōngSānhuán Nánlù, Pānjiāyuán Qiáo nàr. Wǒmen zuìhǎo dǎ dī qù.

A: 在北京的外国人都喜欢那个地方，他们叫那儿"The Mud Market"。那儿是不是卖外国人喜欢的纪念品？
　　Zài Běijīng de wàiguórén dōu xǐhuan nà ge dìfang, tāmen jiào nàr "The Mud Market". Nàr shì bu shì mài wàiguórén xǐhuan de jìniànpǐn?

Notes

1. "当 dāng" (with level tone) means "to take on the role of, to act as", as in "当班长 dāng bānzhǎng" (to be a class monitor), for emample.

第三十八课　潘家园
Lesson Thirty-eight　Panjiayuan

B：不光卖纪念品，也卖古典家具、古书字画、中外钱币、陶瓷、玉器之类的[G3、G4]。因为那里以卖古玩收藏品为主，就像个民间博物馆，所以吸引了很多人。克林顿当美国总统时，还特地和他太太希拉里去逛过潘家园。
Bùguāng mài jìniànpǐn, yě mài gǔdiǎn jiājù, gǔshū zìhuà, zhōngwài qiánbì, táocí, yùqì zhīlèi de[G3、G4]. Yīnwèi nàli yǐ mài gǔwán shōucángpǐn wéi zhǔ, jiù xiàng ge mínjiān bówùguǎn, suǒyǐ xīyǐnle hěn duō rén. Kèlíndùn dāng Měiguó zǒngtǒng shí, hái tèdì hé tā tàitai Xīlālǐqù guàngguo Pānjiāyuán.

A：是吗？那儿的古董都是真的吗？
Shì ma? Nàr de gǔdǒng dōu shì zhēn de ma?

B：大部分可能还没有我的岁数大。以前真品比较多，现在很多是仿制品。所以你买的时候要小心，不要当是古董买，只当成[2]是艺术品买。
Dà bùfen kěnéng hái méiyǒu wǒ de suìshù dà. Yǐqián zhēnpǐn bǐjiào duō, xiànzài hěn duō shì fǎngzhìpǐn. Suǒyǐ nǐ mǎi de shíhou yào xiǎoxīn, búyào dàng shì gǔdǒng mǎi, zhǐ dàngchéng[2] shì yìshùpǐn mǎi.

A：那为什么不叫艺术品或纪念品？
Nà wèi shénme bú jiào yìshùpǐn huò jìniànpǐn?

B：因为看起来都是旧的东西，所以也叫"旧货市场"。在那儿也能找到真的古董，但得是行家才能鉴别出什么是真品，什么是仿制品。有很多人到潘家园来"淘宝"，因为有些卖古董的人自己也不懂，可能会把真古董很便宜地卖掉。如果你懂行，运气好，有时真能淘到价值千金的宝贝。
Yīnwèi kàn qilai dōu shì jiù de dōngxi, suǒyǐ yě jiào "jiùhuò shìchǎng". Zài nàr yě néng zhǎodào zhēn de gǔdǒng, dàn děi shì hángjia cái néng jiànbié chū shénme shì zhēnpǐn, shénme shì fǎngzhìpǐn. Yǒu hěn duō rén dào Pānjiāyuán lái "táo bǎo", yīnwèi yǒuxiē mài gǔdǒng de rén zìjǐ yě bù dǒng, kěnéng huì bǎ zhēn gǔdǒng hěn piányi de màidiào. Rúguǒ nǐ dǒngháng, yùnqi hǎo, yǒushí zhēn néng táodào jiàzhí qiānjīn de bǎobèi.

A：希望我们今天运气好。
Xīwàng wǒmen jīntiān yùnqi hǎo.

（在潘家园　Zài Pānjiāyuán）

A：这儿太大了，人山人海。我怎么找自己喜欢的东西？
Zhèr tài dà le, rénshān-rénhǎi. Wǒ zěnme zhǎo zìjǐ xǐhuan de dōngxi?

---

2. For "当 dàng" (falling tone) and "当成 dàngchéng", recall L37 (G3). This lesson introduces "当 dāng" on level tone, cf. G2 above.

B：这周围古色古香的店铺卖的东西都比较贵，因为他们要付店租。中间有四个棚区：古典家具区、字画区、工艺品区和古玩区，也就是那片地摊区的东西比较便宜。
Zhè zhōuwéi gǔsè-gǔxiāng de diànpù mài de dōngxi dōu bǐjiào guì, yīnwèi tāmen yào fù diànzū. Zhōngjiān yǒu sì ge péngqū: gǔdiǎn jiājùqū、zìhuàqū、gōngyìpǐnqū hé gǔwán qū. yě jiùshì nèi piàn dìtānqū dōngxi bǐjiào piányi.

A：家具区就不用看了，反正[G5]带不走。工艺品区有什么？
Jiājùqū jiù búyòng kàn le, fǎnzheng[G5] dài bu zǒu. Gōngyìpǐnqū yǒu shénme?

B：工艺品很多是新东西，但大部分具有地区特色，比如北京的景泰蓝、云南的蜡染、江西的瓷器、西藏的佛教宝物、山东的皮影、陕西的青铜器。这些东西在工艺品店也能买到，不过，这里的比较便宜。
Gōngyìpǐn hěn duō shì xīn dōngxi, dàn dà bùfen jùyǒu dìqū tèsè, bǐrú Běijīng de jǐngtàilán, Yúnnán de làrǎn、Jiāngxī de cíqì、Xīzàng de Fójiào bǎowù、Shāndōng de píyǐng、Shǎnxī de qīngtóngqì. Zhèxiē dōngxi zài gōngyìpǐndiàn yě néng mǎidào, búguò, zhèli de bǐjiào piányi.

A：我对小件古玩比较有兴趣，我们先去地摊区转转，回来再看看画。
Wǒ duì xiǎojiàn gǔwán bǐjiào yǒu xìngqù, wǒmen xiān qù dìtānqū zhuànzhuan, huílai zài kànkan huà.

（比尔拿着一个玉雕看了又看，然后问摊贩）
Bǐ'ěr názhe yí ge yùdiāo kànle yòu kàn, ránhòu wèn tānfàn

A：请问，这个多少钱？
Qǐngwèn, zhège duōshao qián?

C：八百。
Bābǎi.

A：两百怎么样？
Liǎngbǎi zěnmeyàng?

C：嘿，这老外还挺会讲价！这个是清朝的玉雕，你眼力不错，最少卖七百。
Hēi, zhè lǎowài hái tǐng huì jiǎng jià! Zhège shì Qīngcháo de yùdiāo, nǐ yǎnlì búcuò, zuìshǎo mài qībǎi.

A：这个是清朝的，那我就是明朝的！三百，多了我就不要了。
Zhège shì Qīngcháo de, nà wǒ jiù shì Míngcháo de! Sānbǎi, duōle wǒ jiù búyào le.

第三十八课 潘家园
Lesson Thirty-eight   Panjiayuan

C: 四百给你吧。我今天还没有开张呢，不然^{G6}我不会这么便宜卖掉。
Sìbǎi gěi nǐ ba. Wǒ jīntiān hái méiyǒu kāi zhāng ne, bùrán^{G6} wǒ bú huì zhème piányi màidiào.

A: 好。我买了。
Hǎo. Wǒ mǎi le.

A: 吴老师，你看我买的这个玉雕怎么样？他要八百，我讲到四百，才半价。
Wú lǎoshī, nǐ kàn wǒ mǎi de zhège yùdiāo zěnmeyàng? Tā yào bābǎi, wǒ jiǎngdào sìbǎi, cái bànjià.

B: 这是真的玉吗？别是塑料做的。你知道现在的工艺可以把塑料做得跟玉一样。
Zhè shì zhēn de yù ma? Bié shì sùliào zuò de. Nǐ zhīdào xiànzài de gōngyì kěyǐ bǎ sùliào zuò de gēn yù yíyàng.

A: 这个肯定是玉，拿在手上很重。我在那边的鉴定室花十块钱鉴定过了。
Zhège kěndìng shì yù, ná zài shǒu shang hěn zhòng. Wǒ zài nàbian de jiàndìngshì huā shí kuài qián jiàndìngguo le.

B: 你可真淘到宝了。我们逛了三个小时，该回去了。
Nǐ kě zhēn táodào bǎo le. Wǒmen guàngle sān ge xiǎoshí, gāi huíqu le.

A: 这儿好玩儿极了，东西也便宜得很。我们下星期六再来吧。
Zhèr hǎowánr jí le, dōngxi yě piányi de hěn. Wǒmen xià xīngqīliù zài lái ba.

New Words

1	海内外	hǎinèiwài	Phr	all over the world (inside and outside the country)
2	烤鸭/烤鴨	kǎoyā	N	roast duck
3	逛	guàng	V	to stroll, to ramble, to roam
4	潘家园/潘家園	Pānjiāyuán	PropN	Panjiayuan (a place in Beijing, known for its large market selling antiques and curios)
5	悠久	yōujiǔ	Adj	long (in time), long ago, age-old

真实生活汉语
Chinese for Living in China 4

6	具有	jùyǒu	V	to have, to possess (abstract things)
7	经济/經濟	jīngjì	N / Adj	economy, financial condition (of family, country, etc.); economical, thrify
8	大潮	dàcháo	N	big tide, spring tide
9	年代	niándài	N	age, era, decade of a century (as in "八十年代 bāshí niándài", the eighties)
10	跳蚤市场/跳蚤市場	tiàozao shìchǎng	N	flea market
	跳蚤	tiàozao	N	flea
11	摊位/攤位	tānwèi	N	stall, stand (e.g. selling food items)
12	古玩	gǔwán	N	curio, antique
13	全国/全國	quánguó	N / Attr	the whole country; nationwide, national
14	省市	shěngshì	N	provinces and cities
15	设/設	shè	V	to establish, to set up
16	摊/攤	tān	V / N	to spread out, to unfold; stall, booth
17	地摊/地攤	dìtān	N	vendor's stall with goods for sale spread on mats, roadside stand
18	清华大学/清華大學	Qīnghuá Dàxué	PropN	Tsinghua University (established in 1911 in Beijing)
19	暑期班	shǔqībān	N	summer class, summer school
20	古董	gǔdǒng	N	antique, curio
21	自愿/自願	zìyuàn	V	to volunteer, of one's own free will
22	向导/嚮導	xiàngdǎo	V / N	to guide, to lead, to act as a guide; a guide
23	桥/橋	qiáo	N	bridge
24	纪念品/紀念品	jìniànpǐn	N	souvenir, memento
	纪念/紀念	jìniàn	V	to commemorate, to remember
25	不光	bùguāng	Adv / Conj	not the only one; not only
26	古书/古書	gǔshū	N	ancient book, antique book
27	字画/字畫	zìhuà	N	calligraphy and drawing
28	钱币/錢幣	qiánbì	N	money (usually refers to coins)

第三十八课 潘家园
Lesson Thirty-eight Panjiayuan

29	陶瓷	táocí	N	ceramics
30	玉器	yùqì	N	jadeware
31	之类/之類	zhīlèi	Suf	things like, and the like, and so on
32	收藏品	shōucángpǐn	N	collector's items, holdings (items in a collection, e.g. in a museum)
33	民间/民間	mínjiān	N	folk, popular, non-governmental (trade, etc.); among the people
34	吸引	xīyǐn	V	to attract, to draw
35	克林顿/克林頓	Kèlíndùn	PropN	Clinton
36	总统/總統	zǒngtǒng	N	the president, chief of state (of a republic)
37	希拉里	Xīlālǐ	PropN	Hillary = Hillary Clinton
38	真品	zhēnpǐn	N	the original, the real one
39	小心	xiǎoxīn	V	to be careful, to be cautious, to watch out
40	艺术品/藝術品	yìshùpǐn	N	art object, work of art
41	行家	hángjia	N	expert, connoisseur
42	鉴别/鑑别	jiànbié	V	to identify, to distinguish
43	淘	táo	V	to wash or rinse (in a basket or pan), to dredge
44	宝(贝)/寶(貝)	bǎo(bèi)	N	treasure, treasured object
45	懂行	dǒngháng	Adj	know the business, know the ropes, be expert
46	运气/運氣	yùnqi	N / Adj	fate, destiny; good luck, good fortune
47	千金	qiānjīn	N	a thousand gold pieces, great deal of money
48	人山人海	rénshān-rénhǎi	Phr	"mountains and seas of people", i.e. a huge crowd of people
49	古色古香	gǔsè-gǔxiāng	Adj	having an old-fashioned, antique flavor
50	店铺/店鋪	diànpù	N	shop, store
51	店租	diànzū	N	shop rent
52	棚	péng	N	shed, awning, canopy (of bamboo, reed mats, etc.) (cf. "棚区 péngqū" shed area)

#	汉字	Pinyin	POS	English
53	工艺品/工藝品	gōngyìpǐn	N	handicraft article
54	反正	fǎnzheng	Adv	in any case, anyhow
55	景泰蓝/景泰藍	jǐngtàilán	N	cloisonne
56	蜡染/蠟染	làrǎn	N	wax printing, batik
57	瓷器	cíqì	N	porcelain, chinaware
58	西藏	Xīzàng	PropN	Tibet
59	佛教	Fójiào	PropN	Buddhism
60	信物	xìnwù	N	keepsake, token (of trust)
61	山东(省)/山東(省)	Shāndōng(shěng)	PropN	Shandong (province)
62	皮影	píyǐng	N	shadow puppet
63	青铜器/青銅器	qīngtóngqì	N	bronze ware, bronze vessel
64	小件	xiǎojiàn	N	small items
65	玉雕	yùdiāo	N	jade carving (as an art form)
66	嘿	hēi	Intj	hey, hi (or similar expression, used as a greeting or to get sb.'s attention; or to indicate satisfaction or surprise, wonder, etc.)
67	老外	lǎowài	N	foreigner, outsider
68	挺	tǐng	Adv / Adj	very, quite; straight
69	清朝	Qīngcháo	PropN	the Qing Dynasty (1616–1911)
70	眼力	yǎnlì	N	power of discrimination, taste, judgment; eyesight
71	明朝	Míngcháo	PropN	the Ming Dynasty (1368–1644)
72	开张/開張	kāi zhāng	VO	to start, to do the first transaction of the day, to open a business
73	塑料	sùliào	N	plastic(s)
74	工艺/工藝	gōngyì	N	technology, craft
75	重	zhòng	Adj	heavy, considerable (in amount or value)
76	鉴定/鑑定	jiàndìng	V / N	identify, appraise; evaluation (in judging a person's good and bad points) ("鉴定室 jiàndìngshì" appraisal office)

第三十八课 潘家园
Lesson Thirty-eight   Panjiayuan

| 77 | 好玩儿 | hǎowánr | Adj | interesting, amusing, fun |
| 78 | 得很 | de hěn | Suf | very, awfully |

Re-enacting the Dialogue

The four things that travelers who visit Beijing from outside or within the country absolutely need to do are: climb the Great Wall, visit the Forbidden City, eat Peking Duck, and stroll around Panjiayuan. How can Panjiayuan be as famous as the Great Wall and the Forbidden City, which are so replete with history, or as famous as the most distinctive Beijing specialty, Peking Duck? It's because Panjiayuan has evolved from just a flea market in the 90s into China's largest antique market stalls area, with an area of 50000 square meters and over 3000 stalls. Traders from 24 provinces and cities throughout the country set up stands here. On Saturdays and Sundays, when the market stalls area is open, fifty or sixty thousand people come here to stroll around. There are people from China and people from abroad.

In the summer, Professor Bill brings students to Tsinghua University in Beijing for a summer program. He's interested in antiques, and wants very much to go to Panjiayuan and take a look at it. Professor Wu from Tsinghua university has volunteered to be the guide on Saturday to stroll around Panjiayuan with him.

A: Is Panjiayuan far from here?

B: It's not that close. It's by the S. 3rd Ring Road, East, at Panjiayuan Bridge. It's best we go by taxi.

A: Foreigners in Beijing like that place a lot, they call it "The Mud Market". Is that where they sell those souvenirs that foreigners like so much?

B: They not only sell souvenirs, but also sell all sorts of things like antique furniture, antique books and calligraphy and painting, Chinese and foreign coins, china, and jade, etc. Because they primarily sell antiques and collector's items, it's like a folk museum and draws a lot of people. When Clinton visited China as president, he took a special trip with Hilary, his wife, to see Panjiayuan.

A: Really? Are the antiques there genuine?

B: Most of them probably aren't as old as I am. There used to be more genuine antiques, but now many of them are imitations. So be careful when you buy, don't think of it as buying antiques, think of it as buying works of art.

A: So why not just call them works of art, or souvenirs?

B: Because they look old, it's also called the antique market. You can also find real antiques there, but you need to be a connoisseur to appreciate the difference between a genuine antique and an imitation. A lot of people go to Panjiayuan to hunt for treasure, because people who sell stuff there might not know what's what, and might sell a genuine antique cheaply. If you're an expert, with luck you might really be able to dredge up a valuable antique worth thousands.

A: I hope we get lucky today.

(In Panjiayuan)

A: This place is enormous, there's a sea of people here. How do I to find something I like?

B: Things sold at all these old-looking shops round about are rather expensive, because the shops have rent that has to be paid. The four areas with stalls in the middle: the antique furniture stalls, the stalls with calligraphy paintings, handicrafts and antiques—where the goods are spread out on the ground—they're cheaper.

A: There's no point looking at the furniture stalls—there's no way we could carry it back. What's in the handicraft section?

B: A lot of the handicrafts are new, but most of them have ethnic characteristics. Beijing cloisonné, for example, or Yunnan batik, Jiangxi pottery, Tibetan Buddhist charms, Shandong shadow puppets, and Shanxi bronzes. You can buy things like these in the crafts shops, but the things here are a bit cheaper.

A: I'm more interested in small curios. Let's walk around the displays laid out on the ground first. When we come back, we can take a look at the paintings.

(Bill picks up a jade carving and looks it over, then he asks the vendor)

A: How much is this please?

C: 800 *yuan*.

A: How about 200?

C: Hey, this foreign friend knows how to bargain! It's a Qing Dynasty jade carving. You've got a good eye. My lowest price is 700.

A: Well, if it's from the Qing Dynasty then I'm from the Ming Dynasty! 300, I won't take it if it's more.

C: I'll give it to you for 400. I haven't had a sale today, otherwise I wouldn't sell it so cheaply.

A: Okay, I'll take it.

A: Mr Wu, what do you think of this jade carving I've bought? He wanted 800 *yuan*, I bargained him down to 400—half price.

B: Is it real jade? It might be made of plastic. You know with crafts nowadays, they can make plastic look just like jade.

A: I'm certain this is jade, it feels quite heavy when you hold it. I spent ten *yuan* to have it appraised at the appraisal office over there.

B: You really know how to find treasures! Well, we've been wondering around for three hours, we should head home.

A: This has been a lot of fun, and things are really cheap! Let's come again next Saturday.

第三十八课　潘家园
Lesson Thirty-eight　Panjiayuan

Grammar

▶ G1. The phrase "具有 jùyǒu……特色 tèsè" (possess…special qualities, be characteristic of)

"具有 jùyǒu" or just "具 jù" is a formal version of "有 yǒu" in its meaning of "to possess". In the examples below, it combines with "特色 tèsè" (distinctive style):

① 潘家园跟最具北京特色的烤鸭一样有名。
　 Pānjiāyuán gēn zuì jù Běijīng tèsè de kǎoyā yíyàng yǒumíng.
　 Panjiayuan is as well-known as that distinctive Beijing specialty, Peking Duck.

② 工艺品很多是新东西，但大部分具有民族特色。
　 Gōngyìpǐn hěn duō shì xīn dōngxi, dàn dà bùfen jùyǒu mínzú tèsè.
　 A lot of the handicrafts are new, but most of them have ethnic characteristics.

③ 那家饭馆的菜不具任何特色!
　 Nèi jiā fànguǎn de cài bú jù rènhé tèsè!
　 The food at this restaurant doesn't possess any special qualities.

▶ G2. The verb "当 dāng" (to take on the role of, to serve as, to act as)

When used as a verb, the character "当 dāng" represents two words, related in meaning, but differing in tone. One was introduced in the previous lesson (L37): "当 dàng"(with falling tone), means "to regard as, to treat as" (e.g. 不要当是古董买，只当成是艺术品买 bú yào dàng shì gǔdǒng mǎi, zhǐ dàngchéng shì yìshùpǐn mǎi). The other is introduced in this lesson: "当 dāng" (with level tone), means "to take on the role of, to act as, to be [a guide, a leader, etc.]".

The following sentences, which include one of the examples in this lesson's dialogue, illustrate the usage of level-toned "当 dāng":

① 吴老师自愿当向导。
　 Wú lǎoshī zìyuàn dāng xiàngdǎo.
　 Miss Wu has volunteered to be the guide.

② 克林顿当美国总统时还去逛过潘家园。
　 Kèlíndùn dāng Měiguó zǒngtǒng shí hái qù guàngguo Pānjiāyuán.
　 When Clinton visited China as president, he took a trip to Panjiayuan.

③ 父母希望他当医生，他自己想当个翻译。
　 Fùmǔ xīwàng tā dāng yīshēng, tā zìjǐ xiǎng dāng ge fānyì.
　 His parents want him to be a doctor, but he wants to become an interpretor.

④ 我来北京快十年了，我可以免费当你们的导游。
　 Wǒ lái Běijīng kuài shínián le, wǒ kěyǐ miǎnfèi dāng nǐmen de dǎoyóu.
　 I have been here for almost ten years, I can be your tour guide free of charge.

▶ **G3. Conjoining clauses with "不光 bùguāng……, 也 yě……" (not only…, but also…)**

"不光 bùguāng" can be used as an adverb, with the sense of "not alone", in expressions such as "不光一个人 bùguāng yí ge rén" (not just on his own):

① 想去潘家园的不光是我一个人。
　　Xiǎng qù Pānjiāyuán de bùguāng shì wǒ yíge rén.
　　It's not just me who wants to go see Panjiayuan.

② 今天上课迟到的不光是小王。
　　Jīntiān shàng kè chídào de bùguāng shì Xiǎo Wáng.
　　It's not just Xiao Wang who comes late for class.

In the dialogue, however, "不光 bùguāng" is paired with "也 yě" and functions as a conjunction. As such, it represents a more colloquial version of "不仅 bùjǐn……, 也 yě……" or "不只 bù zhǐ……, 也 yě……" (not only…, but also…). "还 hái" may substitute for "也 yě", as in the third and fourth examples in this set.

① 那家店不光卖纪念品，也卖古典家具。
　　Nà jiā diàn bùguāng mài jìniànpǐn, yě mài gǔdiǎn jiājù.
　　That shop not only sells souvenirs, it also sells antique furniture.

② 大芬村不光卖仿制的画，也卖真画。
　　Dàfēn Cūn bùguāng mài fǎngzhì de huà, yě mài zhēnhuà.
　　Dafen Village sells original paintings as well as copies.

③ 来中国不光要学中文，还要学中国文化。
　　Lái Zhōngguó bùguāng yào xué Zhōngwén, hái yào xué Zhōngguó wénhuà.
　　We come to China to learn about Chinese culture as well as study Chinese.

④ 他不光在学校教书，自己还做生意。
　　Tā bùguāng zài xuéxiào jiāo shū, zìjǐ hái zuò shēngyì.
　　He not only teaches in school, he's in business as well.

▶ **G4. "……之类的 zhīlèi de" (thing like, and such, and so forth, etc.)**

"之类的 zhīlèi de" indicates that the preceding list is illustrative, but not necessarily complete. "之类 zhīlèi" consists of "类 lèi" (kind, class, category) preceded by the particle "之 zhī", which has a limited distribution in the modern language, but which in classical Chinese, overlaps with modern "的 de".

① 那家店卖古典家具、古书字画、中外钱币、陶瓷、玉器之类的。
　　Nà jiā diàn mài gǔdiǎn jiājù, gǔshū zìhuà, zhōngwài qiánbì, táocí, yùqì zhīlèi de.
　　That shop sells things like antique furniture, antique books and calligraphy and painting, Chinese and foreign coins, china and jadeware.

② 我只教书，学生宿舍及旅游之类的事王老师负责。
　　Wǒ zhǐ jiāo shū, xuésheng sùshè jí lǚyóu zhīlèi de shì Wáng lǎoshī fùzé.
　　I only teach. Things related to student dormitories and travel are Miss Wang's responsibility.

③ 出广告、定价钱、销售之类的事我都不管，我只管生产。
Chū guǎnggào、dìng jiàqián、xiāoshòu zhīlèi de shì wǒ dōu bù guǎn, wǒ zhǐ guǎn shēngchǎn.
I'm not involved with things like advertising, pricing, and sales. I only deal with production.

▶ G5. The adverb "反正 fǎnzheng" (in any case, anyway, anyhow, regardless)

"反正 fǎnzheng" is composed of the opposites "反 fǎn" (back side) and "正 zhèng" (right side), to suggest "one way or the other", hence translations such as "anyway" or "anyhow". "反正 fǎnzheng" usually appears at the head of a clause.

① 家具区就不用看了，反正带不走。
Jiājùqū jiù búyòng kàn le, fǎnzheng dài bu zǒu.
There's no point looking at the furniture stalls—there's no way we could carry it back.

② 别的人来不来我不知道，反正小张、小王一定来。
Biéde rén lái bu lái wǒ bù zhīdào, fǎnzheng Xiǎo Zhāng、Xiǎo Wáng yídìng lái.
I don't know if others will be coming or not, but one way or the other, Zhang and Wang will be there.

③ 今天晚上我们一起看个功夫电影吧，反正明天不用上班。
Jīntiān wǎnshang wǒmen yìqǐ kàn ge gōngfu diànyǐng ba, fǎnzheng míngtiān búyòng shàng bān.
Let's see a Kungfu movie tonight, in any case, we don't have to go to work tomorrow.

"反正 fǎnzheng" is often paired with "不管 bùguǎn", "无论 wúlùn", or "不论 búlùn" (all: it doesn't matter how, regardless of, no matter whether) to indicate that the conclusion holds regardless of particular conditions.

① 不论/不管这儿的家具有多便宜，反正我是不会买的。
Búlùn / bùguǎn zhèr de jiājù yǒu duō piányi, fǎnzheng wǒ shì bú huì mǎi de.
It doesn't matter how inexpensive the furniture is here, I won't be buying any anyway.

② 我不喜欢看外国电影，不管谁去看，反正我不去。
Wǒ bù xǐhuan kàn wàiguó diànyǐng, bùguǎn shuí qù kàn, fǎnzheng wǒ bú qù.
I don't like foreign movies, so anyway, regardless of who's going, I won't be going.

③ 我可以帮你把这封信寄了，反正我是顺路。
Wǒ kěyǐ bāng nǐ bǎ zhè fēng xìn jì le, fǎnzheng wǒ shì shùnlù.
I can mail the letter for you, [as] I'm going that way anyway.

▶ G6. Conjunction "不然 bùrán" (or else, otherwise)

The conjunction "不然 bùrán" (or else) is a contracted form of "要不然 yàobùrán" (otherwise). It is often used at the beginning of the second clause in a sentence to indicate that the outcome might well have been different had prior conditions been met. For example:

① 我今天还没有开张呢，不然我不会这么便宜卖掉。
Wǒ jīntiān hái méiyǒu kāi zhāng ne, bùrán wǒ bú huì zhème piányi màidiào.
I haven't had a sale today, otherwise I wouldn't sell it so cheaply.

② 比尔教授还没来呢，不然我们就走了。
Bǐ'ěr jiàoshòu hái méi lái ne, bùrán wǒmen jiù zǒule.
We would have left if not for the fact that Prof. Bill hasn't come yet.

③ 没想到吴老师可以开车带我们去，不然就去不成了。
Méi xiǎngdào Wú lǎoshī kěyǐ kāi chē dài wǒmen qù, bùrán jiù qù bùchéng le.
It turned out that Miss Wu could drive us there, otherwise, we wouldn't have gone.

"不然 bùrán" can also be paired with "的话 dehuà" (cf. 如果 rúguǒ……的话 dehuà) to underscore the conditional nature of the result ("if it were not so"). The following example illustrates:

我今天还没有开张呢，不然的话我不会这么便宜卖掉。
Wǒ jīntiān hái méiyǒu kāi zhāng ne, bùrán dehuà wǒ bú huì zhème piányi màidiào.
I haven't had a sale today, otherwise I wouldn't sell it so cheaply.

Lesson Thirty-eight Panjiayuan

第三十八课 潘家园

Consolidation & Practice

1. "具有 jùyǒu…… 特色 tèsè"

    (1) Complete the following sentences with this pattern

    ① 杭州具有_____的特色。
       Hángzhōu jùyǒu _____ de tèsè.

    ② 北京烤鸭具有_____的特色。
       Běijīng Kǎoyā jùyǒu _____ de tèsè.

    ③ 长城、天坛都是具有_____的历史古迹。
       Chángchéng、Tiāntán dōu shì jùyǒu _____ de lìshǐ gǔjì.

    ④ 中国品牌的成功必须_____、不能只是模仿别人。
       Zhōngguó pǐnpái de chénggōng bìxū _____、bù néng zhǐshì mófǎng biérén.

    ⑤ 云南的蜡染具有_____的特色。
       Yúnnán de làrǎn jùyǒu _____ de tèsè.

    (2) Comment on each of the cities listed below using this pattern

    ① 上海 Shànghǎi

    ② 巴黎 Bālí

    ③ 北京 Běijīng

    ④ 京都 Jīngdū

    ⑤ 纽约 Niǔyuē

2. "当 dāng"

    (1) Answer the following questions

    ① 如果朋友去你们国家旅游，你愿意当他/她的向导吗？为什么？
       Rúguǒ péngyou qù nǐmen guójiā lǚyóu, nǐ yuànyì dāng tā/tā de xiàngdǎo ma? Wèi shénme?

    ② 如果你的朋友想去中国，你愿意当他/她的中文翻译吗？为什么？
       Rúguǒ nǐ de péngyou xiǎng qù Zhōngguó, nǐ yuànyì dāng tā/tā de Zhōngwén fānyì ma? Wèi shénme?

    ③ 小的时候，男孩子多半希望长大了做什么？
       Xiǎo de shíhou, nánháizi duōbàn xīwàng zhǎngdàle zuò shénme?

    ④ 小的时候，女孩子多半希望长大了做什么？
       Xiǎo de shíhou, nǚháizi duōbàn xīwàng zhǎngdàle zuò shénme?

真实生活汉语
Chinese for Living in China 4

⑤ 你希望自己有一天能当国家领导人吗？为什么？
　　Nǐ xīwàng zìjǐ yǒu yìtiān néng dāng guójiā lǐngdǎorén ma? Wèi shénme?

(2) Distinguish the pronunciation of "当 dāng/dàng" in the following sentences

① 克林顿在四十多岁时就当了美国的总统。
　　Kèlíndùn zài sìshí duō suì shí jiù ____ le Měiguó de zǒngtǒng.

② 别生他的气，就当他是个不懂事的孩子吧。
　　Bié shēng tā de qì, jiù ____ tā shì ge bù dǒngshì de háizi ba.

③ 假如我有一个自己的公司，我一定请你当我的秘书。
　　Jiǎrú wǒ yǒu yí ge zìjǐ de gōngsī, wǒ yídìng qǐng nǐ ____ wǒ de mìshū.

④ 他年纪比其他同学大，大家都把他当大哥。
　　Tā niánjì bǐ qítā tóngxué dà, dàjiā dōu bǎ tā ____ dàgē.

⑤ 小的时候我想当个电影明星，长大了我只想当个普通人。
　　Xiǎo de shíhou wǒ xiǎng ____ ge diànyǐng míngxīng, zhǎngdàle wǒ zhǐ xiǎng ____ ge pǔtōngrén.

3. "不光 bùguāng……，也 yě……"

(1) Complete the following sentences with this pattern

① 这种最新的手机不光能_____，也能_____。
　　Zhè zhǒng zuì xīn de shǒujī bùguāng néng _____, yě néng _____.

② 那个古玩市场不光卖_____，也卖_____。
　　Nà ge gǔwán shìchǎng bùguāng mài _____, yě mài _____.

③ 他不光会说_____，也会说_____。
　　Tā bùguāng huì shuō _____, yě huì shuō _____.

④ 做事不光为了_____，也为了_____。
　　Zuò shì bùguāng wèile _____, yě wèile _____.

⑤ 在大芬村不光买得到_____，也买得到_____。
　　Zài Dàfēn Cūn bùguāng mǎi de dào _____, yě mǎi de dào _____.

(2) Complete the following dialogues with this pattern

① A：你的新工作怎么样？喜欢吗？
　　　Nǐ de xīn gōngzuò zěnmeyàng? Xǐhuan ma?
　　B：我很喜欢这份工作，就是太忙了，每天_____。
　　　Wǒ hěn xǐhuan zhè fèn gōngzuò, jiùshì tài máng le, měitiān _____.

② A：在跳蚤市场买古玩，你得注意哪些事情？
　　　Zài tiàozao shìchǎng mǎi gǔwán, nǐ děi zhùyì nǎxiē shìqing?

186

第三十八课　潘家园
Lesson Thirty-eight　Panjiayuan

B：你_____。
　　Nǐ _____.

③ A：我想在中国的大学里教英文，除了会说英文以外，我还应该会什么？
　　Wǒ xiǎng zài Zhōngguó de dàxué li jiāo Yīngwén, chúle huì shuō Yīngwén yǐwài, wǒ hái yīnggāi huì shénme?

B：你_____。
　　Nǐ _____.

④ A：为什么那个小区的房租都那么贵？
　　Wèi shénme nàge xiǎoqū de fángzū dōu nàme guì?

B：因为住在那儿，_____。
　　Yīnwèi zhù zài nàr, _____.

⑤ A：工作那么忙，怎么维持身体健康呢？
　　Gōngzuò nàme máng, zěnme wéichí shēntǐ jiànkāng ne?

B：我看你_____。
　　Wǒ kàn nǐ _____.

4. "……之类的 zhīlèi de"

(1) Complete the following sentences with "……之类的 zhīlèi de"

① 如果你去文具店，你能买到_____之类的东西。
　　Rúguǒ nǐ qù wénjùdiàn, nǐ néng mǎidào _____ zhīlèi de dōngxi.

② 现在很多的年轻人，都有_____之类的电子用品。
　　Xiànzài hěn duō de niánqīngrén, dōu yǒu _____ zhīlèi de diànzǐ yòngpǐn.

③ _____之类的名牌在上海都有直销店。
　　_____ zhīlèi de míngpái zài Shànghǎi dōu yǒu zhíxiāodiàn.

④ 为了保护环境，_____之类的产品我都不用。
　　Wèile bǎohù huánjìng, _____ zhīlèi de chǎnpǐn wǒ dōu bú yòng.

⑤ 这孩子对_____之类的食物都过敏，不能吃。
　　Zhè háizi duì _____ zhīlèi de shíwù dōu guòmǐn, bù néng chī.

(2) Complete the following dialogues with "……之类的 zhīlèi de"

① A：你平常去超市都买些什么？
　　Nǐ píngcháng qù chāoshì dōu mǎi xiē shénme?

B：_____。

② A：周末有空的话你都做些什么？
　　Zhōumò yǒu kòng dehuà nǐ dōu zuò xiē shénme?

B：_____。

真实生活汉语 4
Chinese for Living in China

③ A：在你的老家，跳蚤市场都卖些什么东西？
　　Zài nǐ de lǎojiā, tiàozao shìchǎng dōu mài xiē shénme dōngxi?

　B：_____。

④ 学生：我大学毕业以后想去Google公司工作，您建议我选什么课？
　　Xuésheng: Wǒ dàxué bì yè yǐhòu xiǎng qù Google gōngsī gōngzuò, nín jiànyì wǒ xuǎn shénme kè?

　教授：你想做IT的话，我建议你_____。
　Jiàoshòu: Nǐ xiǎng zuò IT dehuà, wǒ jiànyì nǐ _____.

⑤ 病人：大夫，我越来越胖，每天精神也不好，怎么办？
　　Bìngrén: Dàifu, wǒ yuè lái yuè pàng, měitiān jīngshén yě bù hǎo, zěnme bàn?

　大夫：我建议你_____不要多吃。
　Dàifu: Wǒ jiànyì nǐ _____ búyào duō chī.

5. "反正 fǎnzheng"

(1) Complete the following sentences with this word

① 这幅画是不是艺术创作对我来说都没有关系，反正_____。
　Zhè fú huà shì bu shì yìshù chuàngzuò duì wǒ lái shuō dōu méiyǒu guānxi, fǎnzheng _____.

② 别担心怎么去潘家园，反正_____。
　Bié dānxīn zěnme qù Pānjiāyuán, fǎnzheng _____.

③ 明天你想睡到中午才起床也可以，反正_____。
　Míngtiān nǐ xiǎng shuìdào zhōngwǔ cái qǐ chuáng yě kěyǐ, fǎnzheng _____.

④ 现在你才大一，还不着急找工作，反正_____。
　Xiànzài nǐ cái dà yī, hái bù zhāo jí zhǎo gōngzuò, fǎnzheng _____.

(2) Complete the following dialogues with this word

① A：我们已经说了很久要去看电影，你说我们哪天去看啊？
　　Wǒmen yǐjīng shuōle hěn jiǔ yào qù kàn diànyǐng, nǐ shuō wǒmen nǎ tiān qù kàn a?

　B：反正_____，咱们就今天晚上去看吧。
　　Fǎnzheng _____, zánmen jiù jīntiān wǎnshang qù kàn ba.

② A：我们坐车去潘家园，还是走路去？
　　Wǒmen zuò chē qù Pānjiāyuán, háishi zǒu lù qu?

　B：反正_____，我们走路去吧。
　　Fǎnzheng _____, wǒmen zǒu lù qu ba.

③ 父亲：今年你有什么计划吗？
　　Fùqīn: Jīnnián nǐ yǒu shénme jìhuà ma?

188

第三十八课 潘家园
Lesson Thirty-eight　Panjiayuan

儿子：反正＿＿＿＿＿＿＿＿＿＿＿＿＿＿＿＿＿＿＿＿，我决定今年旅游一年。
Érzi：Fǎnzheng ＿＿＿＿＿＿＿＿＿＿＿＿＿＿＿, wǒ juédìng jīnnián lǚyóu yì nián.

④ A：想在潘家园找到真品可真不容易啊。
　　　Xiǎng zài Pānjiāyuán zhǎodào zhēnpǐn kě zhēn bù róngyì a.

　 B：反正＿＿＿＿＿＿＿＿＿＿＿＿＿＿＿＿＿＿＿，去潘家园就是到处看看。
　　　Fǎnzheng ＿＿＿＿＿＿＿＿＿＿＿＿＿＿＿, qù Pānjiāyuán jiùshi dàochù kànkan.

⑤ A：这些玩具都挺贵的，你真愿意给我们吗？
　　　Zhèxiē wánjù dōu tǐng guì de, nǐ zhēn yuànyì gěi wǒmen ma?

　 B：反正＿＿＿＿＿＿＿＿＿＿＿＿＿＿＿＿＿＿＿，这些玩具都送给你的孩子吧。
　　　Fǎnzheng ＿＿＿＿＿＿＿＿＿＿＿＿＿＿＿, zhèxiē wánjù dōu sòng gěi nǐ de háizi ba.

6. "不然 bùrán"

(1) Complete the following sentences with this word

① 大芬村因手绘油画市场而发展起来，不然＿＿＿＿＿＿＿＿＿＿＿＿＿＿＿＿＿。
　 Dàfēn Cūn yīn shǒuhuì yóuhuà shìchǎng ér fāzhǎn qǐlái, bùrán ＿＿＿＿＿＿＿＿＿＿＿＿＿＿.

② 今天商店大减价，不然这件皮衣＿＿＿＿＿＿＿＿＿＿＿＿＿＿＿＿＿＿＿＿＿。
　 Jīntiān shāngdiàn dà jiǎn jià, bùrán zhè jiàn píyī ＿＿＿＿＿＿＿＿＿＿＿＿＿＿＿＿.

③ 因为新的留学政策，不然我＿＿＿＿＿＿＿＿＿＿＿＿＿＿＿＿＿＿＿＿＿＿。
　 Yīnwèi xīn de liú xué zhèngcè, bùrán wǒ ＿＿＿＿＿＿＿＿＿＿＿＿＿＿＿＿＿.

④ 现在是假期，不然我怎么＿＿＿＿＿＿＿＿＿＿＿＿＿＿＿＿＿＿＿＿＿＿＿。
　 Xiànzài shì jiàqī, bùrán wǒ zěnme ＿＿＿＿＿＿＿＿＿＿＿＿＿＿＿＿＿＿＿.

⑤ 这是跳蚤市场，不然东西＿＿＿＿＿＿＿＿＿＿＿＿＿＿＿＿＿＿＿＿＿＿。
　 Zhè shì tiàozao shìchǎng, bùrán dōngxi ＿＿＿＿＿＿＿＿＿＿＿＿＿＿＿＿＿.

(2) Complete the following dialogues with this word

① A：离出发还有一个星期，你怎么现在就要去买火车票？
　　　Lí chūfā hái yǒu yí ge xīngqī, nǐ zěnme xiànzài jiù yào qù mǎi huǒchēpiào?

　 B：＿＿＿＿＿＿＿＿＿＿＿＿＿＿＿，不然＿＿＿＿＿＿＿＿＿＿＿＿＿＿＿＿。
　　　＿＿＿＿＿＿＿＿＿＿＿＿＿＿＿, bùrán ＿＿＿＿＿＿＿＿＿＿＿＿＿＿＿＿.

② A：深圳和上海一样发达，也和上海一样有百年历史了吗？
　　　Shēnzhèn hé Shànghǎi yíyàng fādá, yě hé Shànghǎi yíyàng yǒu bǎi nián lìshǐ le ma?

　 B：那是因为改革开放政策，不然深圳＿＿＿＿＿＿＿＿＿＿＿＿＿＿＿＿＿。
　　　Nà shì yīnwèi gǎigé kāifàng zhèngcè, bùrán Shēnzhèn ＿＿＿＿＿＿＿＿＿＿＿＿.

③ A：你怎么知道潘家园这个地方的？
　　　Nǐ zěnme zhīdào Pānjiāyuán zhège dìfang de?

B：我大学的时候来过北京，不然_____。
　　Wǒ dàxué de shíhou láiguo Běijīng, bùrán _____.

④ A：鉴别真品很难，你怎么会鉴别呢？
　　Jiànbié zhēnpǐn hěn nán, nǐ zěnme huì jiànbié ne?

B：那是因为_____，不然_____。
　　Nà shì yīnwèi _____, bùrán _____.

⑤ A：大芬村离我们住的宾馆很远，我们怎么去得了？
　　Dàfēn Cūn lí wǒmen zhù de bīnguǎn hěn yuǎn, wǒmen zěnme qù de liǎo?

B：不要紧，我们有_____，不然我们_____。
　　Bú yàojǐn, wǒmen yǒu _____, bùrán wǒmen _____.

Lesson Thirty-eight　Panjiayuan

第三十八课　潘家园

Listening Comprehension

1. Based on the narrative that you hear, choose appropriate answers to the questions below

   (1) Which of the following statements is incorrect?
   A. Qi Gong's calligraphy is widely copied.
   B. Panjiayuan has a lot of imitation calligraphy for sale.
   C. Qi Gong was angry that people sold copies of his work.

   (2) What is this paragraph trying to convey?
   A. Panjiayuan is a place where you can buy almost anything.
   B. Qi Gong takes himself rather seriously.
   C. Qi Gong is a genuinely nice person.

2. Listen to the conversation between two friends, Mark and Xiao Yang, then select the most appropriate answers to the questions given below

   (1) Why does Mark plan to revisit Panjiayuan this Saturday?
   A. He wants to purchase more Chinese paintings from the shop he visited last Saturday.
   B. He's discovered the paintings he bought last week are fakes, so he's going to return to the shop to confront the vendor.
   C. He's planning to take Xiao Yang to a newly opened shop that's selling Tang paintings.

   (2) What is Xiao Yang's response to Mark's invitation to go with him to Panjiayuan again?
   A. He says he'd be happy to go with him to Panjiayuan.
   B. He says he doesn't want to go to Panjiayuan again, because he doesn't want to get into arguments with the vendor.
   C. He says he doesn't want to go anywhere with him.

Communication Activities

Pair Work

Scenario I: Look up Panjiayuan on the Website and share any new information that you find with your partner (or classmates).

Scenario II: Tell your partner about a flea market in your hometown or elsewhere. Include the following information:
- Where it is.
- What kind of things are sold there.
- Why you enjoy going there.

Group Discussion

1. If you visit Panjiayuan, what sort of things would you be willing to pay for?

   ....
   ....
   ....

2. If you were rich, would you be willing to spend a lot of money on antiques? Why or why not? If not, what sort of things would you like to spend your money on, and why?

   ....
   ....
   ....

第三十八课　潘家园
Lesson Thirty-eight　Panjiayuan

Review Exercises

I. Match the verbs in the left-hand list with the nouns in the right-hand list

1. 收藏　　　　　　　　A. 中国特色
2. 办　　　　　　　　　B. 旧货市场
3. 登　　　　　　　　　C. 游客
4. 逛　　　　　　　　　D. 古董
5. 具有　　　　　　　　E. 暑期文化交流班
6. 吸引　　　　　　　　F. 长城

II. Fill in the blanks with the words provided

淘到 táodào	运气 yùnqì	蜡染布 làrǎnbù	跳蚤市场 tiàozao shìchǎng	行李 xíngli	鉴定 jiàndìng
特色 tèsè	瓷器 cíqì	行家 hángjia			

　　我在北京住了一年以后回到了美国的老家。记得在北京，只要周末有时间，我就喜欢去潘家园逛逛。因为我不是_____，是真品还是仿制品我无法_____，所以一般我不买古董，但是我喜欢具有地方_____的工艺品，比方说贵州和云南的_____我就买了八块，这些东西放在_____里又轻又方便，回到美国送给朋友也很受欢迎。虽然我也很喜欢中国的_____，可是这种东西很容易打破，放在行李里不太安全，我就没有买。我的老家没有像潘家园一样的大型_____，但是每个星期三和星期六上午会有小型的。大家开着车来卖些自己已经不需要的东西，有时_____好，也能_____不错的艺术品呢。

III. Complete the following dialogue

老张：大伟，你今天到哪儿去了？到现在才回来。

大伟：这你就不知道了。我今天去了潘家园，可好玩儿了，那儿什么都有，不光有_____，也_____。你看，我买了什么回来？

老张：一幅仿八大山人的画儿，不错。

大伟：不不，这是八大山人的真品。我是经过_____才敢买的。

老张：你是多少钱买的？

大伟：那老板说我看起来是个懂行的人，所以给我的价钱很公道，两千块钱。怎么样？

老张：什么？两千块？八大山人的画儿可能两百万都买不了呢。

大伟：是吗？老板说八大山人就住在北京，是个画家。

老张：大伟，你这个外国人，老板一看你就知道你不懂行，不然他＿＿＿＿＿＿？你知道吗？八大山人是四百年前中国的大画家啊。

(Hint: How would he dare to try to cheat you)

大伟：我的天啊，我真的＿＿＿＿＿＿＿＿＿＿。 (Hint: cheated by the seller)

IV. Focusing on the Chinese that you've learned in the lesson, complete these tasks

1. It's Saturday, you and your roommate have decided to go out. You'd like to go to a flea market, but your roommate wants to go to the zoo. Make a case to your roommate that it would be more fun to go to the flea market (than to the zoo).

2. Your friend tells you that Panjiayuan is like flea markets back home, only on a larger scale. Persuade him/her that Panjiayuan is worth visiting by pointing out what's special about it, and why foreigners love to go there.

3. You are accompanying your parents to Panjiayuan. Before you get there, tell them all you know about the market.

第三十八课　潘家园
Lesson Thirty-eight　Panjiayuan

Culture Notes

1. Famous antique markets in China

There are many famous antique markets in China, including: Beijing Antique City ("北京古玩城 Běijīng Gǔwán Chéng", in Panjiayuan), Chengdu Songxianqiao Antique Art City ("成都送仙桥古玩艺术城 Chéngdū Sòngxiānqiáo Gǔwán Yìshù- Chéng"), Zhengzhou Antique City ("郑州古玩城 Zhèngzhōu Gǔwán Chéng"), Wuhan Antique Market ("武汉文物市场 Wǔhàn Wénwù Shìchǎng"), Xi'an Antique City ("西安古玩城 Xī'ān Gǔwán Chéng"), Beijing Haiwangcun Arts and Crafts Market ("北京海王村工艺品商场 Běijīng Hǎiwáng Cūn Gōngyìpǐn Shāngchǎng"), Hefei City Temple Antique Market ("合肥城隍庙古玩市场 Héféi Chénghuángmiào Gǔwán Shìchǎng"), Shanghai Zhongfu Antique City ("上海中福古玩城 Shànghǎi Zhōngfú Gǔwán Chéng"), Nanjing Fuzi Temple Antique City ("南京夫子庙古玩城 Nánjīng Fūzǐmiào Gǔwán Chéng"), and Suzhou Antique City ("苏州古玩城 Sūzhōu Gǔwán Chéng").

2. Suggestions on what to do when you visit Panjiayuan Antique Market

Panjiayuan Antique Market is a vast and complex market. Some of the so-called antiques sold there are real, but many are fakes, and even things that look old are not necessarily old. You need to shop as if you were buying artwork rather than antiques or curios.

When you visit Panjiayuan for the first time, you need to use your eyes, not your ears. In other words, you shouldn't pay any attention to a vendor who says "this is a Song Dynasty vase from one of the official kilns" and so on. If you can't tell by inspecting it, then you'd better not buy it—unless you can bargain it down to an appropriate price.

It is always a good idea to ask a Chinese friend to help you to bargain. Chinese can often get a better price than foreigners.

Lesson Thirty-nine   Making Copies
第三十九课   复印
Dì-sānshíjiǔ Kè   Fùyìn

In this lesson you will learn how to do the following

- Find out how to prepare a resume or curriculum vitae
- Make arrangements with a photocopy shop to print a resume for you
- Ask about getting name cards (business cards) of your own design printed
- Describe your experiences at a photocopy shop preparing materials for your job search

Grammar

- "听 tīng + [person] + 说 shuō……" (to hear someone say that…)
- The measure word "份 fèn"
- "供 gōng + [person] + 参考 cānkǎo / 选择 xuǎnzé……" (for [someone] to refer to, to choose from, etc.)
- "带 dài" (to bear, to carry) in the sense of "include, come with"
- "先 xiān……, 等 děng……再 zài……" (first…, wait until… then…)
- "正 zhèng + V" (precisely, just now)

Culture Notes

- Photocopy shops do a lot more than just making copies
- Sizes and grades of paper used in photocopying
- Price for having name cards made in China

第三十九课 复印
Lesson Thirty-nine Making Copies

Dialogue

A: 付迎
Fù Yíng
a British exchange student

B: 老板
lǎobǎn
a photocopy shop owner

  英国留学生付迎今年夏天就要从北京大学硕士班毕业了，她想毕业后在中国找工作。听国际交流处的吴主任说^{G1}，在中国申请工作需要准备一份求职简历，简历中包括姓名、性别、出生年月、国籍、学历、所学主要课程、特长、业余爱好等。如果得过奖或发表过作品，也应该附上。她把简历写好后，就想找一家能帮助顾客对文件做一些简单设计的复印店¹。跟几位同学打听后，她决定去大学后门外的那家复印店，听说那儿的服务比较好，价格合理，而且比别的店快多了²。

  Yīngguó liúxuéshēng Fù Yíng jīnnián xiàtiān jiù yào cóng Běijīng Dàxué shuòshìbān bì yè le, tā xiǎng bì yè hòu zài Zhōngguó zhǎo gōngzuò. Tīng Guójì Jiāoliúchù de Wú zhǔrèn shuō^{G1}, zài Zhōngguó shēnqǐng gōngzuò xūyào zhǔnbèi yí fèn qiúzhí jiǎnlì, jiǎnlì zhōng bāokuò xìngmíng、xìngbié、chūshēng niányuè、guójí、xuélì、suǒ xué zhǔyào kèchéng、tècháng、yèyú àihào děng. Rúguǒ déguo jiǎng huò fābiǎoguo zuòpǐn, yě yīnggāi fùshang. Tā bǎ jiǎnlì xiěhǎo hòu, jiù xiǎng zhǎo yì jiā néng bāngzhù gùkè duì wénjiàn zuò yìxiē jiǎndān shèjì de¹ fùyìndiàn. Gēn jǐ wèi tóngxué dǎting hòu, tā juédìng qù dàxué hòumén wài de nà jiā fùyìndiàn, tīngshuō nàr de fúwù bǐjiào hǎo, jiàgé hélǐ, érqiě bǐ biéde diàn kuài duō le².

A: 老板，我需要设计一份^{G2}求职简历，找工作用，听说您能帮忙。
  Lǎobǎn, wǒ xūyào shèjì yí fèn^{G2} qiúzhí jiǎnlì, zhǎo gōngzuò yòng, tīngshuō nín néng bāng máng.

B: 看来我们是名声在外了！没问题。很多人都来我这儿做求职简历。我们也存了一些样本供顾客参考^{G3}。你可以看看，挑一种你喜欢的。如果都不理想，我们还可以为你专门设计一份。
  Kànlái wǒmen shì míngshēng zài wài le! Méi wèntí. Hěn duō rén dōu lái wǒ zhèr zuò qiú zhí jiǎnlì. Wǒmen yě cúnle yìxiē yàngběn gōng gùkè cānkǎo^{G3}. Nǐ kěyǐ kànkan, tiāo yì zhǒng nǐ xǐhuān de. Rúguǒ dōu bù lǐxiǎng, wǒmen hái kěyǐ wèi nǐ zhuānmén shèjì yí fèn.

Notes

1. Note the long clause (ending in "的 de") modifying "复印店 fùyìndiàn" (printing shop). What sort of "复印店 fùyìndiàn" (printing shop)? "[能帮助顾客对文件做一些简单设计的] 复印店 [néng bāngzhù gùkè duì wénjiàn zuò yìxiē jiǎndān shèjì de] fùyìndiàn" (a printing shop [that can help customers make some simple designs to documents]). As you know, the English order in this, and in many other cases of modification, is opposite to that of the Chinese.

2. "快多了 kuài duō le": Degrees of comparison are expressed by placing amounts after the adjective: "快一点儿 kuài yìdiǎnr" (a bit faster), "快多了 kuài duō le" (much faster), "快得多 kuài de duō" (a lot faster), etc.

A：这样的就挺好。这种印正反面的多少钱一张？
Zhèyàng de jiù tǐng hǎo. Zhè zhǒng yìn zhèngfǎnmiàn de duōshao qián yì zhāng?

B：我们这儿印单面的是一毛钱一张，正反面的一毛五一张。
Wǒmen zhèr yìn dānmiàn de shì yì máo qián yì zhāng, zhèngfǎnmiàn de yì máo wǔ yì zhāng.

A：打印彩色的呢？
Dǎyìn cǎisè de ne?

B：彩打单面的一块钱一张，双面的一块八。
Cǎi dǎ dāngmiàn de yí kuài qián yì zhāng, shuāngmiàn de yí kuài bā.

A：您这儿装订多少钱一本？
Nín zhèr zhuāngdìng duōshao qián yì běn?

B：十块钱一本，带[G4]一个透明封皮。
Shí kuài qián yì běn, dài[G4] yí ge tòumíng fēngpí.

A：我可以自己设计封面吗？
Wǒ kěyǐ zìjǐ shèjì fēngmiàn ma?

B：可以。不过我们也有很多封面设计样板供你选择。
Kěyǐ. Búguò wǒmen yě yǒu hěn duō fēngmiàn shèjì yàngbǎn gōng nǐ xuǎnzé.

A：封面还是我自己设计吧，这样也许看起来更有个性。我这些资料中带照片的需要彩打，其余的印黑白的，都要双面的。
Fēngmiàn háishì wǒ zìjǐ shèjì ba, zhèyàng yěxǔ kàn qilai gèng yǒu gèxìng. Wǒ zhèxiē zīliào zhōng dài zhàopiàn de xūyào cǎi dǎ, qíyú de yìn hēibái de, dōu yào shuāngmiàn de.

B：好。你带优盘了吗？
Hǎo. Nǐ dài yōupán le ma?

A：没有，因为我怕把优盘插在别人的电脑上会感染病毒。
Méiyǒu, yīnwèi wǒ pà bǎ yōupán chā zài biéren de diànnǎo shang huì gǎnrǎn bìngdú.

B：我们的电脑都有杀毒软件的。
Wǒmen de diànnǎo dōu yǒu shādú ruǎnjiàn de.

A：您的电脑可以上网吗？我现在就可以上网把文件下载下来给您。
Nín de diànnǎo kěyǐ shàng wǎng ma? Wǒ xiànzài jiù kěyǐ shàng wǎng bǎ wénjiàn xiàzài xialai gěi nín.

B：你可以用那边桌上的电脑，慢慢打。
Nǐ kěyǐ yòng nàbiān zhuō shang de diànnǎo, mànman dǎ.

第三十九课 复印
Lesson Thirty-nine　Making Copies

（下载后 Xiàzǎi hòu）

A：好了。我的资料都下载到这个文件夹里了，文件夹的名字是"英国留学生付迎"。
Hǎo le. Wǒ de zīliào dōu xiàzài dào zhège wénjiànjiā li le, wénjiànjiā de míngzi shì "Yīngguó Liúxuéshēng Fù Yíng".

B：你噼噼啪啪³地打得真快。我看看。挺好!⁴ 您一共要多少册？
Nǐ pīpī-pāpā³ de dǎ de zhēn kuài. Wǒ kànkan. Tǐng hǎo!⁴ Nín yígòng yào duōshǎo cè?

A：先做十本吧。请等我把封面设计拿来再装订^G5，装订前让我再看一遍⁵。我会尽快送封面设计来。
Xiān zuò shí běn ba. Qǐng děng wǒ bǎ fēngmiàn shèjì nálai zài zhuāngdìng^G5, zhuāngdìng qián ràng wǒ zài kàn yí biàn⁵. Wǒ huì jǐnkuài sòng fēngmiàn shèjì lai.

B：你不用急。眼下正^G6是求职季节，赶印求职简历的人很多。你这份至少要等三天才能印好。我们一面⁶等您的封面设计，一面⁶先印着其他的。你找工作也需要做名片吧？
Nǐ búyòng jí. Yǎnxià zhèng^G6 shì qiúzhí jìjié, gǎn yìn qiúzhí jiǎnlì de rén hěn duō. Nǐ zhè fèn zhìshǎo yào děng sān tiān cái néng yìnhǎo. Wǒmen yímiàn⁶ děng nín de fēngmiàn shèjì, yímiàn⁶ xiān yìnzhe qítā de. Nǐ zhǎo gōngzuò yě xūyào zuò míngpiàn ba?

A：哎呀⁷，我差点儿忘了做名片。您这儿多少钱一盒？一盒多少张？
Āiyā⁷, wǒ chàdiǎnr wàngle zuò míngpiàn. Nín zhèr duōshao qián yì hé? Yì hé duōshao zhāng?

B：一盒100张。价格从十块到上百的都有，看您要哪种纸的，复印纸10元一盒，卡纸20元一盒，更高档的纸就更贵了。

---

3. "噼噼啪啪 pīpī-pāpā" is onomatopoeic. It represents sounds such as the explosion of firecrackers, the clapping of hands or, as here, the noise of typing.

4. "挺好！Tǐng hǎo!" is a sentence containing only a single phrase; a single word would also be possible. Such sentences are common when expressing emotional responses, such as surprise, admiration, a sudden discovery, or making a warning. They are often punctuated with an exclamation mark.

5. "遍 biàn" is an example of a verbal measure word which, like nominal measures (such as "个 gè" or "盒 hé"), follow numbers, but unlike nominal measures, cannot be followed by nouns. "次 cì" (as in "去过一次 qùguo yí cì" [been there once]) is another example of a verbal measure, but while "次 cì" treats the occurrence as a point in time, "遍 biàn" treats it as a process. i.e. "doing it through again".

6. "一面 yímiàn……，一面 yímiàn……" is more or less synonymous with "一边 yìbiān<r>……，一边 yìbiān<r>……" (L29). It appears in successive clauses to indicate simultaneous actions: "on the one hand…, on the other hand…; …while…; …at the same time…".

7. "哎呀 āiyā" is an interjection, one of a class of words like English "wow", "yuck" or "yikes", that conveys an emotional response such as surprise, awe, fright or disgust.

Yì hé yìbǎi zhāng. Jiàgé cóng shí kuài dào shàngbǎi de dōu yǒu, kàn nín yào nǎ zhǒng zhǐ de, fùyìnzhǐ shí yuán yì hé, kǎzhǐ èrshí yuán yì hé, gèng gāodàng de zhǐ jiù gèng guì le.

A：好。我要一盒卡纸的，需要预付押金吗？
　　Hǎo. Wǒ yào yì hé kǎzhǐ de, xūyào yùfù yājīn ma?

B：不用。等你来取的时候一起结账。
　　Búyòng. Děng nǐ lái qǔ de shíhou yìqǐ jié zhàng.

A：那多谢了！
　　Nà duōxiè le!

New Words

1	复印/複印	fùyìn	V	to duplicate, to copy
2	老板/老闆	lǎobǎn	N	proprietor, boss
3	硕士/碩士	shuòshì	N	Master's degree, master
4	求职/求職	qiúzhí	V	to seek employment, to apply for a job
5	简历/簡歷	jiǎnlì	N	resume, curriculum vitae
6	姓名	xìngmíng	N	full name, surname and given name (e.g. on forms)
7	性别	xìngbié	N	sex, gender, sexual distinction (male or female)
8	国籍/國籍	guójí	N	nationality
9	学历/學歷	xuélì	N	educational record, educational background
10	课程/課程	kèchéng	N	course, curriculum
11	特长/特長	tècháng	N	special skill, strong point, specialty
12	业余/業餘	yèyú	Attr	spare time, after-hours; amateur
13	爱好/愛好	àihào	N/V	interest, hobby; to like, to love, to be fond of, to be keen on
14	奖/獎	jiǎng	N	award, reward, praise, prize

第三十九课 复印
Lesson Thirty-nine　Making Copies

15	发表/發表	fābiǎo	V	to announce, to issue (a public announcement), to publish
16	附上	fùshang	V-RC	to enclose, to attach
17	文件	wénjiàn	N	paper, document
18	设计/設計	shèjì	V	to design, to devise, to plan, to lay out
19	合理	hélǐ	Adj	reasonable, within reason, rational
20	名声/名聲	míngshēng	N	reputation, renown ("名声在外 míngshēng zài wài" widely known)
21	样本/樣本	yàngběn	N	sample book, (printing) sample, specimen
22	供	gōng	V	to supply, to provide, to furnish (funds, material)
23	参考/參考	cānkǎo	V	to refer to, to consult, to compare with
24	理想	lǐxiǎng	Adj / N	be ideal, perfect; an ideal
25	正反	zhèngfǎn	N	front and back, positive and negative
26	正面	zhèngmiàn	N	front, right side; positive (example, etc.)
27	反面	fǎnmiàn	N	back, reverse side, wrong side; negative (e.g. of experience)
28	单面/單面	dānmiàn	Attr	one-sided (literally or figuratively)
29	彩打	cǎi dǎ	V	to print in color
30	双面/雙面	shuāngmiàn	Attr	two-sided, reversible
31	装订/裝訂	zhuāngdìng	V	to bind (a book)
32	透明	tòumíng	Adj	transparent
33	封皮	fēngpí	N	dust jacket (of a book), cover
34	封面	fēngmiàn	N	the front cover (of a book)
35	样板/樣板	yàngbǎn	N	sample plate, template, model, example
36	选择/選擇	xuǎnzé	V	to choose, to select
37	个性/個性	gèxìng	N	(individual) character or personality, individual traits or characteristics
38	资料/資料	zīliào	N	material; information, data

39	其余/其餘	qíyú	Pron	the rest, the remaining, the others
40	优盘/優盤	yōupán	N	USB flash drive
41	病毒	bìngdú	N	virus
42	杀毒/殺毒	shā dú	VO	to kill a virus
43	软件/軟件	ruǎnjiàn	N	software
44	噼噼啪啪	pīpī-pāpā	Onom	popping or clicking sound
45	遍	biàn	Meas/Adv	for repetitive times; every where, all over
46	眼下	yǎnxià	N	at present
47	季节/季節	jìjié	N	season (of the year)
48	一面……一面……	yímiàn……yímiàn……		while, at the same time (indicating two simultaneous actions)
49	名片	míngpiàn	N	calling card, business card
50	哎呀	āiyā	Intj	expressing surprise or dissatisfaction
51	差点儿/差點兒	chàdiǎnr	Adv	almost, nearly
52	盒	hé	Meas	box (of), case (of), pack (of)
53	上百	shàngbǎi	Phr	up to a hundred
54	复印纸/複印紙	fùyìnzhǐ	N	copy paper
55	卡纸/卡紙	kǎzhǐ	N	cardboard
56	高档/高檔	gāodàng	Adj	high-grade, high-quality, expensive and of good quality
57	结账/結賬	jié zhàng	VO	to settle accounts

第三十九课 复印
Lesson Thirty-nine　Making Copies

Re-enacting the Dialogue

This summer, Fu Ying, a British overseas student, will soon be completing a Master's program at Peking University. After she graduates, she's planning to look for a job in China. She recalls Director Wu at the International Exchange Office saying, "To apply for a job in China you need to prepare a job resume. The resume should include your name, gender, date of birth, nationality, educational background, your main course of study, your specializations and extra curricular interests, etc. If you've received awards or had publications, they should be attached." After she completed her resume, she needed to find a copy shop that would help customers with simple designs. After making inquiries to several classmates, she has decided to go to the copy shop outside the rear gate of the university. She's heard that the service there is quite good, that the prices are reasonable, and that it's much faster than other places.

A: Boss, I need to prepare a resume to use for my job search. I've heard you can help.

B: Looks like our reputation's known all over! No problem. A lot of people come to us to do their job resumes. We also keep a number of samples for customers to consult. You can take a look, and choose one you like. If none of them is quite right, we can design one especially for you.

A: This one is just fine. How much would it cost per page, double-sided?

B: Here we charge 10 cents a page for single-sided, 15 cents a page for double-sided.

A: And for color prints?

B: Color prints single-sided are 1 *yuan* per page. Double-sided are 1.80 *yuan* per page.

A: How much do you charge for binding, per copy?

B: 10 *yuan* per copy with a transparent cover.

A: Can I design the cover myself?

B: Sure. But we also have a lot of sample cover designs for you to choose from.

A: Better I design the cover myself, that way it'll show a bit of individual character. Photos in my material will need to be in color. Everything else is in black and white and should all be double-sided.

B: Okay. Did you bring your USB drive?

A: No, I didn't, because I was worried that my USB drive might be hit with a virus if I insert it into someone else's computer.

B: Our computers all have anti-virus software.

A: Can your computer connect to the Internet? I could go online right now and download my file for you.

B: You can use that desk-top computer. Take your time.

(After downloading)

A: Okay. I've downloaded my material into this folder. The name of the folder is "Fu Ying, the British overseas student".

B: You sure type fast, clickety-clack! Let me take a look. Great! How many sets do you want all together?

A: How about starting with 10? Please wait until I bring you the cover design before you do the binding. I would like to take another look at it before you bind it. I'll bring the cover design to you as fast as I can.

B: No rush. This is the season for job hunting, lots of people are in a hurry to have their resumes done, so it'll take at least three days before your print job gets done. While we're waiting for you to bring your cover design, we can do the other printing. Do you need us to do business cards along with your resume?

A: Gosh, I almost forgot about business cards. How much do you charge per box? How many cards in a box?

B: There are 100 cards to a box. Prices range from 10 *yuan* up to a hundred, depending on what kind of paper you want. With regular copy paper, they're 10 *yuan* a box; with card-grade paper, they're 20 *yuan* a box. Higher grades of paper are more.

A: Okay, I'll take a box of card-grade. Do I need to pay a deposit ahead of time?

B: No need. We'll bill you for them all together when you come to pick them up.

A: Thanks a lot.

第三十九课 复印
Lesson Thirty-nine   Making Copies

Grammar

▶ **G1.** "听 tīng + [person] + 说 shuō……" (to hear [someone] say that…)

"听说 tīngshuō" consists of the two verbs "听 tīng" (to hear) and "说 shuō" (to say), hence, literally: "to hear it said [that]":

① 听说现在中国很多大城市的人开车上班。
Tīngshuō xiànzài Zhōngguó hěn duō dàchéngshì de rén kāi chē shàng bān.
I've heard that a lot of Chinese living in big cities drive to work.

② 听说那家店卖的杀毒软件很便宜。
Tīngshuō nà jiā diàn mài de shādú ruǎnjiàn hěn piányi.
I've heard that the anti-virus software sold in that store is very inexpensive.

The person who does the saying—the subject of "说 shuō" —may be inserted between "听 tīng" and "说 shuō", as in the following examples:

① 听我的中国室友说，那家店卖的电脑都是有杀毒软件的。
Tīng wǒ de Zhōngguó shìyǒu shuō, nà jiā diàn mài de diànnǎo dōu shì yǒu shādú ruǎnjiàn de.
I heard from my Chinese roommate that the computers sold at that store all come with anti-virus software.

② 听国际交流处的吴主任说，在中国申请工作需要准备一份求职简历。
Tīng Guójì Jiāoliúchù de Wú zhǔrèn shuō, zài Zhōngguó shēnqǐng gōngzuò xūyào zhǔnbèi yí fèn qiúzhí jiǎnlì.
I hear that Director Wu from the International Exchange Office says that one has to have a resume to apply for jobs in China.

▶ **G2. The measure word "份 fèn"**

As you know, nouns in Chinese require the mediation of measure words to be counted or specified. Some measure words represent containers or amounts, others (often called classifiers) represent nouns in terms of features such as flatness ("一张桌子 yì zhāng zhuōzi", "一张机票 yì zhāng jīpiào") or in terms of type, such as "家 jiā" for businesses ("一家复印店 yì jiā fùyìndiàn") or "辆 liàng" for vehicles ("一辆自行车 yí liàng zìxíngchē").

"份 fèn", illustrated in this lesson, is another measure. It counts portions, e.g. of food, jobs, newspapers and documents, among other things. It is interesting to note that when newspapers were only a page or two, they were counted with "张 zhāng", used for flat things; as newspapers grew in size, they came to be regarded as portions of daily news, so the measure word for them is now "份 fèn". Here are examples:

① 在中国申请工作需要准备一份求职简历。
Zài Zhōngguó shēnqǐng gōngzuò xūyào zhǔnbèi yí fèn qiúzhí jiǎnlì.
In China, to apply for work, you need to prepare a resume.

② 刚毕业就找到了一份工作，你真幸运！
   Gāng bì yè jiù zhǎodàole yí fèn gōngzuò, nǐ zhēn xìngyùn!
   You are so lucky to have found a job right after graduation!

③ 他订了两份报纸，但有时候没时间看。
   Tā dìngle liǎng fèn bàozhǐ, dàn yǒu shíhou méi shíjiān kàn.
   He subscribes to two newspapers, but sometimes he doesn't even have time to read them.

④ 好朋友结婚，不送一份礼是说不过去的。
   Hǎo péngyou jié hūn, bú sòng yí fèn lǐ shì shuō bu guòqu de.
   When a good friend gets married, there's no excuse for not giving a gift.

⑤ 这是你的一份蛋糕，你吃不吃？
   Zhè shì nǐ de yí fèn dàngāo, nǐ chī bu chī?
   This is your piece of cake, do you want it?

▶ **G3.** "供 gōng + [person] + 参考 cānkǎo / 选择 xuǎnzé……" (for [someone] to refer to, for [someone] to choose from, etc.)

"供 gōng", as a verb, means "to offer, to provide, to supply":

① 那份工作虽然工资不高，但是供吃住。
   Nà fèn gōngzuò suīrán gōngzī bù gāo, dànshì gōng chīzhù.
   Although that job doesn't pay high wages, meals and accommodation are provided.

② 为了供他上大学，父亲又找了一份晚上的工作。
   Wèile gōng tā shàng dàxué, fùqīn yòu zhǎole yí fèn wǎnshang de gōngzuò.
   In order to allow him to attend college, his father found another job working in the evenings.

"供 gōng" is often followed by disyllabic verbs that indicate goal or purpose. These include "参考 cānkǎo" (to consult, to refer to), "选择 xuǎnzé" (to select, to choose) and "享用 xiǎngyòng" (to enjoy [the use of]):

① 我们存了一些样本供顾客参考。
   Wǒmen cúnle yìxiē yàngběn gōng gùkè cānkǎo.
   We have some sample designs for customers to browse.

② 我们也有很多封面设计样板可以供你选择。
   Wǒmen yě yǒu hěn duō fēngmiàn shèjì yàngbǎn kěyǐ gōng nǐ xuǎnzé.
   We also have a lot of sample cover designs for you to choose from.

③ 旅馆准备了很多水果和饮料供大家享用。
   Lǚguǎn zhǔnbèile hěn duō shuǐguǒ hé yǐnliào gōng dàjiā xiǎngyòng.
   The hotel prepared a lot of fruit and drinks for people to enjoy.

④ 这几间屋子供你选择，你住哪间都行。
   Zhè jǐ jiān wūzi gōng nǐ xuǎnzé, nǐ zhù nǎ jiān dōu xíng.
   We've provided some rooms for you to choose from, you can stay in any of them.

Lesson Thirty-nine　Making Copies

⑤ 我说的话仅供参考，还得你决定。
　　Wǒ shuō de huà jǐn gōng cānkǎo, hái děi nǐ juédìng.
　　What I said is only for your consideration, the decision is up to you.

▶ **G4.** "带 dài" (to bear, to carry) in the sense of "include, come with"

Recall the verb "带 dài", with the general sense of "to bear, to carry", as in the following example:

　　别忘了带一把雨伞，那儿常常下雨。
　　Bié wàngle dài yì bǎ yǔsǎn, nàr chángcháng xià yǔ.
　　Don't forget to take an umbrella, its often rain there.

"带 dài" often combines with "来 lái" and "去 qù" to indicate direction towards or away from the speaker (to bring, to take). Notice that English and Chinese may not choose the same point of perspective, in the following example, Chinese "带去 dàiqu" corresponds to English "to bring".

　　王老师请吃饭，我们能不能带朋友去？
　　Wáng lǎoshī qǐng chī fàn, wǒmen néng bu néng dài péngyou qù?
　　Does Teacher Wang's dinner invitation allow us to bring a friend?

In this lesson, "带 dài" has the extended sense of "include, come with":

① 十块钱一本，带一个透明封皮。
　　Shí kuài qián yì běn, dài yí ge tòumíng fēngpí.
　　They are 10 yuan per copy, with a transparent cover.

② 在这家店买电脑都带一个电脑包，免费的。
　　Zài zhè jiā diàn mǎi diànnǎo dōu dài yí ge diànnǎobāo, miǎnfèi de.
　　All computers in this store come with a computer case, no extra charge.

③ 这几个茶杯是带碟儿的。
　　Zhè jǐ ge chábēi shì dài diér de.
　　These cups come with saucers.

④ 好像外国人吃苹果都带皮儿吃！
　　Hǎoxiàng wàiguórén chī píngguǒ dōu dài pír chī!
　　Foreigners tend to eat apples with the skin on!

▶ **G5.** "先 xiān……，等 děng……再 zài……" (first…, wait until…then…)

Earlier, you encountered sequences of adverbs such as "先 xiān……，再 zài……" (first…, then…) and "先 xiān……，然后 ránhòu……" (first…, afterwards…) to indicate one event taking place after another:

① 我们先去北京再去深圳。
　　Wǒmen xiān qù Běijīng zài qù Shēnzhèn.
　　We will go to Beijing first, then Shenzhen.

② 我想先旅行，然后开始工作。
　　Wǒ xiǎng xiān lǚxíng, ránhòu kāishǐ gōngzuò.
　　I would like to travel before starting my job.

207

Although the adverb "再 zài" can often be translated as "again" ("再来一次 zài lái yí cì" come again), it often only implies delay, not necessarily repetition: "明天再说 Míngtiān zài shuō" (let's talk about it tomorrow). The sense of delay is underscored by the addition of the verb "等 děng" (to wait), introducing conditions that must be met first before the next event can proceed. The following examples, which include the one from the dialogue, illustrate:

① 先做十本吧，请等我把封面设计拿来再装订。
Xiān zuò shí běn ba, qǐng děng wǒ bǎ fēngmiàn shèjì nálai zài zhuāngdìng.
How about starting with 10? Please wait until I bring you the cover design before you do the binding.

② 明年夏天我得先去日本开会，等会开完了我再回中国。
Míngnián xiàtiān wǒ děi xiān qù Rìběn kāi huì, děng huì kāiwánle wǒ zài huí Zhōngguó.
Next summer, first I have to go to Japan for a meeting, then after the meeting, I return to China.

▶ **G6.** "正 zhèng + V"(precisely, just now)

"正 zhèng" has the sense of "upright, straight, exact". In compounds, it can mean "obverse" (i.e., the observer's side, the front side) as opposed to "reverse" (反 fǎn). For example "正反 zhèngfǎn" (front and back, positive and negative, pro and con) or "正面 zhèngmiàn" (the front side, the positive side).

As an adverb, "正 zhèng" has the sense of "precisely, punctually" or "just, just now":

① 眼下正是求职季节，赶印求职简历的人很多。
Yǎnxià zhèng shì qiúzhí jìjié, gǎn yìn qiúzhí jiǎnlì de rén hěn duō.
This is the season for job hunting, lots of people are in a hurry to have their resumes done.

② 我们正要去找你，你就来了！
Wǒmen zhèng yào qù zhǎo nǐ, nǐ jiù lái le!
We were just about to go looking for you, and now here you are!

"正 zhèng" also combines with "好 hǎo" to form a verb "正好 zhènghǎo", with the sense of "to happen to, to chance to, as it happens":

我父母来的时候，我正好放假，可以陪他们旅游。
Wǒ fùmǔ lái de shíhou, wǒ zhènghǎo fàng jià, kěyǐ péi tāmen lǚyóu.
When my parents came, it happened to be during my vacation, so I could accompany them on their trip.

第三十九课　复印

Lesson Thirty-nine　Making Copies

Consolidation & Practice

1. "听 tīng + [person] + 说 shuō……"

   Answer the following questions with this pattern

   ① A：你怎么知道现在中国进入了老龄化社会？
   　　Nǐ zěnme zhīdào xiànzài Zhōngguó jìnrùle lǎolínghuà shèhuì?

   　B：_____。

   ② A：你怎么知道今年的经济状况会比去年好些？
   　　Nǐ zěnme zhīdào jīnnián de jīngjì zhuàngkuàng huì bǐ qùnián hǎo xiē?

   　B：_____，今年的经济状况会比去年好些。
   　　_____, jīnnián de jīngjì zhuàngkuàng huì bǐ qùnián hǎo xiē.

   ③ A：为什么现在来中国的外国人越来越多？
   　　Wèi shénme xiànzài lái Zhōngguó de wàiguórén yuè lái yuè duō?

   　B：_____。

   ④ A：为什么今天大家来上班的时候都带着雨衣？
   　　Wèi shénme jīntiān dàjiā lái shàng bān de shíhou dōu dàizhe yǔyī?

   　B：_____。

   ⑤ A：你怎么知道楼下的张先生会打杨氏太极拳？
   　　Nǐ zěnme zhīdào lóu xià de Zhāng xiānsheng huì dǎ Yángshì tàijíquán?

   　B：我认识他的学生，_____。
   　　Wǒ rènshi tā de xuésheng, _____.

2. "供 gōng + [person] + 参考 cānkǎo / 选择 xuǎnzé……"

   (1) Complete the following sentences with this pattern

   ① 你不用现在就做决定，我们有几个封面设计的样本_____，
   　 你可以先带回家看看。
   　 Nǐ bú yòng xiànzài jiù zuò juédìng, wǒmen yǒu jǐ ge fēngmiàn shèjì de yàngběn _____
   　 _____, nǐ kěyǐ xiān dài huí jiā kànkan.

   ② 这家店把冰激凌菜单放在柜台上，供_____。
   　 Zhè jiā diàn bǎ bīngjīlíng càidān fàng zài guìtái shang, gōng _____.

   ③ 我的意见只是_____，你不是非听不可。
   　 Wǒ de yìjiàn zhǐshì _____, nǐ bú shì fēi tīng bù kě.

   ④ 你如果要买车，这本书的信息可_____。
   　 Nǐ rúguǒ yào mǎi chē, zhè běn shū de xìnxī kě _____.

209

真实生活汉语
Chinese for Living in China 4

⑤ 美食城里有很多具有地方特色的小吃，_____。
　Měishíchéng li yǒu hěn duō jùyǒu dìfāng tèsè de xiǎochī, _____.

(2) Answer the questions with a sentence containing this pattern

① A：为什么学生餐厅里有那么多种不同的菜？
　　Wèi shénme xuéshēng cāntīng li yǒu nàme duō zhǒng bùtóng de cài?

　B：_____。

② A：招聘会会场门口为什么有很多人在发广告？
　　Zhāopìnhuì huìchǎng ménkǒu wèi shénme yǒu hěn duō rén zài fā guǎnggào?

　B：_____。

③ A：在投票所的大门上为什么贴着所有候选人的照片？
　　Zài tóupiàosuǒ de dàmén shang wèi shénme tiēzhe suǒyǒu hòuxuǎnrén de zhàopiàn?

　B：_____。

④ A：为什么在很多国家老人都受到尊敬？
　　Wèi shénme zài hěn duō guójiā lǎorén dōu shòudào zūnjìng?

　B：那是因为老人经验多，他们的看法可供_____。
　　Nà shì yīnwèi lǎorén jīngyàn duō, tāmen de kànfǎ kě gōng _____.

⑤ 顾客：我怎么知道哪种房型对我最合适？
　　Gùkè: Wǒ zěnme zhīdào nǎ zhǒng fángxíng duì wǒ zuì héshì?

　房地产公司员工：不必着急，你看这些房型的照片，都可_____。
　　Fángdìchǎn gōngsī yuángōng: Búbì zhāojí, nǐ kàn zhèxiē fángxíng de zhàopiàn, dōu kě _____.

3. "带 dài"

Complete the following sentences with "带 dài"

① 这种简历十块钱一本，还_____。(Hint: with a cover)
　Zhè zhǒng jiǎnlì shí kuài qián yì běn, hái _____.

② 他吃苹果不吃皮儿，可是我吃苹果_____。
　Tā chī píngguǒ bù chī pír, kěshì wǒ chī píngguǒ _____.

③ "Furnished"公寓的意思就是_____，住起来很方便。
　"Furnished" gōngyù de yìsi jiù shì _____, zhù qilai hěn fāngbiàn.

④ 你看，这种月饼盒子里有四个月饼，还_____。(Hint: with 4 small forks)
　Nǐ kàn, zhè zhǒng yuèbing hézi li yǒu sì ge yuèbing, hái _____.

⑤ 他的简历设计得很好，每句话_____。(Hint: with English translation)
　Tā de jiǎnlì shèjì de hěn hǎo, měi jù huà _____.

第三十九课 复印
Lesson Thirty-nine　Making Copies

⑥ 那家书店卖的书＿＿＿＿＿＿＿＿＿＿＿＿＿＿＿。(Hint: with a beautiful bookmark)
　　Nà jiā shūdiàn mài de shū ＿＿＿＿＿＿＿＿＿＿＿＿＿＿＿.

4. "先 xiān……, 等 děng…… 再 zài……"

(1) Complete the following sentences with this pattern

① 在跳蚤市场买东西得先讲价，等＿＿＿＿＿＿＿＿＿＿＿＿＿＿＿再买。
　　Zài tiàozao shìchǎng mǎi dōngxi děi xiān jiǎng jià, děng ＿＿＿＿＿＿＿ zài mǎi.

② 跑步之前你先＿＿＿＿＿＿＿＿＿＿＿＿＿＿＿，等身上轻松了再开始跑。
　　Pǎo bù zhīqián nǐ xiān ＿＿＿＿＿＿＿, děng shēnshang qīngsōngle zài kāishǐ pǎo.

③ 我先工作，等有了一些钱之后再＿＿＿＿＿＿＿＿＿＿＿＿＿＿＿。
　　Wǒ xiān gōngzuò, děng yǒule yìxiē qián zhīhòu zài ＿＿＿＿＿＿＿＿＿.

④ 你先＿＿＿＿＿＿＿＿＿＿＿＿＿＿＿，等作业都写完了我们再去体育馆锻炼。
　　Nǐ xiān ＿＿＿＿＿＿＿, děng zuòyè dōu xiěwánle wǒmen zài qù tǐyùguǎn duànliàn.

⑤ 我们先去咖啡馆坐坐，等＿＿＿＿＿＿＿＿＿＿＿＿＿＿＿再开车回家。
　　Wǒmen xiān qù kāfēiguǎn zuòzuo, děng ＿＿＿＿＿＿＿ zài kāi chē huí jiā.

(2) Complete the dialogues sentences with this pattern

① A：你打算什么时候买房子？
　　　Nǐ dǎsuan shénme shíhou mǎi fángzi?

　　B：＿＿＿＿＿＿＿＿＿＿＿＿＿＿＿＿＿＿＿＿＿＿＿＿＿。

② A：你计划什么时候结婚？
　　　Nǐ jìhuà shénme shíhou jié hūn?

　　B：＿＿＿＿＿＿＿＿＿＿＿＿＿＿＿＿＿＿＿＿＿＿＿＿＿。

③ A：你计划什么时候去登长城？
　　　Nǐ jìhuà shénme shíhou qù dēng Chángchéng?

　　B：＿＿＿＿＿＿＿＿＿＿＿＿＿＿＿＿＿＿＿＿＿＿＿＿＿。

④ A：今年的马拉松赛跑你参加吗？
　　　Jīnnián de Mǎlāsōng sàipǎo nǐ cānjiā ma?

　　B：还不一定，我得先锻炼锻炼，等＿＿＿＿＿＿＿＿＿＿＿＿＿。
　　　 Hái bù yídìng, wǒ děi xiān duànlian duànlian, děng ＿＿＿＿＿＿＿.

⑤ A：我想研究中国的历史，不过我还没学过中文。
　　　Wǒ xiǎng yánjiū Zhōngguó de lìshǐ, búguò wǒ hái méi xuéguo Zhōngwén.

　　B：那么，我想你最好＿＿＿＿＿＿＿＿＿＿＿＿＿＿＿。
　　　 Nàme, wǒ xiǎng nǐ zuìhǎo ＿＿＿＿＿＿＿.

5. "正 zhèng + V"

(1) Complete the following sentences

① 每年七月_____，校园里到处有毕业生在照相。
Měi nián qīyuè _____, xiàoyuán li dàochù yǒu bìyèshēng zài zhào xiàng.

② 我_____，你自己就来了。(Hint: just planning to)
Wǒ _____, nǐ zìjǐ jiù lái le.

③ 我们_____，这位大叔主动走过来帮忙了。
Wǒmen _____, zhè wèi dàshū zhǔdòng zǒu guolai bāng máng le.

④ 我_____，他就来电话请我去香港旅游。
Wǒ _____, tā jiù lái diànhuà qǐng wǒ qù Xiānggǎng lǚyóu.

⑤ 你现在找我借钱真不是时候，我_____呢。
Nǐ xiànzài zhǎo wǒ jiè qián zhēn bú shì shíhou, wǒ _____ ne.

(2) Answer the following questions

① A：我们今天去潘家园逛逛，好吗？
　　Wǒmen jīntiān qù Pānjiāyuán guàngguang, hǎo ma?

　B：今天不太方便，我_____。
　　Jīntiān bú tài fāngbiàn, wǒ _____.

② A：最近这两个星期苹果真便宜啊！
　　Zuìjìn zhè liǎng ge xīngqī píngguǒ zhēn piányi a!

　B：是啊，那是因为这个月_____。
　　Shì a, nà shì yīnwèi zhège yuè _____.

③ A：今年春节你回老家过节吗？
　　Jīnnián Chūnjié nǐ huí lǎojiā guò jié ma?

　B：我快大学毕业了，现在_____。
　　Wǒ kuài dàxué bì yè le, xiànzài _____.

④ A：你要我帮忙吗？
　　Nǐ yào wǒ bāng máng ma?

　B：好极了，我_____。
　　Hǎojí le, wǒ _____.

⑤ A：周末我们去健身房运动，好吗？
　　Zhōumò wǒmen qù jiànshēnfáng yùndòng, hǎo ma?

　B：没问题，这个周末我_____。
　　Méi wèntí, zhège zhōumò wǒ _____.

第三十九课 复印
Lesson Thirty-nine Making Copies

Listening Comprehension

1. Listen to the conversation between two roommates, then choose the correct answers to the questions

   (1) What was being made at the photocopy shop?

   A. Travel brochures

   B. Business cards

   C. Invitations

   (2) Why did A plan to return to the photocopy shop?

   A. The job needed to be redone.

   B. He needed to pay the photocopy shop. He had forgotten to pay.

   C. He wanted to compare prices.

2. Listen to the conversation between a photocopy shop owner and a customer, then choose the best answers to the questions

   (1) What does Xiao Wang need to do?

   A. He needs to send a file to his teacher by 4:00 p.m.

   B. He needs to send a message to the photocopy shop owner.

   C. He needs to get his laptop repaired.

   (2) Where's Xiao Wang going after the conversation?

   A. To the Library

   B. To Professor Li's house

   C. Home

Communication Activities

Pair Work

Scenario I: Your partner needs to make a dozen copies of an article on Chinese water-clocks. Recommend a photocopy shop for her/him, explain where it is, and describe the procedure, mentioning options like single-sided, double-sided, color, binding, etc.

Scenario II: Tell your partner about how your computer once got infected by a virus, explain how it happened, what you had to do to fix the problem, and what you learned from the experience.

Scenario III: A is a client who wants to make ten copies of a resume, cover letter and writing sample. B is a photocopy shop owner who would like to persuade A to do something a little fancier-add a cover, and so on.

Group Work

Debate: Your chances of being hired would be improved with a better designed resume.

....

....

Review Exercises

I. Match the verbs in the left-hand list with the nouns in the right-hand list

1. 服务   A. 作品
2. 设计   B. 病毒
3. 发表   C. 押金
4. 感染   D. 顾客
5. 打印   E. 文件
6. 预付   F. 封面

第三十九课 复印
Lesson Thirty-nine　Making Copies

II. Fill in the blanks with the words provided

样本	下载	打印	装订	设计	封面	顾客
yàngběn	xiàzài	dǎyìn	zhuāngdìng	shèjì	fēngmiàn	gùkè

　　每年五月份，校园里的打印店就特别忙。来这儿的_____多半是学校里快要毕业的同学。他们进进出出，在打印店里忙着_____毕业论文，忙着请教打印店老板应该_____什么样的论文_____，应该用什么样的纸等等。打印店的老板在这个时候总会拿出很多_____供顾客参考。顾客们一面仔细地看，一面也提出很多问题。校园里的打印店多半都不大，一个小小的房间里放着一两台电脑，让顾客上网_____文件。除了电脑外，就是两台大打印机，不停地工作着。地上、桌子上都放满了复印好等着_____的论文。我想，老板虽然忙得没有时间吃午饭，但他心里一定还是很高兴的，这两个月的生意能赚不少钱吧。

III. Complete the following dialogues

　　A：学生　　　　　　　　B：打印店老板王师傅

A：王师傅，我想请您帮个忙。我的教授要我明天就把硕士论文的稿子交给他，您能不能今天帮我打印一份？我晚上八点来取。

B：今天晚上八点钟？你看看，我这里还有好多份材料得复印呢。我得先_____，等_____再_____。现在都下午两点了，八点来取时间上太赶了。

A：您就帮帮忙吧。我平时常来您店里，您就照顾一下老顾客吧。

B：既然你这么说，我就尽力吧。不过因为时间那么赶，我只能_____，至于设计封面、装订封皮这些，我就_____了。

A：设计封面、装订封皮这些工作，现在都不重要，最要紧的就是_____。

B：你有优盘吗？我可以_____。

A：有的，在这儿。不过千万不要把病毒传到我的优盘里。

B：这个你放心，我店里的电脑都装有_____，不会_____的。

A：谢谢王师傅。我今晚八点来取，行吗？

B：明天早上九点行吗？这样我时间多些。

A：我明天最晚下午四点得把论文交给老师，所以_____。

B：好的，明天见。

IV. Complete the following tasks in Chinese

1. You are looking for a job in China. You have an English resume, but not a Chinese one. So you go to the photocopy shop, where you need to do three things:

   a. Find out if the owner can help you to find someone to translate your resume into Chinese;

   b. Explain that you need 100 copies of the Chinese version and 50 copies of the English;

   c. Explain that you need the translation done within a week, and all 150 copies made within ten days.

2. In inspecting a set of business cards made at the photocopy shop, you notice two problems. Explain to the proprietor that (a) your cell phone number has been omitted; and (b) you wanted 50 in Chinese and 100 in English, but you've got 100 in Chinese and 50 in English. You don't have time to wait for them to be redone, so since it's clearly the shop's mistake, you'll take them, but only with a substantial discount.

第三十九课　复印

Lesson Thirty-nine Making Copies

Culture Notes

1. Photocopy shops do a lot more than just making copies

Copy shops in China do a lot more than just make copies. They offer a host of other services, such as photocopying, color ink jet printing, typing, translation, printing business cards, printing restaurant menus, doing computer-assisted design or computer-assisted engraving (for advertisements and decoration), preparing contracts and other documents, preparing documents for legal tender, billboard design and production, picture printing, downloading, faxing, album production, banner production, CAD blueprints, etc. Some of them even sell office and school supplies.

2. Sizes and grades of paper used in photocopying

In China, photocopy shops use the international paper size standards (ISO standards) that are usual in countries that use the metric system. Paper sizes are labeled A0, A1, A2, etc. (with a B series for posters, and C series for envelopes, etc.). The typical paper for Xeroxing in China is A4 (210mm × 297mm), which can be folded to make A5 size brochures. The A4 size is slightly 'more oblong' than the standard U.S. letter size of 8.5 × 11 inches (215.9 mm× 279.4mm). Another commonly printed paper in China is B5 (182mm×257mm).

3. Price for having name cards made in China

The price of having name cards made in China is based on several factors:

a. Photocopy shops will design a name card for you for about 100 *yuan*. If you provide your own template, there is no charge for the design.

b. Printing costs depend on the paper: cards printed on ordinary copy paper cost only 10 yuan per box of 100. For other types of paper, such as laminate, 285G Pearly paper, 250G Star paper single, 300G shiny beige paper single, United States environmental paper, etc., the higher the grade, the higher the price. In general, the more cards you order, the lower the price per unit. And of course, since you're in China, you can always bargain with the shopkeeper for a reduced price.

Lesson Forty
Seeking Employment

第四十课
求职

Dì-sìshí Kè

Qiúzhí

In this lesson you will learn how to do the following

- How to go about finding a job in China
- The sort of questions you might get asked in an interview
- How to present yourself in an interview
- How do deal with questions about salary, experience and suitability

Grammar

- "分之 fēn zhī" expressing fractions or percentages
- The conjunction "以便 yǐbiàn……" (so as to…, with the aim of…)
- "一方面 yì fāngmiàn……，一方面 yì fāngmiàn……" (on the one hand…, on the other hand…)
- Minimizing expressions: "就行了 jiù xíng le", "就是了 jiùshì le" (and that'll be fine)
- "加深 jiāshēn 对 duì……的了解 de liǎojiě" (to deepen the understanding of…)
- "V + 下去 xiàqu" (to keep on, to go on [doing something])
- "并 bìng + Negative form" ([it's] not really…)

Culture Notes

- Finding a job in China
- Requirements for obtaining a job in China
- Getting a work permit and applying for a work visa

第四十课 求职
Lesson Forty Seeking Employment

Dialogue

A: 盖茨
Gàicí
an overseas student

B: 王晓文
Wáng Xiǎowén
a human resources manager

　　盖茨通过各种渠道收集了一些在中国找工作的信息。他了解到百分之[G1]五十五的外国人在中国的工作是教师，但也有越来越多的中国大中型企业希望招聘外国人，以便[G2]了解外国市场的管理和运作方式。盖茨一方面有一个国际贸易的本科学位，一方面母语是英语，而且是现在比较流行的美式英语，又在中国学习了两年中文[G3]。他经过分析认为自己可以申请两类工作：中国大中型企业的部门经理，或者英文老师。当然他最希望进入商界。他也了解到找工作有三种渠道：参加人才招聘会，上网在招聘网站搜寻，或找猎头公司。网上招聘外国人的公司很少，找猎头公司要花钱，他决定先去招聘会看看。招聘季节各种招聘会很多，连各个大学都在为自己的毕业生开招聘会。他去了周末专为外国人开的"国际英才招聘会"。招聘会上提供的岗位五花八门，有教师、律师、工程师、销售主管、笔译、电子游戏翻译、动漫设计、室内装饰、电台英文主播等等。他转了一圈，给几所招外教的学校递了简历。他看到一家深圳蛇口的电子公司在招海外营销经理，桌后坐着几个人，就走了过去……

　　Gàicí tōngguò gè zhǒng qúdào shōujíle yìxiē zài Zhōngguó zhǎo gōngzuò de xìnxī. Tā liǎojiědào bǎi fēn zhī[G1] wǔshíwǔ de wàiguórén zài Zhōngguó de gōngzuò shì jiàoshī, dàn yě yǒu yuè lái yuè duō de Zhōngguó dà-zhōng xíng qǐyè xīwàng zhāopìn wàiguórén, yǐbiàn[G2] liǎojiě wàiguó shìchǎng de guǎnlǐ hé yùnzuò fāngshì. Gàicí yì fāngmiàn yǒu yí ge guójì màoyì de běnkē xuéwèi, yì fāngmiàn mǔyǔ shì Yīngyǔ, érqiě shì xiànzài bǐjiào liúxíng de Měishì Yīngyǔ, yòu zài Zhōngguó xuéxíle liǎng nián Zhōngwén[G3]. Tā jīngguò fēnxī rènwéi zìjǐ kěyǐ shēnqǐng liǎng lèi gōngzuò: Zhōngguó dà-zhōng xíng qǐyè de bùmén jīnglǐ, huòzhě Yīngwén lǎoshī. Dāngrán tā zuì xīwàng jìnrù shāngjiè. Tā yě liǎojiědào zhǎo gōngzuò yǒu sān zhǒng qúdào: cānjiā réncái zhāopìnhuì, shàng wǎng zài zhāopìn wǎngzhàn sōuxún, huò zhǎo liètóu gōngsī. Wǎngshang zhāopìn wàiguórén de gōngsī hěn shǎo, zhǎo liètóu gōngsī yào huā qián, tā juédìng xiān qù zhāopìnhuì kànkan. Zhāopìn jìjié gè zhǒng zhāopìnhuì hěn duō, lián gège dàxué dōu zài wèi zìjǐ de bìyèshēng kāi zhāopìnhuì. Tā qùle zhōumò zhuān wèi wàiguórén kāi de "Guójì Yīngcái Zhāopìnhuì". Zhāopìnhuì shang tígōng de gǎngwèi wǔhuā-bāmén, yǒu jiàoshī、lǜshī、gōngchéngshī、xiāoshòu zhǔguǎn、bǐyì、diànzǐ yóuxì fānyì、dòngmàn shèjì、shìnèi zhuāngshì、diàntái Yīngwén zhǔbō děngděng. Tā zhuǎnle yì quān, gěi jǐ suǒ zhāo wàijiào de xuéxiào dìle jiǎnlì. Tā kàndào yì jiā Shēnzhèn Shékǒu de diànzǐ gōngsī zài zhāo hǎiwài yíngxiāo jīnglǐ, zhuō hòu zuòzhe jǐ ge rén, jiù zǒule guòqu……

真实生活汉语
Chinese for Living in China 4

A: 您好。我叫盖茨，是美国留学生，刚刚从复旦大学毕业。我看到贵公司[1]的招聘介绍，觉得这个工作对我很适合。不知你们是否有兴趣看看我的简历。

Nín hǎo. Wǒ jiào Gàicí, shì Měiguó liúxuéshēng, gānggāng cóng Fùdàn Dàxué bì yè. Wǒ kàndào guì gōngsī[1] de zhāopìn jièshào, juéde zhège gōngzuò duì wǒ hěn shìhé. Bù zhī nǐmen shìfǒu yǒu xìngqù kànkan wǒ de jiǎnlì.

B: 当然有兴趣！你好，我叫王晓文，是公司的人事经理。欢迎你申请我公司[2]的工作。请坐下谈谈。

Dāngrán yǒu xìngqù! Nǐ hǎo, wǒ jiào Wáng Xiǎowén, shì gōngsī de rénshì jīnglǐ. Huānyíng nǐ shēnqǐng wǒ gōngsī[2] de gōngzuò. Qǐng zuòxia tántan.

A: 好，谢谢。

Hǎo, xièxie.

B: 你来中国多久了？学过几年中文？

Nǐ lái Zhōngguó duō jiǔ le? Xuéguo jǐ nián Zhōngwén?

A: 我来中国两年了。在美国读大学的时候学过两年中文，在复旦大学又专修了两年。我比较善于学习语言。虽然学中文的时间不长，但我听和说问题都不大，在读和写上还要加强。贵公司的这个工作和外国人打交道比较多，中文只需要能和中国员工交流就行了[G4]。我想我的中文水平应该完全可以胜任。

Wǒ lái Zhōngguó liǎng nián le. Zài Měiguó dú dàxué de shíhou xuéguo liǎng nián Zhōngwén. Zài Fùdàn Dàxué yòu zhuānxiūle liǎng nián. Wǒ bǐjiào shànyú xuéxí yǔyán. Suīrán xué Zhōngwén de shíjiān bù cháng, dàn wǒ tīng hé shuō wèntí dōu bú dà, zài dú hé xiě shang hái yào jiāqiáng. Guì gōngsī de zhège gōngzuò hé wàiguórén dǎ jiāodao bǐjiào duō, Zhōngwén zhǐ xūyào néng hé Zhōngguó yuángōng jiāoliú jiù xíng le[G4]. Wǒ xiǎng wǒ de Zhōngwén shuǐpíng yīnggāi wánquán kěyǐ shèngrèn.

B: 你在大学的时候为什么选国际贸易专业？

Nǐ zài dàxué de shíhou wèi shénme xuǎn guójì màoyì zhuānyè?

A: 我上大学的时候国际贸易专业很热门，但是我选择这个专业并不是因为它热门，热门的专业在毕业后找工作竞争也很激烈。我上高中的时候在一家批发公司打过工，工作中我学到很多外贸方面的知识。上大学后

Notes

1. "贵 guì" (expensive) in other contexts, is also used to show respect for someone's institution. Here "贵公司 guì gōngsī" could be translated as "your esteemed company", "your fine company".

2. "我公司 wǒ gōngsī", despite the singular pronoun "我 wǒ", implies "our company".

第四十课 求职

Lesson Forty Seeking Employment

我的同屋是个中国人，学贸易的人都知道现在中国的商贸很火，所以就决定学习国际贸易专业，同时选修中文课。在大学时别的功课压力很大，不能全心全意地学中文。所以大学毕业后我来到中国，决心把中文学好。上海是中国的一个商业中心，我选择来上海学习，同时也想进一步了解中国的商业文化。

Wǒ shàng dàxué de shíhou guójì màoyì zhuānyè hěn rèmén, dànshì wǒ xuǎnzé zhège zhuānyè bìng bú shì yīnwèi tā rèmén, rèmén de zhuānyè zài bì yè hòu zhǎo gōngzuò jìngzhēng yě hěn jīliè. Wǒ shàng gāozhōng de shíhou zài yì jiā pīfā gōngsī dǎguo gōng, gōngzuò zhōng wǒ xuédào hěn duō wàimào fāngmiàn de zhīshi. Shàng dàxué hòu wǒ de tóngwū shì ge Zhōngguórén, xué màoyì de rén dōu zhīdào xiànzài Zhōngguó de shāngmào hěn huǒ, suǒyǐ jiù juédìng xuéxí guójì màoyì zhuānyè, tóngshí xuǎnxiū Zhōngwén kè. Zài dàxué shí bié de gōngkè yālì hěn dà, bù néng quánxīn-quányì de xué Zhōngwén. Suǒyǐ dàxué bì yè hòu wǒ láidào Zhōngguó, juéxīn bǎ Zhōngwén xuéhǎo. Shànghǎi shì Zhōngguó de yí ge shāngyè zhōngxīn, wǒ xuǎnzé lái Shànghǎi xuéxí, tóngshí yě xiǎng jìnyíbù liǎojiě Zhōngguó de shāngyè wénhuà.

B： 那你为什么不申请上海的工作呢？
Nà nǐ wèi shénme bù shēnqǐng Shànghǎi de gōngzuò ne?

A： 我会考虑上海的工作。但是深圳是中国经济改革的特区，离香港也很近，在那儿工作可以加深我对中国经济改革的了解[G5]。
Wǒ huì kǎolǜ Shànghǎi de gōngzuò. Dànshì Shēnzhèn shì Zhōngguó jīngjì gǎigé de tèqū, lí Xiānggǎng yě hěn jìn, zài nàr gōngzuò kěyǐ jiāshēn wǒ duì Zhōngguó jīngjì gǎigé de liǎojiě[G5].

B： 你的中文说得很不错，为什么不回美国找工作呢？进一个跟中国做生意的美国公司应该是不难的。
Nǐ de Zhōngwén shuō de hěn búcuò, wèi shénme bù huí Měiguó zhǎo gōngzuò ne? Jìn yí ge gēn Zhōngguó zuò shēngyì de Měiguó gōngsī yīnggāi shì bù nán de.

A： 也许吧。但是我很喜欢中国，也很希望能进一步学习中国的语言、文化，特别是商业文化。我知道这是一个长期的学习过程。中国人不是说"只要功夫深，铁杵磨成针"吗？我打算在中国长期住下去[G6]，所以我认为贵公司提供的这个工作正好给了我这样一个机会。
Yěxǔ ba. Dànshì wǒ hěn xǐhuan Zhōngguó, yě hěn xīwàng néng jìnyíbù xuéxí Zhōngguó de yǔyán、wénhuà, tèbié shì shāngyè wénhuà. Wǒ zhīdào zhè shì yí ge chángqī de xuéxí guòchéng. Zhōngguórén bú shì shuō "zhǐyào gōngfu shēn, tiěchǔ móchéng zhēn" ma? Wǒ dǎsuan zài Zhōngguó chángqī zhù xiaqu[G6], suǒyǐ wǒ rènwéi guì gōngsī tígōng de zhège gōngzuò zhènghǎo gěile wǒ zhèyàng yí ge jīhuì.

B：在你看来，你以前的经验和我们现在的工作有哪些联系？
Zài nǐ kànlái, nǐ yǐqián de jīngyàn hé wǒmen xiànzài de gōngzuò yǒu nǎxiē liánxì?

A：您可以从我的简历中看到，我有些管理美国公司的经验。我知道怎么管理营销，如何处理好与合作者的关系，以及怎样在压力下解决问题。我相信我所学的关于国际贸易方面的知识和我的工作经验，可以为贵公司的发展贡献力量。
Nín kěyǐ cóng wǒ de jiǎnlì zhōng kàndào, wǒ yǒu xiē guǎnlǐ Měiguó gōngsī de jīngyàn. Wǒ zhīdào zěnme guǎnlǐ yíngxiāo, rúhé chǔlǐhǎo yǔ hézuòzhě de guānxi, yǐjí zěnyàng zài yālì xià jiějué wèntí. Wǒ xiāngxìn wǒ suǒ xué de guānyú guójì màoyì fāngmiàn de zhīshi hé wǒ de gōngzuò jīngyàn, kěyǐ wèi guì gōngsī de fāzhǎn gòngxiàn lìliang.

B：你对薪水有什么要求？
Nǐ duì xīnshui yǒu shénme yāoqiú?

A：钱并不是[G7]我唯一关心的问题，不然我就回美国工作了。我注重的是我对我的工作要非常感兴趣。所以只要贵公司能根据我为公司做出的贡献公平合理地处理，我就不会计较。
Qián bìng bú shì[G7] wǒ wéiyī guānxīn de wèntí, bùrán wǒ jiù huí Měiguó gōngzuò le. Wǒ zhùzhòng de shì wǒ duì wǒ de gōngzuò yào fēicháng gǎn xìngqù. Suǒyǐ zhǐyào guì gōngsī néng gēnjù wǒ wèi gōngsī zuòchū de gòngxiàn gōngpíng hélǐ de chǔlǐ, wǒ jiù bú huì jìjiào.

B：很好。请你把申请资料留下。进一步考虑后，我们会在一个月以内给你答复。
Hěn hǎo. Qǐng nǐ bǎ shēnqǐng zīliào liúxia. Jìnyíbù kǎolǜ hòu, wǒmen huì zài yí ge yuè yǐnèi gěi nǐ dáfù.

A：企盼您的回音。希望再见。
Qǐpàn nín de huíyīn. Xīwàng zàijiàn.

B：再见！
Zàijiàn!

第四十课 求职
Lesson Forty Seeking Employment

New Words

1	渠道	qúdào	N	medium of communication, channel of communication; ditch, canal, channel
2	收集	shōují	V	to collect, to gather
3	百分之	bǎi fēn zhī	Phr	(Nu) percent
4	大中型	dà-zhōng xíng	Attr	large- and medium-size
5	企业/企業	qǐyè	N	business, enterprise, industry
6	招聘	zhāopìn	V	to advertise job vacancies, to invite job applications
7	以便	yǐbiàn	Conj	in order to, so that, with the aim of
8	运作/運作	yùnzuò	V	to operate, to run, to implement (of an organization, institution, economy, etc.)
9	母语/母語	mǔyǔ	N	mother tongue, native language
10	分析	fēnxī	V	to analyze
11	部门/部門	bùmén	N	{admin} department, branch, sector, division
12	商界	shāngjiè	N	the business world, business circles
13	人才	réncái	N	talented person, (qualified) personnel, genius
14	搜寻/搜尋	sōuxún	V	to search for, to seek after, to look for
15	猎头/獵頭	liètóu	N	head hunting (agency); head hunter
16	毕业生/畢業生	bìyèshēng	N	graduate student
17	英才	yīngcái	N	person of outstanding talent
18	岗位/崗位	gǎngwèi	N	job, position, post
19	五花八门/五花八門	wǔhuā-bāmén	Phr	all sorts of, a wide variety of; multifarious, kaleidoscopic, miscellaneous, various
20	律师/律師	lǜshī	N	lawyer, attorney
21	工程师/工程師	gōngchéngshī	N	engineer
22	销售/銷售	xiāoshòu	V	to sell, to market
23	主管	zhǔguǎn	N	person in charge of, administrator, manager
24	笔译/筆譯	bǐyì	N	written translation (in contrast to "口译 kǒuyì" oral interpretation)

25	装饰/裝飾	zhuāngshì	V/N	to dress up, to decorate, to adorn (person or thing); decoration ("室内装饰 shìnèi zhuàngshì" interior decoration)
26	电台/電臺	diàntái	N	broadcasting station, radio station
27	主播	zhǔbō	N	anchor (at radio or TV station)
28	圈	quān	N/V	circle, ring; to encircle, to enclose
29	递/遞	dì	V	to hand over, to transmit, to deliver
30	蛇口	Shékǒu	PropN	the Shenzhen Industrial Zone in Shenzhen, where many foreign businesses and companies are located
31	营销/營銷	yíngxiāo	V	to sell, to market
32	复旦大学/復旦大學	Fùdàn Dàxué	PropN	Fudan University (liberal arts university, in Shanghai)
33	是否	shìfǒu	Adv	whether or not
34	人事	rénshì	N	human resources
35	专修/專修	zhuānxiū	V	to specialize in (a field of study)
36	善于/善於	shànyú	V	to be good at, to be skilled in
37	加强	jiāqiáng	V	to strengthen, to intensify, to consolidate, to enhance
38	打交道	dǎ jiāodao	VO	to have (social) dealings with, have (social) relations with
39	胜任/勝任	shèngrèn	V	to be competent, to qualified (for the position)
40	热门/熱門	rèmén	N	a hot (show, etc.) sth. that is in great demand
41	它	tā	Pron	it
42	竞争/競爭	jìngzhēng	V	to compete, to contend, to vie
43	激烈	jīliè	Adj	intense, sharp, drastic, radical
44	批发/批發	pīfā	V	to sell wholesale
45	知识/知識	zhīshi	N	knowledge
46	商贸/商貿	shāngmào	N	trade and commerce
47	火	huǒ	N/V/Adj	fire; to get angry; be popular, "be hot"

第四十课 求职
Lesson Forty Seeking Employment

48	选修/選修	xuǎnxiū	V	to take an elective course
49	功课/功課	gōngkè	N	homework, schoolwork
50	压力/壓力	yālì	N	pressure
51	全心全意	quánxīn-quányì	Phr	with all one's heart and all one's soul, wholeheartedly
52	决心	juéxīn	V/N	to make up one's mind to; resolution, determination
53	商业中心/商業中心	shāngyè zhōngxīn	N	commercial center, business center
	商业/商業	shāngyè	N	business, commerce
54	特区/特區	tèqū	N	special economic zone, special zone
55	香港	Xiānggǎng	PropN	Hong Kong
56	加深	jiāshēn	V	to deepen (literally or figuratively), to give more depth to
57	长期/長期	chángqī	N/Attr	long period of time; long-term
58	过程/過程	guòchéng	N	process, course
59	只要功夫深，铁杵磨成针/只要功夫深，鐵杵磨成針	Zhǐyào gōngfu shēn, tiěchǔ mó chéng zhēn		Saying "If one perseveres long enough, one can grind an iron rod down to a needle", i.e. persistence leads to success
	只要	zhǐyào	Conj	so long as, provided that (often used with "就 jiù" or "便 biàn")
	功夫	gōngfu	N	hard work over time to accomplish a skill; Chinese martial arts
	深	shēn	Adj	deep
	铁杵/鐵杵	tiěchǔ	N	iron rod
	磨	mó	V	to grind, to polish
	针/針	zhēn	N	needle; sth. resembling a needle; acupuncture
60	经验/經驗	jīngyàn	N	experience
61	如何	rúhé	IntPron	how, in what way, by what means
62	处理/處理	chǔlǐ	V	to process, to handle, to deal with; to sell at reduceed prices

真实生活汉语
Chinese for Living in China 4

63	合作者	hézuòzhě	N	collaborator
64	解决	jiějué	V	to (re)solve, to settle, to overcome
65	贡献/貢獻	gòngxiàn	V/N	to contribute, to dedicate, to devote; contribution
66	薪水	xīnshui	N	salary
67	唯一	wéiyī	Attr	sole, only, unique
68	关心/關心	guānxīn	V	to be concerned about, to show concern for (people or things)
69	注重	zhùzhòng	V	to emphasize, to stress, to attach importance to
70	公平	gōngpíng	Adj	fair, just, equitable
71	计较/計較	jìjiào	V	to worry over, to fuss to about; to argue, to dispute
72	以内	yǐnèi	N	within, less than
73	答复/答覆	dáfù	V	to reply, to answer
74	企盼	qǐpàn	V	to hope for, to long for
75	回音	huíyīn	N	a reply, a letter in reply; an echo

Re-enacting the Dialogue

Gates went through all kinds of channels to collect information on how to find a job in China. He found out that 55% of foreigners working in China were teachers; but more and more Chinese large-size and medium-sized enterprises were also hoping to hire foreigners in order to help them understand the way foreign markets were managed and run. Gates has an undergraduate degree in international trade on the one hand, and on the other, he's a native speaker of English. Moreover, he speaks American English that is now quite popular, and he's studied two years of Chinese in China. By his own analysis, he reckoned he could apply for two kinds of jobs: department manager in a Chinese large or medium sized business, or English teacher. Naturally, what he hoped for most was to get into the business world. He also found out that there were three ways to find a job: to attend a job fair, to search online for a job, or to find a head-hunting agency. There would be very few companies for foreigners online, head-hunting agencies would be too expensive, so he decided

第四十课　求职
Lesson Forty Seeking Employment

to start by taking a look at a job fair. In hiring season, there were lots of different kinds of job fairs. Each university was even running a job fair for its own graduates. He went to the "International Talent Job Fair" organized especially for foreigners. There were all kinds of positions offered at the fair: teachers, lawyers, engineers, marketing managers, translators, video games translators, animation designers, interior designers, English language broadcasters, and so on. He walked right round the place and gave his application to several schools who were looking for foreign teachers. He saw that there was an electronics company from Shekou in Shenzhen looking for overseas sales manager. There were a few people sitting behind the table and he walked over to them...

A: Hello, my name is Gates. I'm an American student and have just graduated from Fudan University. I saw your company's job announcement and felt that I was well-suited for the position. I wonder if you would be interested in seeing my resume.

B: Of course we would. How do you do! My name is Wang Xiaowen. I'm the human resources manager for the company. You're welcome to apply for work in our company. Please have a seat, we can talk.

A: Fine. Thanks.

B: How long have you been in China? How many years have you been studying Chinese?

A: I've been in China for two years. I had studied Chinese for two years when I was in college in the US. I studied only Chinese at Fudan University for two years. I'm good at languages. Although I haven't been studying Chinese for very long, I don't have much problem with listening and speaking, I need to improve my reading and writing, though. The job at your [esteemed] company involves a lot of contact with foreigners, so I should be Okay as long as I can communicate with Chinese employees. I think my Chinese level will be completely satisfactory for the position.

B: Why did you choose to specialize in international commerce?

A: When I was an undergraduate, specializing in international commerce was very popular. But I didn't choose it as a major because it was popular. With the most popular majors, the competition for jobs after graduation is very intense. When I was in high school, I worked for a wholesale company, where I learned a whole lot about foreign trade. When I got to university, my roommate was Chinese. Those who study trade know that Chinese commerce and trade are booming, so I decided to major in international commerce, while at the same time, taking Chinese. In college there was a lot of pressure from my other courses, so I couldn't devote myself completely to Chinese. So when I graduated from university, I came to China determined to learn Chinese properly. Shanghai's one of China's commercial centers, so I chose to come and study in Shanghai, while at the same time, advance my knowledge of Chinese business culture.

B: So why didn't you apply for jobs in Shanghai?

A: I would consider work in Shanghai, but Shenzhen is the Special Zone of China's economic reform, and it's near Hong Kong. Working there will deepen my understanding of Chinese economic reform.

B: You speak Chinese pretty well. Why not look for a job back in the States? It shouldn't be difficult to find a position with an American company doing business with China.

A: I guess I could, but I like China, and I'm hoping to further advance my knowledge of Chinese language and culture, especially business culture. I know it's a long process. Don't the Chinese say: "As long as you try very hard, an iron rod can be ground into a needle"? I intend to stay in China a long time. So I feel this job provided by your [esteemed] company gives me just such an opportunity.

B: In your view, how does your previous experience relate to our current position?

A: You can see from my resume that I have some management experience in US companies. I know how to manage sales, how to deal properly with collaborators, and how to make decisions under pressure. I believe that the knowledge I've gained from my studies about international trade, as well as my work experience, can make a strong contribution to the development of your company.

B: What sort of salary requirements do you have?

A: Money's not the only thing that I'm concerned about. If it were, I'd go back and work in the States. What's most important to me is this: I want to feel very interested in the job, and so as long as your [esteemed] company regards my contribution to the company in an equitable and fair manner, I'm not that concerned.

B: Great. Please leave your application materials. After additional consideration, we'll give you a response within a month.

A: I look forward to your response. Hope to see you again.

B: See you.

第四十课　求职

Lesson Forty Seeking Employment

Grammar

▶ G1. "分之 fēn zhī" expressing fractions or percentages

Fractions in Chinese are expressed in terms of "so many parts out of a whole", with the whole (the denominator – the lower number in a fraction) placed first, and the part (the numerator-the upper number in a fraction) placed second: "三分之一 sān fēn zhī yī" (one third), "三分之二 sān fēn zhī èr" (two thirds), "四分之一 sì fēn zhī yī" (one quarter). English, of course, generally mentions the numerator first, the denominate second: "five sevenths (5/7)" (七分之五 qī fēn zhī wǔ, in Chinese). Percentage is expressed the same way, as a fraction of a hundred: "百分之二十五 bǎi fēn zhī èrshíwǔ" (25 of 100), i.e. 25%. Here are some sentences containing fractions and percentages:

① 他了解到百分之五十五的外国人在中国的工作是教师。
Tā liǎojiě dào bǎi fēn zhī wǔshíwǔ de wàiguórén zài Zhōngguó de gōngzuò shì jiàoshī.
He found out that 55% of foreigners working in China were teachers.

② 我们班三分之一的学生是日本人。
Wǒmen bān sān fēn zhī yī de xuésheng shì Rìběnrén.
One third of the students in my class are Japanese.

③ 我们班百分之八十的学生都去参加了上个周末开的那个"国际英才招聘会"。
Wǒmen bān bǎi fēn zhī bāshí de xuésheng dōu cānjiāle shàng ge zhōumò kāi de nàge "Guójì Yīngcái Zhāopìnhuì".
80% of the students in my class went to the "International Talent Job Fair" held last weekend.

④ 申请我们公司工作的人很多，申请成功率是百分之十左右。
Shēnqǐng wǒmen gōngsī gōngzuò de rén hěn duō, shēnqǐng chénggōnglǜ shì bǎi fēn zhī shí zuǒyòu.
A lot of people have applied for positions in our company. The success rate for applicants is about 10%.

▶ G2. The conjunction "以便 yǐbiàn……" (so as to…, with the aim of…)

In an earlier lesson, you encountered constructions in which "以 yǐ" has more or less its Classical Chinese meaning of "to take" or "by, with". For example, "以为 yǐwéi" "to take to be, to regard as". Now we have "以 yǐ" combining with "便 biàn", a component of words that mean "to be convenient", to give the sense of "to take to be convenient", or more idiomatically, "so as to, in order to, for the purpose of, etc." "以便 yǐbiàn" appears at the beginning of the second clause.

① 但也有越来越多的中国大中型企业希望招聘外国人，以便了解外国市场的管理和运作方式。
Dàn yě yǒu yuè lái yuè duō de Zhōngguó dà-zhōng xíng qǐyè xīwàng zhāopìn wàiguórén, yǐbiàn liǎojiě wàiguó shìchǎng de guǎnlǐ hé yùnzuò fāngshì.
But more and more Chinese large-sized and medium-sized enterprises were also hoping to hire foreigners in order to help them understand the way foreign markets were managed and run.

② 今天把行李装好以便明天起来了就能走。
Jīntiān bǎ xíngli zhuānghǎo yǐbiàn míngtiān qǐláile jiù néng zǒu.
Pack up your luggage today, so that you can leave once you get up tomorrow.

③ 旅行的时候带本字典以便学习。
Lǚxíng de shíhou dài běn zìdiǎn yǐbiàn xuéxí.
Bring a dictionary with you when you travel, so you can study.

④ 把你的电话号码告诉我以便联系。
Bǎ nǐde diànhuà hàomǎ gàosu wǒ yǐbiàn liánxì.
Let me know your telephone number, so we can contact each other.

▶ **G3.** "一方面 yì fāngmiàn……, 一方面 yì fāngmiàn……" (on the one hand…, on the other hand…)

The phrase "一方面 yì fāngmiàn" (one side, an aspect) can appear in consecutive clauses to express multiple, or different aspects of an overall topic, or situation. The second "一方面 yì fāngmiàn" is often supported by adverbs such as "又 yòu", "也 yě" and "还 hái" later in the clause.

① 他一方面有一个国际贸易的本科学位，一方面母语又是英语，所以这份工作对他很合适。
Tā yì fāngmiàn yǒu yí ge guójì màoyì de běnkē xuéwèi, yì fāngmiàn mǔyǔ yòu shì Yīngyǔ, suǒyǐ zhè fèn gōngzuò duì tā hěn héshì.
He has an undergraduate degree in international trade on the one hand, and on the other, he's a native speaker of English, so he's quite suited for the job.

② 为了能很快得找到一份工作，她一方面积极参加人才招聘会，一方面找猎头公司帮忙。
Wèile néng hěn kuài de zhǎodào yí fèn gōngzuò, tā yì fāngmiàn jījí cānjiā réncái zhāopìnhuì, yì fāngmiàn zhǎo liètóu gōngsī bāng máng.
In order to be able to find a job quickly, she actively participated in recuitment meetings on the one hand, and got help from a head-hunting company, on the other.

③ 找工作一方面要有大学及以上学位，一方面要有工作经验。
Zhǎo gōngzuò yì fāngmiàn yào yǒu dàxué jí yǐshàng xuéwèi, yì fāngmiàn yào yǒu gōngzuò jīngyàn.
To find a job, you have to have an undergraduate or higher degree, as well as work experience.

This construction can also be used for connecting two antagonistic aspects, as in the following example in which "happiness" contrasts with "worry":

第四十课 求职
Lesson Forty Seeking Employment

她在中国找到了一份很好的工作。她一方面觉得很高兴，因为自己要自食其力了；一方面又怕自己没朋友，会很想家。

Tā zài Zhōngguó zhǎodàole yí fèn hěn hǎo de gōngzuò. Tā yì fāngmiàn juéde hěn gāoxìng, yīnwèi zìjǐ yào zì shí qí lì le; yì fāngmiàn yòu pà zìjǐ méi péngyou, huì hěn xiǎng jiā.

She found a good job in China. On the one hand she is happy because she will soon be financially independent, but on the other hand, she worries that she might be homesick since she has no friend there.

▶ G4. Minimizing expressions: "就行了 jiù xíng le", "就是了 jiùshì le" (and that'll be fine)

Colloquially, expressions like "就行了 jiù xíng le" or "就是了 jiùshì le" often appear as "tags" in order to indicate obviousness, or sufficiency: "and that's plenty", "and that's fine", "and that's enough". A rhetorical question often follows to make the implications even clearer: "why bother to…", "what's the point of…", etc.

① 能跟中国人说话就行了，不用学汉字。
Néng gēn Zhōngguórén shuō huà jiù xíng le, bú yòng xué Hànzì.
It's good enough to be able to communicate with Chinese people, no need to learn characters.

② 她过生日给她送个生日卡就是了，为什么要送这么贵的礼物？
Tā guò shēngrì gěi tā sòng ge shēngrìkǎ jiùshì le, wèi shénme yào sòng zhème guì de lǐwù?
Just give her a birthday card for her birthday, why do you have to give such an expensive present?

③ 孩子做错了事，说两句就是了，干吗要打他？
Háizi zuòcuòle shì, shuō liǎng jù jiùshì le, gànmá yào dǎ tā?
If the child made a mistake, it's enough to have a few words with him, why do you have to hit him?

▶ G5. "加深 jiāshēn 对 duì……的了解 de liǎojiě" (to deepen the understanding of…)

Understanding of a particular subject is expressed, in Chinese, by a prepositional phrase, composed of "对 duì", plus the particular subject, placed before the verb: "对中国经济改革的了解 duì zhōngguó jīngjì gǎigé de liǎojiě" (the understanding of Chinese economic reform). That whole phrase can then be made the object of the verb "加深 jiāshēn" (to deepen): "加深我对中国经济改革的了解 jiāshēn wǒ duì Zhōngguó jīngjì gǎigé de liǎojiě" (to deepen my understanding of Chinese economic reform).

The complete example follows below, along with an additional example:

① 在那儿工作可以加深我对中国经济改革的了解。
Zài nàr gōngzuò kěyǐ jiāshēn wǒ duì Zhōngguó jīngjì gǎigé de liǎojiě.
Working there will deepen my understanding of Chinese economic reform.

② 盖茨很希望能进一步学习中国的语言，加深对中国文化，特别是中国商业文化的了解。
Gàicí hěn xīwàng néng jìnyībù xuéxí Zhōngguó de yǔyán, jiāshēn duì Zhōngguó wénhuà, tèbié shì Zhōngguó shāngyè wénhuà de liǎojiě.
Gates wishes to further his study of Chinese language, and deepen his understanding of Chinese culture, especially Chinese business culture.

▶ G6. "V + 下去 xiàqu" (to keep on, to go on [doing sth..])

The directional complement "下去 xiàqu", whose literal meaning is "to go down", can also have an extended, or figurative meaning of "to continue, to keep on, to go on [doing sth..]", indicating that an action or situation that has already begun will continue. Here are some examples:

① 我打算在中国长期住下去。
Wǒ dǎsuan zài Zhōngguó chángqī zhù xiaqu.
I intend to go on living in China for a long time.

② 请你说下去。
Qǐng nǐ shuō xiaqu.
Please go on, don't stop.

③ 最近天气太热了，再热下去我就受不了了。
Zuìjìn tiānqì tài rè le, zài rè xiaqu wǒ jiù shòu bu liǎo le.
The weather's been too hot recently, if it goes on like this I won't be able to stand it.

④ 你别说了，再说下去，她就要生气了。
Nǐ bié shuō le, zài shuō xiaqu, tā jiù yào shēng qì le.
Don't say any more, if you keep talking, she's going to get really angry.

▶ G7. "并 bìng + Negative form" ([it's] not really …)

The adverb "并 bìng" appears before negatives as an intensifier, often when the negative is counter to expectations, hence translations such as "actually" or "really".

Here are some examples:

① **A:** 你对薪水有什么要求?
Nǐ duì xīnshui yǒu shénme yāoqiú?
What are your salary requirements?

B: 钱并不是我唯一关心的问题，不然我就回美国工作了。我注重的是我对我的工作要非常感兴趣。
Qián bìng bú shì wǒ wéiyī guānxīn de wèntí, bùrán wǒ jiù huí Měiguó gōngzuò le. Wǒ zhùzhòng de shì wǒ duì wǒ de gōngzuò yào fēicháng gǎn xìngqù.
Money's not the only thing that I'm concerned about. If it were, I'd go back and work in the States. What's most important to me is this: I want to feel very interested in the job.

第四十课 求职
Lesson Forty Seeking Employment

② **A:** 跟中国人打交道真不容易！
　　Gēn Zhōngguórén dǎ jiāodao zhēn bù róngyì!
　　Chinese are really not easy to deal with!

B: 我认为跟中国人打交道并不难。首先得学习他们的语言，了解他们的文化。
Wǒ rènwéi gēn Zhōngguórén dǎ jiāodao bìng bù nán. Shǒuxiān děi xuéxí tāmen de yǔyán, liǎojiě tāmen de wénhuà.
I don't think it's that difficult dealing with Chinese. First you need to study their language and learn about their culture.

③ **A:** 听说你对上个周末开的那个"国际英才招聘会"没兴趣，是不是？
Tīngshuō nǐ duì shàng ge zhōumò kāi de nàge "Guójì Yīngcái Zhāopìnhuì" méi xìngqù, shì bu shì?
I heard that you weren't interested "in the International Talent Job Fair" held last weekend, is that true?

B: 我并不是没兴趣，原来是打算去的，没想到我的同屋出了车祸，我陪他去医院了。
Wǒ bìng bú shì méi xìngqù, yuánlái shì dǎsuan qù de, méi xiǎngdào wǒde tóngwū chūle chēhuò, wǒ péi tā qù yīyuàn le.
It's not that I wasn't interested, I had actually planned to go, but my roommate had a car accident and I took him to the hospital.

真实生活汉语
Chinese for Living in China

Consolidation & Practice

1. "分之## fēn zhī"

   (1) Complete the following sentences

   ① 人的身体里，_____(1/4)都是水。
      Rén de shēntǐ li, _____ dōu shì shuǐ.

   ② 世界人口_____(1/5)是中国人。
      Shìjiè rénkǒu _____ shì Zhōngguórén.

   ③ 申请那个工作的人里，_____(80%)是大学毕业生。
      Shēnqǐng nàge gōngzuò de rén li, _____ shì dàxué bìyèshēng.

   ④ 他每个月的工资不多，_____(1/3)都用来付房租了。
      Tā měi ge yuè de gōngzī bù duō, _____ dōu yònglái fù fángzū le.

   ⑤ 那个国家_____(3/4)是高山，只有_____(1/4)是平地。
      Nàge guójiā _____ shì gāoshān, zhǐyǒu _____ shì píngdì.

   (2) Complete the following dialogues

   ① A：听说中国人口很多，有多少人？
      Tīngshuō Zhōngguó rénkǒu hěn duō, yǒu duōshao rén?

      B：现在已经有13亿了，占世界人口的_____。
      Xiànzài yǐjīng yǒu shísānyì le, zhàn shìjiè rénkǒu de _____.

   ② A：你每个月的工资有多少是拿来付房租的？
      Nǐ měi ge yuè de gōngzī yǒu duōshao shì nálai fù fángzū de?

      B：我住在一个相当好的公寓里，房租不便宜，_____。
      Wǒ zhù zài yí ge xiāngdāng hǎo de gōngyù li, fángzū bù piányi, _____.

   ③ A：一天24小时，你认为自己的休闲时间占多少？
      Yì tiān èrshísì xiǎoshí, nǐ rènwéi zìjǐ de xiūxián shíjiān zhàn duōshao?

      B：_____。

   ④ A：你认为一天24小时最理想的时间分配是怎样的？
      Nǐ rènwéi yì tiān èrshísì xiǎoshí zuì lǐxiǎng de shíjiān fēnpèi shì zěnyàng de?

      B：在我看来，_____用来睡觉，_____用来工作，_____
      用来休闲，是最理想的。
      Zài wǒ kànlái, _____ yòng lái shuì jiào, _____ yòng lái gōngzuò,
      _____ yòng lái xiūxián, shì zuì lǐxiǎng de.

第四十课　求职
Lesson Forty　Seeking Employment

⑤ A：现在的年轻人好像休闲时间都花在看手机上了。
　　　Xiànzài de niánqīngrén hǎoxiàng xiūxián shíjiān dōu huā zài kàn shǒujī shang le.

　　B：是啊，我看，年轻人＿＿＿＿＿＿＿＿＿＿＿＿＿＿＿的休闲时间都是在看手机。
　　　Shì a, wǒ kàn, niánqīngrén ＿＿＿＿＿＿＿＿＿＿＿＿＿＿＿ de xiūxián shíjiān dōu shì zài kàn shǒujī.

2. "以便 yǐbiàn……"

　(1) Complete the following sentences

　　① 我来中国工作，以便＿＿＿＿＿＿＿＿＿＿＿＿＿＿＿＿＿＿＿＿＿＿＿。
　　　Wǒ lái Zhōngguó gōngzuò, yǐbiàn ＿＿＿＿＿＿＿＿＿＿＿＿＿＿＿＿＿＿＿＿＿.

　　② 我每天带着一个小本子出门，以便＿＿＿＿＿＿＿＿＿＿＿＿＿＿＿＿＿。
　　　Wǒ měitiān dàizhe yí ge xiǎo běnzi chū mén, yǐbiàn ＿＿＿＿＿＿＿＿＿＿＿＿.

　　③ 你多带几份简历去招聘会，以便＿＿＿＿＿＿＿＿＿＿＿＿＿＿＿＿＿＿。
　　　Nǐ duō dài jǐ fèn jiǎnlì qù zhāopìnhuì, yǐbiàn ＿＿＿＿＿＿＿＿＿＿＿＿＿＿.

　　④ 请记住我的手机号码，以便＿＿＿＿＿＿＿＿＿＿＿＿＿＿＿＿＿＿＿＿。
　　　Qǐng jìzhù wǒ de shǒujī hàomǎ, yǐbiàn ＿＿＿＿＿＿＿＿＿＿＿＿＿＿＿＿.

　　⑤ 别忘了随身带着急救包，以便＿＿＿＿＿＿＿＿＿＿＿＿＿＿＿＿＿＿＿。
　　　Bié wàngle suíshēn dàizhe jíjiùbāo, yǐbiàn ＿＿＿＿＿＿＿＿＿＿＿＿＿＿＿.

　(2) Complete the following dialogues

　　① A：昨天我没能来上课，不知道老师上课说了什么，怎么办？
　　　　Zuótiān wǒ méi néng lái shàng kè, bù zhīdao lǎoshī shàng kè shuōle shénme, zěnme bàn?

　　　B：不要紧，教授把他上课的PPT都放在网上了，以便＿＿＿＿＿＿＿＿＿＿。
　　　　Bú yàojǐn, jiàoshòu bǎ tā shàng kè de PPT dōu fàng zài wǎngshang le, yǐbiàn ＿＿＿＿＿＿＿＿＿＿＿＿＿＿.

　　② A：考完试了，我们怎么知道自己的答案对不对？
　　　　Kǎowán shì le, wǒmen zěnme zhīdào zìjǐ de dá'àn duì bu duì?

　　　B：考完试以后，老师会把正确的答案发给学生看，以便＿＿＿＿＿＿＿＿＿＿。
　　　　Kǎowán shì yǐhòu, lǎoshī huì bǎ zhèngquè de dá'àn fā gěi xuésheng kàn, yǐbiàn ＿＿＿＿＿＿＿＿＿＿＿＿＿＿＿＿＿.

　　③ A：我下个星期要去参加人才招聘会，请问我该准备什么资料？
　　　　Wǒ xià ge xīngqí yào qù cānjiā réncái zhāopìnhuì, qǐng wèn wǒ gāi zhǔnbèi shénme zīliào?

　　　B：你最好先准备很多份求职信和简历，以便＿＿＿＿＿＿＿＿＿＿＿＿＿。
　　　　Nǐ zuìhǎo xiān zhǔnbèi hěn duō fèn qiúzhíxìn hé jiǎnlì, yǐbiàn ＿＿＿＿＿＿＿＿.

真实生活汉语
Chinese for Living in China

④ 先生：今天我得开车去南方开会。
Xiānsheng: Jīntiān wǒ děi kāi chē qù Nánfāng kāi huì.

太太：那你带着导航(GPS)，以便_____。
Tàitai: Nà nǐ dàizhe dǎoháng, yǐbiàn _____.

⑤ A：最近我请了一个会说中文的保姆来看我女儿。
Zuìjìn wǒ qǐngle yí gè huì shuō Zhōngwén de bǎomǔ lái kān wǒ nǚ'ér.

B：你为什么要找个会说中文的保姆？
Nǐ wèi shénme yào zhǎo ge huì shuō Zhōngwén de bǎomǔ?

A：中国在世界上的地位越来越重要，我希望孩子早点儿学会中国话，以便____
_____。
Zhōngguó zài shìjiè shang de dìwèi yuè lái yuè zhòngyào, wǒ xīwàng háizi zǎodiǎnr xuéhuì Zhōngguóhuà, yǐbiàn _____.

3. "一方面 yì fāngmiàn……，一方面 yì fāngmiàn……"

(1) Complete the following sentences with this pattern

① 我大学毕业来中国，一方面是为了_____，一方面____
_____。
Wǒ dàxué bì yè lái Zhōngguó, yì fāngmiàn shì wèile _____,
yì fāngmiàn _____.

② 你一方面懂_____，一方面会_____，找到理想的工作应该很容易。
Nǐ yì fāngmiàn dǒng _____, yì fāngmiàn huì _____, zhǎodào lǐxiǎng de gōngzuò yīnggāi hěn róngyì.

③ 你一方面想_____，一方面又不想_____，怎么可能成功呢？
Nǐ yì fāngmiàn xiǎng _____, yì fāngmiàn yòu bù xiǎng _____, zěnme kěnéng chénggōng ne?

④ 十几岁的孩子一方面不希望_____，一方面又不能_____(independent)。
Shíjǐ suì de háizi yì fāngmiàn bù xīwàng _____, yì fāngmiàn yòu bù néng _____.

⑤ 我一方面想找一份_____(a stable job)，一方面又想_____(travel around the world)。
Wǒ yì fāngmiàn xiǎng zhǎo yí fèn _____, yì fāngmiàn yòu xiǎng _____.

(2) Complete the following dialogues with this pattern

① A：再过一个月你就要去公司上班了，现在觉得怎么样？
Zài guò yí ge yuè nǐ jiù yào qù gōngsī shàng bān le, xiànzài juéde zěnmeyàng?

B：_____。

第四十课 求职
Lesson Forty Seeking Employment

② A：你为什么觉得这份工作对你是最合适的？
　　　Nǐ wèi shénme juéde zhè fèn gōngzuò duì nǐ shì zuì héshì de?

　　B：_____。

③ A：你为什么特别喜欢上海这个城市？
　　　Nǐ wèi shénme tèbié xǐhuan Shànghǎi zhège chéngshì?

　　B：_____。

④ A：在求职面试的时候，怎么样才能让人印象深刻？
　　　Zài qiúzhí miànshì de shíhou, zěnmeyàng cái néng ràng rén yìnxiàng shēnkè?

　　B：你一方面_____，_____。
　　　Nǐ yì fāngmiàn _____, _____.

⑤ A：怎么样锻炼身体最有效？
　　　Zěnmeyàng duànliàn shēntǐ zuì yǒuxiào?

　　B：那你得一方面_____，_____。
　　　Nà nǐ děi yì fāngmiàn _____, _____.

4. "就行了 jiù xíng le"

(1) Fill in the blanks so as to complete the following sentences

① 这种工作要求不高，_____(can cook)就行了。
　　Zhè zhǒng gōngzuò yāoqiú bù gāo, _____ jiù xíng le.

② 买飞机票只需带_____就行了。
　　Mǎi fēijīpiào zhǐ xū dài _____ jiù xíng le.

③ 修理水管漏水不难，_____就行了。
　　Xiūlǐ shuǐguǎn lòushuǐ bù nán, _____ jiù xíng le.

④ 想要提高汉语口语能力多_____就行了。
　　Xiǎng yào tígāo Hànyǔ kǒuyǔ nénglì duō _____ jiù xíng le.

⑤ 在市区里叫出租车非常方便，_____就行了。
　　Zài shìqū li jiào chūzūchē fēicháng fāngbiàn, _____ jiù xíng le.

(2) Complete the following dialogues incorporating the phrase "就行了 jiù xíng le"

① A：请问，我想在网上买一张去深圳的火车票，怎么买？
　　　Qǐngwèn, wǒ xiǎng zài wǎngshang mǎi yì zhāng qù Shēnzhèn de huǒchēpiào, zěnme mǎi?

　　B：很简单，你_____。
　　　Hěn jiǎndān, nǐ _____.

② A：你们的工作只有汉语说得非常好的人才能申请吗？
　　　Nǐmen de gōngzuò zhǐyǒu Hànyǔ shuō de fēicháng hǎo de rén cái néng shēnqǐng ma?

真实生活汉语
Chinese for Living in China 4

B：汉语水平不需要非常高，_____。
　　Hànyǔ shuǐpíng bù xūyào fēicháng gāo, _____.

③ A：哎呀，我的钥匙忘带了，怎么办啊？
　　Āiyā, wǒ de yàoshi wàng dài le, zěnme bàn a?

B：不要紧，你_____。
　　Bú yàojǐn, nǐ _____.

④ A："达摩克利斯之剑"是什么意思啊？
　　"Dámókèlìsī zhī jiàn" shì shénme yìsi a?

B：我也不知道，不过_____。(search for it online)
　　Wǒ yě bù zhīdào, búguò _____.

⑤ A：想要住进这栋大楼需要有哪些申请手续？
　　Xiǎng yào zhù jìn zhè dòng dàlóu xūyào yǒu nǎxiē shēnqǐng shǒuxù?

B：听说不难，你_____。(¥50000/month income)
　　Tīngshuō bù nán, nǐ _____.

5. "加深 jiāshēn 对 duì……的了解 de liǎojiě"

(1) Complete the following sentences with this pattern

① 我去了中国很多小城镇，这加深了_____的了解。
　　Wǒ qùle Zhōngguó hěn duō xiǎo chéngzhèn, zhè jiāshēnle _____ de liǎojiě.

② 去中国朋友家吃饭加深了_____的了解。
　　Qù Zhōngguó péngyou jiā chī fàn jiāshēnle _____ de liǎojiě.

③ 看文学作品能加深_____的了解。
　　Kàn wénxué zuòpǐn néng jiāshēn _____ de liǎojiě.

④ 为了加深_____的了解，他决定去非洲生活两年。
　　Wèile jiāshēn _____ de liǎojiě, tā juédìng qù Fēizhōu shēnghuó liǎng nián.

⑤ 为了加深_____的了解，他打算暑期去那个公司实习。
　　Wèile jiāshēn _____ de liǎojiě, tā dǎsuan shǔqī qù nàge gōngsī shíxí.

(2) Complete the following dialogues using this pattern

① A：你为什么每年暑期都愿意去中国农村做志愿教师？
　　Nǐ wèi shénme měi nián shǔqī dōu yuànyì qù Zhōngguó nóngcūn zuò zhìyuàn jiàoshī?

B：那是因为_____。
　　Nà shì yīnwèi _____.

② A：你已经学了四年汉语了，为什么现在还那么努力地学习呢？
　　Nǐ yǐjing xuéle sì nián Hànyǔ le, wèi shénme xiànzài hái nàme nǔlì de xuéxí ne?

第四十课　求职
Lesson Forty　Seeking Employment

　　B：我为了_____。
　　　Wǒ wèile _____.

③ A：大学毕业以后，你为什么还要去念研究生？
　　　Dàxué bì yè yǐhòu, nǐ wèi shénme hái yào qù niàn yánjiūshēng?

　　B：我希望_____。
　　　Wǒ xīwàng _____.

④ A：你怎么不住宿舍，反而和中国家庭住在一起？
　　　Nǐ zěnme bú zhù sùshè, fǎn'ér hé Zhōngguó jiātíng zhù zài yìqǐ?

　　B：和中国家庭一起住可加深_____。
　　　Hé Zhōngguó jiātíng yìqǐ zhù kě jiāshēn _____.

⑤ A：了解一个朋友的办法是什么？
　　　Liǎojiè yí ge péngyou de bànfǎ shì shénme?

　　B：在我看来，和他一起去旅游几天可以_____。
　　　Zài wǒ kànlái, hé tā yìqǐ qù lǚyóu jǐ tiān kěyǐ _____.

6. "V + 下去 xiàqu"

(1) Complete the following sentences

① 他热爱在中国的工作，所以他一定会_____。(do)
　 Tā rè'ài zài Zhōngguó de gōngzuò, suǒyǐ tā yídìng huì _____.

② 虽然这次人才招聘会上我没有找到满意的工作，不过我_____。(look for)
　 Suīrán zhè cì réncái zhāopìnhuì shang wǒ méiyǒu zhǎodào mǎnyì de gōngzuò, búguò wǒ
　 _____.

③ 为了加强对中国文化的了解，汉语我_____。(study)
　 Wèile jiāqiáng duì Zhōngguó wénhuà de liǎojiě, Hànyǔ wǒ _____.

④ 不论生活有多难，谁不想_____? (live)
　 Búlùn shēnghuó yǒu duō nán, Shuí bù xiǎng _____?

⑤ 对于艾滋病，我们的了解还不够，必须一直_____。(research)
　 Duìyú àizībìng, wǒmen de liǎojiě hái bú gòu, bìxū yìzhí _____.

(2) Complete the following dialogues with this pattern

① A：你还要继续学汉语吗？
　　　Nǐ háiyào jìxù xué Hànyǔ ma?

　　B：我已经学了四年汉语了，这个学期打算_____。
　　　Wǒ yǐjīng xuéle sì nián Hànyǔ le, zhège xuéqī dǎsuan _____.

② A：你在北京工作三年了，想回国吗？
　　　Nǐ zài Běijīng gōngzuòle sān nián le, xiǎng huí guó ma?

真实生活汉语 4
Chinese for Living in China

B：我已经习惯北京的生活了，所以还会_____。
　　Wǒ yǐjīng xíguàn Běijīng de shēnghuó le, suǒyǐ hái huì _____.

③ A：你去人才招聘会，找到满意的工作了吗？
　　Nǐ qù réncái zhāopìnhuì, zhǎodào mǎnyì de gōngzuò le ma?

B：还没有找到呢，不过我会_____。
　　Hái méiyǒu zhǎodào ne, búguò wǒ huì _____.

④ A：这个这个……说来话长。
　　Zhège zhège……shuō lái huà cháng.

B：别怕，你_____，我不会告诉别人的。
　　Bié pà, nǐ _____, wǒ bú huì gàosù biérén de.

⑤ A：听说加州已经几个月都没有下雨了，现在人们不可以随便洗车了。
　　Tīngshuō Jiāzhōu yǐjīng jǐ ge yuè dōu méiyǒu xià yǔ le, xiànzài rénmén bù kěyǐ suíbiàn xǐ chē le.

B：是啊，如果再_____，我们的水都不够喝了。
　　Shì a, rúguǒ zài _____, wǒmen de shuǐ dōu bú gòu hē le.

7. "并 bìng + Negative form"

(1) Complete the following sentence with this pattern

① 这里的冬天_____，还相当暖和呢。
　　Zhèlǐ de dōngtiān _____, hái xiāngdāng nuǎnhuo ne.

② 别以为是我拿了你的钥匙，我并_____。
　　Bié yǐwéi shì wǒ nále nǐ de yàoshi, wǒ bìng _____.

③ 找工作_____所有人都只关心工资是多少，有人更关心是不是能实现理想。
　　Zhǎo gōngzuò _____ suǒyǒu rén dōu zhǐ guānxīn gōngzī shì duōshao, yǒu rén gèng guānxīn shì bu shì néng shíxiàn lǐxiǎng.

④ 因为我_____，所以我不能肯定是她偷的。
　　Yīnwèi wǒ _____, suǒyǐ wǒ bù néng kěndìng shì tā tōu de.

⑤ 我学汉语_____，而是为了使父母高兴。
　　Wǒ xué Hànyǔ _____, érshì wèile shǐ fùmǔ gāoxìng.

(2) Complete the following dialogoues with this pattern

① A：你不接受我们的工作，是不是觉得我们给你的工资太低了？
　　Nǐ bù jiēshòu wǒmen de gōngzuò, shì bu shì juéde wǒmen gěi nǐ de gōngzī tài dī le?

B：_____。

240

第四十课 求职

Lesson Forty Seeking Employment

② A：我的手机刚才还在桌子上，是不是你拿去用了？
　　　Wǒ de shǒujī gāngcái hái zài zhuōzi shang, shì bu shì nǐ náqu yòng le?

　B：_____。

③ A：你怎么了？生病了吗？
　　　Nǐ zěnme le? Shēng bìng le ma?

　B：_____，就是这几天睡觉睡得不够。
　　　_____, jiùshì zhè jǐ tiān shuì jiào shuì de bú gòu.

④ A：你们需要一位中文老师，我会说中文，为什么不录用我？
　　　Nǐmen xūyào yí wèi Zhōngwén lǎoshī, wǒ huì shuō Zhōngwén, wèi shénme bú lùyòng wǒ?

　B：_____就可以当中文老师，你的英文水平也要很高才行。
　　　_____ jiù kěyǐ dāng Zhōngwén lǎoshī, nǐ de Yīngwén shuǐpíng yě yào hěn gāo cái xíng.

⑤ A：今天来宿舍找你的那位男生是你的男朋友吗？
　　　Jīntiān lái sùshè zhǎo nǐ de nà wèi nánshēng shì nǐ de nánpéngyou ma?

　B：他_____，而是我的汉语家教。
　　　Tā _____, ér shì wǒ de Hànyǔ jiājiào.

真实生活汉语
Chinese for Living in China 4

Listening Comprehension

1. Listen to the voice message, then answer the questions

   (1) How did Xiao Lin and Ding Qiang come to know each other?
       A. They were college classmates.
       B. Xiao Lin and Ding Qiang met at a party.
       C. Xiao Lin had an interview with Ding Qiang.

   (2) Why did Ding Qiang make this phone call?
       A. Because he hasn't seen Xiao Lin for quite some time.
       B. Because Ding Qiang would like to talk with Xiao Lin more about working in the company.
       C. Because Ding Qiang is recruiting English teachers and Xiao Lin would be a good candidate.

   (3) What did Xiao Lin need to do after this phone call?
       A. He needed to transfer some money to Ding Qiang.
       B. He needed to phone Ding Qiang by 5:00 p.m. today.
       C. He needed to reserve a table at a restaurant.

2. Listen to the conversation between two female roommates, then answer the questions

   (1) Why was Julie unhappy about her job interview?
       A. Because she was unhappy about a question the interviewer asked.
       B. Because she was unsatisfied with the answers she gave in the interview.
       C. Because she didn't understand some of the questions.

   (2) Which of the following statements about Julie is correct?
       A. She has a boyfriend.
       B. She doesn't have a boyfriend.
       C. There is no indication in the dialogue whether she has a boyfriend or not.

Lesson Forty Seeking Employment

Communication Activities

Pair Work

Scenario: Tell your partner about an experience you had interviewing for a job. The conversation should include the following information.

- What kind of position you were interviewing for.
- What the criteria for the position were.
- Whether you received an offer or not.
- What the most important things were, that you learned from the experience about having a successful job interview.

Group discussion

1. Divide the class into small groups and ask each group to come up with a list of things you might do to impress a job interviewer. After suitable time for discussion, each group should write their list on the blackboard. Compare each list, then summarize.

....

....

....

2. In groups, share your thoughts about job possibilities in China. Consider possible fields, the importance of Chinese language skills, qualifications needed, and types of jobs that might be particularly sought after.

....

....

....

Review Exercises

I. Match the verbs in the left-hand list with the nouns in the right-hand list

1. 收集   A. 信息
2. 招聘   B. 申请信
3. 加强   C. 营销经理
4. 决心   D. 企业管理
5. 处理   E. 人际关系
6. 递   F. 学好中文

II. Fill in the blanks with the words provided

信息	运作	居然	打交道	提供	压力	经理	商贸
xìnxī	yùnzuò	jūrán	dǎ jiāodao	tígōng	yālì	jīnglǐ	shāngmào

在成都工作了三年以后，我回到美国，在一家投资银行做海外部的营销_____。我主要是负责给美国公司_____有关中国商业法规方面的_____，工作_____不小，但是我热爱我的工作。也许你以为我大学的专业是与_____有关的吧，其实不是。我的专业是俄罗斯语言与文学，我的俄语说得非常流利。我大三的时候才开始学习汉语，当时只是想学一个和西方语言完全不同的语言，没想到我_____特别喜欢学汉语。毕业以后我在成都的工作和我现在的工作都是因为我懂得中国公司的商业_____以及如何与中国人_____。

III. Complete the following dialogues:

A：正大律师事务所张经理   B：美国大学生江天宁

A：欢迎你来到上海！王总已经告诉我们你昨天就到了。

B：张经理您好！是的，我昨天下午到的。

A：你第一次来上海吗？

B：不是。我两年前来上海参加过一个暑期中文项目，在上海住了十个星期。我非常喜欢上海，所以这个暑假，我决定回来，一方面_____，一方面_____。

A：这次你来我们律师事务所实习，你知道吗，整个事务所只有你一个外国人，我们平时都说中文，你受得了吗？

B：我在学校已经学了四年中文了，我相信_____。

(Hint: shouldn't be such an issue)

第四十课　求职
Lesson Forty　Seeking Employment

A：那就太好了。还有一件事我得先告诉你，因为你是来实习的，我们并没有对外招聘，所以给你的工资并不高，你能接受吗？

B：张经理，您不用担心这个问题。我来这里实习并_____，完全是想加深对_____的了解。您只要给我_____就行了。

A：你的这个要求我们不难做到。对了，这是我们公司发给你的手机，以便你_____。

B：太好了，谢谢您！

IV. Focusing on the Chinese that you've learned in the lesson, complete these tasks

1. A cosmetic company is recruiting people. The salary and the benefits look good to you. You're interested in getting a position in this company, so introduce yourself and promote yourself. Your specialty turns out not to be quite the one the company needs, so try your best to convince the recruiter that you are still a good fit for the position.

2. Your job requires you to manage a team of about 20 Chinese workers. Convince your boss that, though you don't have native or even near-native Chinese language ability, you can still handle the assignment.

3. You've been working at the Hong Kong branch of a bank for five years. Now they need someone to start a new branch in Shenzhen. You believe you're qualified, so persuade your Hong Kong manager that you'd be well suited for such a job.

真实生活汉语
Chinese for Living in China

Culture Notes

1. Finding a job in China

People looking for a job in China usually proceed in the following ways: They go to job fairs (held by enterprises, colleges, etc.), use professional job agencies, make use of the Internet, and contact employers directly.

Every year since 2005, the State Administration of Foreign Experts Affairs has held job fairs for foreigners. They are usually called "International Talent Exchange Fairs (国际人才交流大会 Guójì Réncái Jiāoliú Dàhuì)", and they are held in large cities such as Beijing, Shanghai, Nanjing, Hangzhou, and Shenzhen. A lot of provincial governments, schools and both Chinese and foreign companies send recruiters to these fairs: CCTV, Hong Kong TV, China International Radio, Information Communication Integrated Systems Limited, China Foreign Council, China Life, Asia MRT, Tsinghua University, China Agricultural University, New Oriental, etc. More than 8000 foreigners participate, from more than 30 countries and regions, including the United States, the United Kingdom, Canada, Germany, Japan, Australia, Italy, France, Russia, Argentina, and South Africa. More than ten languages are spoken at the these fairs, including English, French, Japanese, German, Spanish, Polish, and Russian.

Over 7000 jobs are posted at such fairs. 55% of them are in teaching, but there are also jobs like video game translators, engineers, sales directors, animation designers, decorators, and lawyers. Increasingly, many Chinese large-sized and medium-sized international enterprises want to recruit foreigners who know foreign market operations in order to help them get into international markets. Knowing how to speak Chinese obviously increases the chances of finding a good job in China.

The Internet is another place where foreigners can look for jobs in China. The State Administration of Foreign Experts Affairs has a website, chinajob.com, that posts jobs for foreigners that have been sent in by schools or companies. There are also some foreign agencies contracted by the Chinese government or by companies to recruit foreigners. The Center for Teaching & Learning in China, for example, recruits English conversational teachers for Shenzhen public K-12 schools. Such foreign agencies are licensed by the State Administration of Foreign Experts Affairs.

2. Requirements for obtaining a job in China

(A) Be 18 years of age or older.

(B) Hold a valid passport or other international travel document.

(C) Have no criminal record.

(D) Be in good health.

(E) Have the appropriate professional skills and work experience.

(F) For teaching jobs, hold a B.A. degree or higher (or equivalent).

第四十课 求职
Lesson Forty Seeking Employment

3. Getting a work permit and applying for a job visa

Foreigners who intend to work in China are required to obtain a Work Visa, known as a "Z0-B1" visa. First time applicants applying for a One-Year Work Permit and Residence Permit need to prepare the following for their appointment. The employer gets a work permit from the local Foreign Expert Office or Labor Office. The following documents need to be provided:

1. Original foreign passport and valid visa
2. Resume (in Chinese or English)
3. Temporary Residence Registration form (up to date)
4. Original of Medical Check Report from a doctor (or a booking on the Chinese website: www.sithc.com)
5. Original of bachelors or higher degree diploma (not the degree transcript). If the diploma is not issued in China, then an extra authenticated copy of your diploma is needed.
6. Proof of two years work experience
7. Original of official Police Clearance Certificate from your home country.
8. 3 passport-type photographs (3.5cm. × 4.5cm.)
9. Original labor contract filed by the applicant
10. Copies of company's updated Business License and the three most recent certificates. For foreign funded enterprises, a copy of the approval certificate is also needed. Normal processing time is 40 working days.

Vocabulary 词汇表 Cíhuì Biǎo

A

āiyā	哎呀	Intj	expressing surprise or dissatisfaction	L.39
ài	爱/愛	V	to love	L.32
àihào	爱好/愛好	N / V	interest, hobby; to like, to love, to be fond of, to be keen on	L.39
ānpái	安排	V	to arrange, to make arrangements	L.35
ānzhuāng	安装/安裝	V	to install, to mount, to set up	L.31

B

Bālí	巴黎	PropN	Paris (in France)	L.36
Bái É	白俄	PropN	White Russian	L.33
Bái Xù	白旭	PropN	(a person's name)	L.33
Bǎidù	百度	PropN	Baidu (http://baidu.com.cn)	L.33
bǎi fēn zhī	百分之	Phr	(Nu) percent	L.40
Bólín	柏林	PropN	Berlin (Germany)	L.35
bǎnquán	版权/版權	N	copyright	L.37
bànjià	半价/半價	N	half price	L.37
bāohán	包含	V	to contain, to include	L.31
bǎo(bèi)	宝(贝)/寶(貝)	N	treasure, treasured object	L.38
bàodào	报到/報到	V	to report for duty, to register, to check in	L.31
bàodào	报道/報道	V / N	to report (news); news report	L.34
bào jià	报价/報價	VO	to give a (price) quotation, to make a quote	L.35
běifāng / Běifāng	北方	N / Prop N	north, northern region; Northern China	L.35
bǐfang shuō	比方说/比方說	Phr	for example	L.36
bǐrú shuō	比如说/比如說	Phr	for example	L.35
bǐ	笔/筆	Meas / N	a sum of (money); writing implement	L.34
bǐyì	笔译/筆譯	N	written translation (in contrast to "口译 kǒuyì", oral interpretation)	L.40

词汇表 Vocabulary

bìkāi	避开/避開	V	to avoid, to evade	L.36
bì yè	毕业/畢業	VO	to graduate, to finish school	L.31
bìyèshēng	毕业生/畢業生	N	graduate student	L.40
biàn	遍	Meas / Adv	for repetitive times; everywhere, all over	L.39
biànchéng	变成/變成	V	to turn into, to change into	L.32
biǎodá	表达/表達	V	to express (feelings, ideas)	L.32
biǎoshì	表示	V/N	to indicate, to signify; expression	L.31
bīngdiāo	冰雕	N	ice sculpture	L.36
bīngxuě	冰雪	N	snow and ice; ice-like snow ("冰雪大世界 Bīngxuě Dàshìjiè" the Great Snow and Ice World)	L.36
bìng	并/並	Adv	(not) at all (used before a negative for emphasis)	L.32
bìngdú	病毒	N	virus	L.39
bówùguǎn	博物馆/博物館	N	museum	L.37
búduàn	不断/不斷	Adv	continuously, steadily	L.33
búlùn	不论/不論	Conj	regardless of, no matter (how, what...)	L.34
bú shì…… jiù shì……	不是……就是……		either... or...	L.34
bú xiàng	不像	Phr	not resemble, unlike	L.34
bǔtiē	补贴/補貼	V/N	to subsidize; subsidy	L.33
bùguāng	不光	Adv / Conj	not the only one; not only	L.38
bù hǎo yìsi	不好意思	Phr	feel embarrassed, be bashful	L.32
bùjǐn	不仅/不僅	Conj	not only	L.31
bùjiǔ	不久	Adv	soon, before long	L.32
bùmén	部门/部門	N	{admin} department, branch, sector, division	L.40
bùxíngjiē	步行街	N	pedestrian street	L.36
bù zhī	不知	Phr	not to know, have no idea of, being in the dark	L.33

cáifù	财富/財富	N	wealth, riches	L.37

249

Pinyin	Characters	POS	English	Lesson
cáihuá	才华/才華	N	talent (esp. literary or artistic)	L.37
cǎi dǎ	彩打	V	to print in color	L.39
cǎiyòng	采用/採用	V	to use, to adopt	L.33
càiguǎn	菜馆/菜館	N	restaurant	L.36
cānkǎo	参考/參考	V	to refer to, to consult, to compare with	L.39
cǎopíng	草坪	N	lawn, grass	L.34
céngjīng	曾经/曾經	Adv	once, ever, at some point in the past	L.34
chàdiǎnr	差点儿/差點兒	Adv	almost, nearly	L.39
chǎnpǐn	产品/產品	N	product, produce	L.37
chángchang	尝尝/嚐嚐	V	to have a taste of	L.36
chángqī	长期/長期	N / Attr	long period of time; long-term	L.40
chàngxiāo	畅销/暢銷	V	to be in great demand, to sell well	L.37
chāochū	超出	V	to exceed, to go beyond	L.31
chénliàn	晨练/晨練	V	to do morning exercise	L.34
Chén shì	陈式/陳式	PropN	Chen's style of Taijiquan	L.34
chēng……wéi……	称……为……/稱……爲……		call (sb. or sth.)	L.32
Chéngdū	成都	PropN	Chengdu (city and provincial capital in Sichuan province)	L.35
chī wénhuà	吃文化	Phr	food culture	L.36
chōng huàfèi	充话费/充話費	Phr	to charge telephone fees	L.31
chū piào	出票	VO	to issue a ticket	L.35
chūxué	初学/初學	V	to begin one's studies	L.34
chǔlǐ	处理/處理	V	to process, to handle, to deal with; to sell at reduced prices	L.40
chuántǒng	传统/傳統	Adj / N	traditional; convention, tradition, heritage	L.34
cíqì	瓷器	N	porcelain, chinaware	L.38
cǐwài	此外	Conj	besides, in addition, moreover	L.34
cōngming	聪明/聰明	Adj	intelligent, clever, bright, smart	L.32
cóngcǐ	从此/從此	Adv	from now on, henceforth	L.32
cūnmín	村民	N	villager	L.37

词汇表 Vocabulary

cūnzi	村子	N	village, hamlet	L.37

D

Dáfēnqí	达芬奇/達芬奇	PropN	De Vinci (a person's name)	L.36
dáfù	答复/答覆	V	to reply, to answer	L.40
dǎ jiāodao	打交道	VO	to have (social) dealings with, have (social) relations with	L.40
dǎ zhé	打折	VO	to give a discount	L.36
dàcháo	大潮	N	big tide, spring tide	L.38
Dàfēn Cūn	大芬村	PropN	Dafen Village (in Shenzhen, China)	L.37
dàjiē	大街	N	main street, avenue	L.36
dàxuéshēng	大学生/大學生	N	university student, college student	L.32
dà-zhōng xíng	大中型	Attr	large-and medium-size	L.40
dài	代	V	to substitute for	L.35
dàibiǎoxìng	代表性	N	representative, typical, symbolic	L.36
dāndú	单独/單獨	Adv	alone, by oneself	L.32
dānmiàn	单面/單面	Attr	one-sided (literally or figuratively)	L.39
dān xīn	担心/擔心	VO	to be afraid, to worry about	L.33
dāngdài	当代/當代	N	the present age, the contemporary era	L.37
dāngdì	当地/當地	N / Attr	in the locality; local	L.35
dāo	刀	N	knife, sword	L.34
dǎoyóu	导游/導遊	N	guide, tour guide	L.35
dàoli	道理	N	principle, basic truth, reason	L.37
dàoshì	倒是	Adv	on the contrary, but, yet	L.35
de hěn	得很	Suf	very, awfully	L.38
dēng shān	登山	VO	to engage in mountain climbing	L.33
dīlián	低廉	Adj	inexpensive, cheap	L.37
dǐkàng	抵抗	V	to resist, to oppose	L.34
dǐkànglì	抵抗力	N	resistance, strength of resistance	L.34

dì	递/遞	V	to hand over, to transmit, to deliver	L.40
dìdao	地道	Adj	authentic, genuine, typical	L.36
dìlǐ	地理	N	geography	L.37
dìtān	地摊/地攤	N	vendor's stall with goods for sale spread on mats, roadside stand	L.38
diànpù	店铺/店鋪	N	shop, store	L.38
diànqìchéng	电器城/電器城	N	electronic mall	L.31
diànshìtái	电视台/電視臺	N	television station	L.34
diàntái	电台/電臺	N	broadcasting station, radio station	L.40
diàntī	电梯/電梯	N	elevator, lift	L.31
diànzū	店租	N	shop rent	L.38
diànzi	垫子/墊子	N	cushion, mat	L.34
dìng	订/訂	V	to subscribe to (a periodical, etc.), to reserve (a ticket, etc.)	L.36
dōngfāng/ Dōngfāng	东方/東方	N / PropN	east; the East, the Orient	L.36
dǒngháng	懂行	Adj	know the business, know the ropes, be expert	L.38
dònggǎn dānchē	动感单车/動感單車	N	stationary bike	L.33
dòngzuò	动作/動作	N / V	action, movement; to move, to act	L.34
duànzi	段子	N	a humorous or satirical segment (e.g. a story, crosstalk, etc.)	L.32
duìfāng	对方/對方	N	the opposite side, the other party	L.32
duìjiē	对接/對接	V	to connect, to link up (e.g. two things)	L.37
duōyàng	多样/多樣	Adj	various	L.37

E

| Éguó | 俄国/俄國 | PropN | Russia | L.36 |
| Éluósī | 俄罗斯/俄羅斯 | PropN | Russia | L.36 |

F

| fābiǎo | 发表/發表 | V | to announce, to issue (a public announcement), to publish | L.39 |

词汇表 Vocabulary

fādá	发达/發達	Adj / V	developed, prosperous; to develop, to thrive	L.37
fāshēng	发生/發生	V	to occur, to happen, to take place, to arise	L.37
fāzhǎn	发展/發展	V	to develop, to grow, to expand	L.32
fánmáng	繁忙	Adj	busy	L.36
fǎn'ér	反而	Adv	on the contrary, instead	L.37
fǎnhuí	返回	V	to return, to come back	L.35
fǎnmiàn	反面	N	back, reverse side, wrong side; negative (e.g. of experience)	L.39
fǎnzheng	反正	Adv	in any case, anyhow	L.38
Fàngāo	梵高	PropN	Van Gogh	L.37
fāng'àn	方案	N	plan, proposal, program	L.35
fǎngzhì	仿制/仿製	V	to copy, to imitate, to counterfeit	L.37
fǎngzhìpǐn	仿制品/仿製品	N	reproduction (in art), imitation, copy	L.37
fēi	飞/飛	V	to fly	L.31
fēi	非	Adv / Pref	be not; have got to, must; non-, un-, in-	L.35
fēi……bùkě (bùxíng)	非……不可（不行）		have to, must… (not [to do] isn't possible)	L.35
fèiyòng	费用/費用	N	expense, cost	L.35
fēn gōng	分工	VO	to divide the work	L.37
fēnxī	分析	V	to analyze	L.40
fèn	份	Meas	for part, share, portion; set, copy of	L.33
fēnggé	风格/風格	N	style (of work, writing, singing, etc.)	L.37
fēngjǐng	风景/風景	N	landscape, scenery	L.35
fēngmiàn	封面	N	the front cover (of a book)	L.39
fēngpí	封皮	N	dust jacket (of a book), cover	L.39
fènghuáng	凤凰/鳳凰	N	phoenix	L.35
Fènghuáng Gǔchéng	凤凰古城/鳳凰古城	PropN	Phoenix Ancient Town (in Hunan)	L.35
Fójiào	佛教	PropN	Buddhism	L.38
Fóshān	佛山	PropN	a city in Guangdong Province	L.34
fūfù	夫妇/夫婦	N	husb.and and wife	L.33

Pinyin	Characters	POS	Definition	Lesson
fú	幅	Meas	for paintings, scrolls, etc.	L.37
Fùdàn Dàxué	复旦大学/復旦大學	PropN	Fudan University (liberal arts university, in Shanghai)	L.40
fùshang	附上	V-RC	to enclose, to attach	L.39
fùyìn	复印/複印	V	to duplicate, to copy	L.39
fùyìnzhǐ	复印纸/複印紙	N	copy paper	L.39

G

Pinyin	Characters	POS	Definition	Lesson
gǎigé	改革	V	to reform	L.37
gǎndào	感到	V	to feel, to sense	L.36
gǎngwèi	岗位/崗位	N	job, position, post	L.40
gāodàng	高档/高檔	Adj	high-grade, high-quality, expensive and of good quality	L.39
gāoxìng	高兴/高興	Adj	happy, cheerful, in good spirits	L.31
gǎo	搞	V	to do, to make, to produce, to arrange, to handle	L.33
gèdì	各地	N	everywhere	L.37
gèxìng	个性/個性	N	(individual) character or personality, individual traits or characteristics	L.39
gōng	供	V	to supply, to provide, to furnish (funds, material)	L.39
gōngchéngshī	工程师/工程師	N	engineer	L.40
gōngfu	功夫	N	hard work over time to accomplish a skill; Chinese martial arts	L.40
gōngkè	功课/功課	N	homework, schoolwork	L.40
gōnglǐ	公里	Meas	kilometre	L.37
gōnglù	公路	N	public road ("高速公路 gāosù gōnglù", highway)	L.37
gōngpíng	公平	Adj	fair, just, equitable	L.40
gōngyì	工艺/工藝	N	technology, craft	L.38
gōngyìpǐn	工艺品/工藝品	N	handicraft article	L.38
gōngzuòshì	工作室	N	a place of work, a studio	L.37
gòngxiàn	贡献/貢獻	V/N	to contribute, to dedicate, to devote; contribution	L.40
gǔchéng	古城	N	ancient city	L.35

gǔdiǎn	古典	N / Attr	classic; classical	L.37
gǔdǒng	古董	N	antique, curio	L.38
gǔsè-gǔxiāng	古色古香	Adj	having an old-fashioned, antique flavor	L.38
gǔshū	古书/古書	N	ancient book, antique book	L.38
gǔwán	古玩	N	curio, antique	L.38
gùkè	顾客/顧客	N	customer, client	L.35
guà	挂/掛	V	to hang, to hang up (a telephone)	L.37
guà gōu/guàgōu	挂钩/掛鈎	V / N	to link (one thing with another); hook	L.37
guānxi	关系/關係	N	relation, connection, relationship	L.36
guānxīn	关心/關心	V	to be concerned about, to show concern for (people or things)	L.40
guānyú	关于/關於	Prep	regarding, concerning, about	L.35
guàng	逛	V	to stroll, to ramble, to roam	L.38
guīmó	规模/規模	N	scale, size, scope	L.37
guójí	国籍/國籍	N	nationality	L.39
Guójiā Dìlǐ	国家地理/國家地理	PropN	National Geographic (magazine)	L.37
guówài	国外/國外	Attr	abroad, foreign	L.31
guòchéng	过程/過程	N	process, course	L.40

Hā'ěrbīn	哈尔滨/哈爾濱	PropN	Harbin (a city in Heilongjiang province)	L.36
hǎinèiwài	海内外	Phr	all over the world (inside and outside the country)	L.38
hǎiwài	海外	N	overseas, abroad, foreign	L.37
hángjia	行家	N	expert, connoisseur	L.38
Hángzhōu	杭州	PropN	Hangzhou (city in Zhejiang province)	L.35
hǎowánr	好玩儿	Adj	interesting, amusing, fun	L.38
hǎo zhǔyi	好主意	Phr	good idea	L.32
hàochēng	号称/號稱	V	to be called, to be known as, to claim to be	L.36
hàoxué	好学/好學	Adj	be studious, show love of learning	L.32

pinyin	汉字	词性	English	Lesson
hé	盒	Meas	box(of), case(of), pack(of)	L.39
hélǐ	合理	Adj	reasonable, within reason, rational	L.39
héyuē	合约/合約	N	a contract	L.31
hézuòzhě	合作者	N	collaborator	L.40
hēi	嘿	Intj	hey, hi (or similar expression, used as a greeting or to get sb.'s attention; or to indicate satisfaction or surprise, wonder, etc.)	L.38
Hēilóngjiāng	黑龙江/黑龍江	PropN	Heilongjiang (province); the Heilong River	L.36
hèn	恨	V	to hate, to regret	L.32
hú	湖	N	lake	L.34
Húběi	湖北	PropN	Hubei (province)	L.35
Húnán	湖南	PropN	Hunan (province)	L.35
huāqián	花钱/花錢	VO	to spend money	L.33
huá bīng	滑冰	VO	to skate	L.36
huá chuán	划船	VO	to row a boat	L.33
Huádōng	华东/華東	PropN	Eastern China (Shandong province, Jiangsu Province, Zhejiang province, Anhui province, Jiangxi province, Fujian province, Taiwan and Shanghai)	L.32
Huáwéi	华为/華爲	PropN	Huawei (Chinese cellphone company)	L.31
huà	画/畫	N / V	picture, drawing; to draw, to paint	L.37
huàgōng	画工/畫工	N	painting technician	L.37
huàjiā	画家/畫家	Adj	artist	L.37
huàláng	画廊/畫廊	N	art gallery, picture gallery	L.37
huàshāng	画商/畫商	N	art dealer	L.37
huàshì	画室/畫室	N	studio (of a painter)	L.37
huàtí	话题/話題	N	topic of conversation	L.32
Huángshān	黄山	PropN	The Yellow Mountain (in Anhui province)	L.36
huíchéng	回程	N	return trip	L.35
huí guó	回国/回國	VO	to return to one's native country	L.36
huí xìn/huíxìn	回信	VO / N	to write in reply; a reply (written, oral)	L.32

词汇表 / Vocabulary

huíyīn	回音	N	a reply, letter in reply; an echo	L.40
huǒ	火	N / V / Adj	fire; to get angry; be popular, "be hot"	L.40

J

jī	机/機	BF	machine, engine	L.33
jīliè	激烈	Adj	intense, sharp, drastic, radical	L.40
jīròu	肌肉	N	muscle	L.33
jīhū	几乎/幾乎	Adv	almost, nearly	L.32
jíshǐ	即使	Conj	even if, even though	L.32
jìde	记得/記得	V	to remember, to recall	L.34
jìdùkǎ	季度卡	N	quarterly card	L.33
jìhuà	计划/計劃	N / V	plan, program; to plan	L.33
jìjiào	计较/計較	V	to worry over, to fuss about; to argue, to dispute	L.40
jìjié	季节/季節	N	season (of the year)	L.39
jìniànpǐn	纪念品/紀念品	N	souvenir, memento	L.38
jìsuàn	计算/計算	V	to count, to calculate	L.31
jìnyíbù	进一步/進一步	Adv	further	L.32
jìrán	既然	Conj	since, now that	L.37
jì……yòu(yě)……	既……又(也)……	Conj	both … and…	L.33
jiākuài	加快	V	to accelerate, to speed up	L.33
jiāqiáng	加强	V	to strengthen, to intensify, to consolidate, to enhance	L.40
jiāshēn	加深	V	to deepen (literally or figuratively), to give more depth to	L.40
jià	驾/駕	V	to drive, to operate (a vehicle), to harness (an animal)	L.36
jiàzhí	价值/價值	N	value, worth	L.37
jiǎndān	简单/簡單	Adj	simple, easy, uncomplicated	L.34
jiǎn féi	减肥	VO	to lose weight	L.33
jiǎnhuà	简化/簡化	V	to simplify	L.34

jiǎnjiè	简介/簡介	N	brief introduction, synopsis	L.35
jiǎnlì	简历/簡歷	N	resume, curriculum vitae	L.39
jiàn	剑/劍	N	sword	L.34
jiànbié	鉴别/鑑別	V	to identify, to distinguish	L.38
jiàndìng	鉴定/鑑定	V / N	identify, appraise; evaluation (in judging a person's good and bad points) ("鉴定室 jiàndìngshì" appraisal office)	L.38
jiànshēncāo	健身操	N	fitness exercises, calisth.enics	L.33
jiànshēnfáng	健身房	N	fitness center, exercise center	L.33
jiànshēnkǎ	健身卡	N	fitness card	L.33
jiànyì	建议/建議	V / N	to propose, to suggest; proposal, suggestion	L.31
jiànzhù	建筑/建築	V / N	to construct, to build; building, architecture	L.36
jiǎng	讲/講	V	to speak, to talk about, to lecture	L.33
jiǎng	奖/獎	N	award, reward, praise, prize	L.39
jiāohuàn	交换	V	to exchange, to swap	L.36
jiāo péngyou	交朋友	VO	to make friends, to become friends	L.33
jiāoxiǎngyuè	交响乐/交響樂	N	symphony	L.32
jiàotáng	教堂	N	church, chapel, cathedral	L.36
jiēdài	接待	V	to receive, to host, to welcome	L.35
jiētī	接听/接聽	V	answer (a phone cell)	L.31
jiējí	阶级/階級	N	(social) class	L.37
jiēsòng	接送	V	to welcome and see off, to pick up and send	L.35
jié zhàng	结账/結賬	VO	to settle accounts	L.39
jiějué	解决	V	to (re)solve, to settle, to overcome	L.40
jièshào	介绍/介紹	V	to introduce, to recommend, to suggest	L.35
jǐnzhāng	紧张/緊張	Adj	anxious, nervous, tense; in short supply	L.36
jìnyíbù	进一步/進一步	Adv	further	L.32
jīngjì	经济/經濟	N / Adj	economy, financial condition (of family, country, etc.); economical, thrifty	L.38
Jīngjù	京剧/京劇	PropN	Beijing Opera	L.32
jīngyàn	经验/經驗	N	experience	L.40

jǐngdiǎn	景点/景點	N	scenic spot		L.35
jǐngtàilán	景泰蓝/景泰藍	N	cloisonne		L.38
jìngjì	竞技/競技	V	to do physical competition		L.34
jìngzhēng	竞争/競爭	V	to compete, to contend, to vie		L.40
Jiǔzhàigōu	九寨沟/九寨溝	PropN	Jiuzhaigou ("Valley of the Nine Villages", name of a scenic area in northern Sichuan)		L.35
jūzhù	居住	V	to live, to dwell, to reside		L.35
jùjué	拒绝/拒絕	V	to refuse, to reject		L.32
jùliè	剧烈/劇烈	Adj	strenuous, fierce, violent, acute		L.34
jùyǒu	具有	V	to have, to possess (abstract things)		L.38
juéshìyuè	爵士乐/爵士樂	N	jazz, jazz music		L.32
juéxīn	决心	V / N	to makes up one's mind; resolution, determination		L.40

K

kǎzhǐ	卡纸/卡紙	N	cardboard	L.39
kāifàng	开放/開放	V	to open to the world, to lift (a ban)	L.37
kāi kè	开课/開課	VO	to give a course; to teach a subject	L.34
kāi zhāng	开张/開張	VO	to start, to do the first transaction of the day, to open a business	L.38
Kǎisèlín	凯瑟琳/凱瑟琳	PropN	Catherine (a person's name)	L.34
kǎn	砍	V	to cut (e.g. funding) ("砍价 kǎn jià", cut the price, bargain), cut out (e.g. a paragraph)	L.37
kàn shàng	看上	V	to take a fancy to, to have a liking for	L.32
kàn xì	看戏/看戲	VO	to see a play	L.32
kàn zhòng	看中	V	to find exactly what one likes, to take a fancy to	L.37
Kānglèyuán	康乐园/康樂園	PropN	name of a place (literally: "Health and Happiness Garden")	L.34
kǎolǜ	考虑/考慮	V	to consider, to think over	L.35
kǎoyā	烤鸭/烤鴨	N	roast duck	L.38
kěnéngxìng	可能性	N	possibility, potentiality	L.32
kěwèi	可谓/可謂	V	one may well say, (it) may be said to be	L.36

kěyǐ shuō	可以说/可以說	Phr	it can be said that ..., we can say that...	L.36
kèchéng	课程/課程	N	course, curriculum	L.39
Kèlíndùn	克林顿/克林頓	PropN	Clinton	L.38
kòngxián	空闲/空閒	Adj / N	idle, free, leisure; idle or free time, leisure time	L.35
kuā	夸/誇	V	to praise	L.32
kuò	扩/擴	V	to expand, to enlarge, to extend	L.33
kuàilè	快乐/快樂	Adj	happy, joyful	L.32
kuàisù	快速	Attr	fast, high-speed	L.32
kuājiǎng	夸奖/誇獎	V	to praise, to commend	L.32

L

la	啦	Part	a fusion of "了 le" and "啊 a"	L.32
làrǎn	蜡染/蠟染	N	wax printing, batik	L.38
lǎobǎn	老板/老闆	N	proprietor, boss	L.39
lǎowài	老外	N	foreigner, outsider	L.38
lǐxiǎng	理想	Adj / N	be ideal, perfect; an ideal	L.39
lìhai	厉害/厲害	Adj	intense, severe, strong, terribly, extremely	L.33
Lìjiāng	丽江/麗江	PropN	Lijiang (an ancient city in Yunnan province)	L.36
lìliang	力量	N	strength, force, power	L.33
lìyòng	利用	V	to use, to utilize, to make use of	L.36
liánluò	联络/聯絡	V	to contact, to get in touch	L.31
liánluò lǎoshī	联络老师/聯絡老師	N	contact teacher	L.31
liàn	练/練	V	to train, to practice	L.33
liàn'ài	恋爱/戀愛	N / V	romantic attachment; to be in love	L.32
liètóu	猎头/獵頭	N	head hunting (agency); head hunter	L.40
Línkěn	林肯	PropN	(a person's name)	L.31
liúlǎn	浏览/瀏覽	V	to browse (on the web); to glance over	L.33

liúliàng	流量	N	rate of flow, capcity, date [usage] (telecommunications)	L.31
liúpài	流派	N	school, genre (of sports, art, thought, literature, etc.)	L.34
liúshuǐ zuòyè	流水作业/流水作業	N	assembly line production, the conveyer system of production	L.37
liúxíng	流行	Adj	popular, fashionable	L.32
Lù Kèwén	陆克文/陸克文	PropN	(a person's name)	L.32
lǚxíngshè	旅行社	N	travel agency	L.32
lǚyóu	旅游/旅遊	N/V	tourism, travel; to tour	L.32
lǚyóuchē	旅游车/旅遊車	N	tour bus or van	L.40
lǚyóutuán	旅游团/旅遊團	N	tour group, party of tourists	L.35
lǜ	率	N	rate, ratio, proportion	L.32
lǜshī	律师/律師	N	lawyer, attorney	L.40

M

méi miànzi	没面子	VO	to lose face	L.32
měilì	美丽/美麗	Adj	beautiful	L.36
měishù	美术/美術	N	the fine arts; drawing, painting	L.37
ménpiào	门票/門票	N	admission ticket	L.35
mínjiān	民间/民間	N	folk, popular, non-governmental (trade, etc.); among the people	L.38
mínzú	民族	N	nation, nationality, ethnic group	L.32
Míngcháo	明朝	PropN	the Ming Dynasty (1368–1644)	L.38
míngpiàn	名片	N	calling card, business card	L.39
míngshēng	名声/名聲	N	reputation, renown ("名声在外 míngshēng zài wài" widely known)	L.39
mó	磨	V	to grind, to polish	L.40
mǔyǔ	母语/母語	N	mother tongue, native language	L.40
mǔzhǐ	拇指	N	the thumb	L.32

N

nánrén	男人	N	man	L.33
nénglì	能力	N	ability, capability	L.32
niándài	年代	N	age, era, decade of a century (as in "八十年代 bāshí niándài", the eighties)	L.38
niàn	念	V	to think of, to miss	L.32
nìngkě	宁可/寧可	Conj	rather, would rather, better to	L.33

O

Ōuzhōu	欧洲/歐洲	PropN	Europe	L.37
ǒurán	偶然	Adj / Adv	accidental, fortuitous; by chance, accidentally, occasionally	L.31

P

pá shān	爬山	VO	to climb mountains, to hike	L.33
Pānjiāyuán	潘家园/潘家園	PropN	Panjiayuan (a place in Beijing, known for its large market selling antiques and curios)	L.38
pàng	胖	Adj	fat, stout	L.33
pǎo bù	跑步	VO	to run, to jog	L.33
pǎobùjī	跑步机/跑步機	N	treadmill	L.33
pèi	配	V	to match, to join in (marriage), to mix (colors, medicine, etc.)	L.35
péng	棚	N	shed, awning, canopy (of bamboo, reed mats, etc.) (cf. "棚区 péngqū" shed area)	L.38
pīfā	批发/批發	V	to sell wholesale	L.40
pīliàng	批量	N	batch (production, process)	L.37
pīzhǔn	批准/批準	V	to approve, to sanction, to ratify	L.31
pīpī-pāpā	噼噼啪啪	Onom	popping or clicking sound	L.39
píyǐng	皮影	N	shadow puppet	L.38
pǐnpáidiàn	品牌店	N	famous-brand store	L.31
píngfāng	平方	N	square (in measuring area)	L.37

píngfāng gōnglǐ	平方公里	Meas	square kilometer	L.37
Píngguǒ	苹果	PropN	Apple (American cellphone company)	L.31
píngjūn	平均	V	to average; on average	L.37

Q

qí	骑/騎	V	to ride astride (a bicycle, a horse, etc.)	L.33
qíjì	奇迹/奇蹟	N	miracle, wonder, marvel	L.37
qíyú	其余/其餘	Pron	the rest, the remaining, the others	L.39
qǐpàn	企盼	V	to hope for, to long for	L.40
qǐyè	企业/企業	N	business, enterprise, industry	L.40
qiānjīn	千金	N	a thousand gold pieces, great deal of money	L.38
qiánbì	钱币/錢幣	N	money (usually refers to coins)	L.38
qiángzhì	强制	V	to coerce, to force	L.35
qiángzhuàng	强壮/强壯	Adj	strong, sturdy	L.33
qiáo	桥/橋	N	bridge	L.38
qīn'ài de	亲爱的/親愛的	Attr-Part	dear	L.32
Qīngcháo	清朝	PropN	the Qing Dynasty (1644–1911)	L.38
Qīnghuá Dàxué	清华大学/清華大學	PropN	Tsinghua University (established in 1911 in Beijing)	L.38
qīngtóngqì	青铜器/青銅器	N	bronzeware, bronze vessel	L.38
qiúzhí	求职/求職	V	to seek employment, to apply for a job	L.39
qúdào	渠道	N	medium of communication, channel of communication; ditch, canal, channel	L.40
quān	圈	N / V	circle, ring; to encircle, to enclose	L.40
quánguó	全国/全國	N / Attr	the whole country; nationwide, national	L.38
Quánqiútōng	全球通	PropN	"GoTone" Card (China Mobile)	L.31
quánxīn-quányì	全心全意	Phr	with all one's heart and all one's soul, wholeheartedly	L.40
quēshǎo	缺少	V	to be short of, to lack	L.34

R

rèmén	热门/熱門	Adj	a hot (show, etc.), sth. that is in great demand	L.40
rèqíng	热情/熱情	N / Adj	warm feelings, warmth, enthusiasm; warm	L.37
rè shēn	热身/熱身	VO	to warm up	L.33
réncái	人才	N	talented person, (qualified) personnel, genius	L.40
rénshān-rénhǎi	人山人海	Phr	"mountains and seas of people", i.e. a huge crowd of people	L.38
rén shēng dì bù shú	人生地不熟	Expr	a stranger in a strange land, not familiar with people or place	L.35
rúhé	如何	IntPron	how, in what way, by what means	L.40
ruǎnjiàn	软件/軟件	N	software	L.39
ruò	弱	Adj	weak	L.34

S

sān-dà	三大	N	"three majors"	L.31
Sānxiá	三峡/三峽	PropN	the Three Gorges (of the Yangtze River, on the border of Sichuan and Hubei)	L.35
Sānxīng	三星	PropN	Samsun (Korean cellphone company)	L.31
shā dú	杀毒/殺毒	VO	to kill a virus	L.39
Shāndōng(shěng)	山东(省)/山東(省)	PropN	Shandong (province)	L.38
shànyú	善于/善於	V	to be good at, to be skilled in	L.40
shāngjiè	商界	N	the business world, business circles	L.40
shāngmào	商贸/商貿	N	trade and commerce	L.40
shāngpǐn	商品	N	commodity, merchandise, goods	L.37
shāngyè	商业/商業	N	business, commerce	L.40
shāngyè zhōngxīn	商业中心/商業中心	N	commercial center, business center	L.40
shàngbǎi	上百	Phr	up to a hundred	L.39
shàngwǎng	上网	VO	to surf the Internet	L.31
shàngzhǎng	上涨/上漲	V	to rise (prices, flood waters, etc.)	L.33
shāo	稍	Adv	a little, slightly	L.35

词汇表 Vocabulary

Shékǒu	蛇口	PropN	the Shenzhen Industrial Zone in Shenzhen, where many foreign businesses and companies are located	L.40
shè	设/設	V	to establish, to set up	L.38
shèjì	设计/設計	V	to design, to devise, to plan, to lay out	L.39
shēn	深	Adj	deep	L.40
shēntǐ	身体/身體	N	the body	L.33
shēnzhǎn	伸展	V	to stretch	L.33
Shénnóngjià	神农架/神農架	PropN	Shennongjia (scenic area in Hubei province)	L.35
shēng bìng	生病	VO	to be sick, to fall ill	L.34
shēngchǎn	生产/生産	V	to produce, to manufacture, to make, to give birth to	L.37
shēngyì	生意	N	trade, business	L.33
shěng-shì	省市	N	provinces and cities	L.38
shèngrèn	胜任/勝任	V	to be competent, to qualified (for the position)	L.40
Shèng·Suǒfēiyà	圣·索菲亚/聖·索菲亞	PropN	St.Sophia	L.36
shī	师/師	N	teacher, master	L.32
shīfàn dàxué	师范大学/師範大學	Phr	a teachers' university, normal university ("华东师范大学/華東師範大學 Huádōng Shīfàn Dàxué" Eastern China Normal University, in Shanghai)	L.32
shímíng	实名/實名	N	real name (in registration system)	L.31
shǐyòng	使用	V	to utilize, to make use of	L.32
shìfǒu	是否	Adv	whether or not	L.40
shìhé	适合/適合	V	to fit, to suit	L.31
shìnèi	室内	PW	indoors, interior	L.33
shìnèi	市内	N	within the city, local	L.31
shìnèi diànhuà	市内电话/市内電話	N	a local (phone) call	L.31
shìpín	视频/視頻	N	video	L.34
shìtàn	试探/試探	V	to probe, to sound out	L.32
shìwài	室外	PW	outdoors, outside	L.33

Pinyin	Chinese	POS	English	Lesson
shōucángpǐn	收藏品	N	collector's items, holdings (items in a collection, e.g. in a museum)	L.38
shōují	收集	V	to collect, to gather	L.40
shǒuhuì	手绘/手繪	V	hand-painted	L.37
shǒujīkǎ	手机卡	N	SIM card, cellphone card	L.31
shòu	受	V	to receive, to accept, to bear, to endure	L.36
shòujià	售价/售價	N	selling price	L.37
shúliàn	熟练/熟練	Adj	skilled, accomplished	L.37
shǔqībān	暑期班	N	summer class, summer school	L.38
shuāngmiàn	双面/雙面	Attr	two-sided, reversible	L.39
shuǐhuò	水货/水貨	N	goods smuggled in (by water), and by implication, cut-rate but unreliable	L.31
shuǐpíng	水平	N	level, proficiency (in a skill)	L.31
shuǐtǔ bùfú	水土不服	Phr	not acclimatized	L.34
shuǐxiāng	水乡/水鄉	N	water village	L.36
shuòshì	硕士/碩士	N	Master's degree, master	L.39
Sōuhú	搜狐	N	Sohu	L.33
sōuxún	搜寻/搜尋	V	to search for, to seek after, to look for	L.40
Sūzhōu	苏州/蘇州	PropN	Suzhou (city in Jiangsu province)	L.35
sùdù	速度	N	speed	L.31
sùliào	塑料	N	plastic(s)	L.38
suàn le	算了	Phr	skip it, forget about it.	L.32
suíshí-suídì	随时随地/隨時隨地	Adv	anytime and anywhere, as occasion demands	L.31
suízhe	随着/隨著	Conj	along with, in conjunction with, accordingly, as	L.36
suōyǐng	缩影/缩影	N	miniature, microcosm, epitome	L.37

T

Pinyin	Chinese	POS	English	Lesson
tā	它	Pron	it	L.40
tàijí	太极/太極	N	Taiji, the name of a traditional exercise; the Supreme Ultimate (in Chinese cosmology)	L.34

tàijíquán	太极拳/太極拳	N	Taiji quan (shadow boxing)	L.34
tàijí tuīshǒu	太极推手/太極推手	N	"hand-pushing", a form of Taijiquan	L.34
tàisè	钛色/鈦色	N	titanium color, silver color	L.31
tān	摊/攤	V / N	to spread out, to unfold; stall, booth	L.38
tānwèi	摊位/攤位	N	stall, stand (e.g. selling food items)	L.38
tán liàn'ài	谈恋爱/談戀愛	VO	to date, to court (a person)	L.32
tánqíng-shuō'ài	谈情说爱/談情說愛	Phr	to court, to bill and coo	L.32
táo	淘	V	to wash or rinse (in a basket or pan), to dredge	L.38
táocí	陶瓷	N	ceramics	L.38
táo kè	逃课/逃課	VO	to cut class, to skip school, to play hooky	L.36
tǎolùn	讨论/討論	V / N	to discuss, to talk over; discussion	L.37
tàocān	套餐	N	set menu (restaurant); bundle, plan (telecommunications)	L.31
tèqū	特区/特區	N	special economic zone, special zone	L.40
tèsè	特色	N	(special) characteristic, distinctive feature or quality	L.36
tèsè cài	特色菜	N	special (regional) dishes	L.36
tècháng	特长/特長	N	special skill, strong point, specialty	L.39
Téngxùn	腾讯/騰訊	PropN	Tencent (http://www.tencent.com.cn)	L.33
tī	踢	V	to kick	L.34
tiàozao	跳蚤	N	flea	L.38
tiàozao shìchǎng	跳蚤市场/跳蚤市場	N	flea market	L.38
tiěchǔ	铁杵/鐵杵	N	iron rod	L.40
tǐng	挺	Adv / Adj	very, quite; straight	L.38
tóngxìn	通信	VO	to communicate	L.31
tóngxíng	同行	V	to go together, to accompany	L.36
tòumíng	透明	Adj	transparent	L.39
tǔtèchǎn	土特产/土特產	N	local specialty products	L.35
tuán	团/團	BF (N)	group, organization, league	L.35

tuántǐ	团体/團体	N	team, group	L.35
tuīlái tuīqu	推来推去/推來推去	Phr	push (one another) around	L.34
tuǐbù	腿部	N	leg	L.33
tuì piào	退票	VO	to return a ticket	L.35

W

wā	哇	Intj	wow	L.36
wàilái	外来/外來	Attr	from outside, foreign	L.34
wánquán	完全	Adj / Adv	complete, whole, full; completely, entirely	L.35
wǎngqiú	网球/網球	N	tennis; tennis ball	L.34
wánquán	完全	Adj / Adv	complete, whole, full; completely, entirely	L.35
wèideshì	为的是/爲的是	Prep	for the sake of, with a view to, because	L.33
wéiyī	唯一	Attr	sole, only, unique	L.40
wénjiàn	文件	N	paper, document	L.39
wōjū	蜗居	N / V	humble dwelling (house the size of a snail shell), and by extension "one's room"; to be stuck in one's room; not to have a life	L.33
Wūzhèn	乌镇/烏鎮	PropN	Wuzhen (a historical town in Jiangsu province)	L.36
wú	无/無	BF	not have, not exist	L.33
wú	吾	Pron	I, we (in classical Chinese)	L.32
Wú shì	吴式	PropN	Wú's style of Taijiquan	L.34
Wú Tónglǐ	吴同礼/吴同禮	PropN	(a person's name)	L.32
wú xiàn	无线/無線	Adj	wireless	L.31
wǔhuā-bāmén	五花八门/五花八門	Phr	all sorts of, a wide variety of, multifarious, kaleidoscopic, miscellaneous, various	L.40
Wǔ shì	武式	PropN	Wǔ's style of Taijiquan	L.34
wǔshù	武术/武術	N	martial arts	L.34
wùjià	物价/物價	N	(commodity) prices	L.33
wùhuì	误会/誤會	V / N	to misunderstand; misunderstanding	L.32

Xīhú	西湖	PropN	the West Lake (in Hangzhou)	L.36
xīhuà	西化	V	to westernize	L.32
Xīlālǐ	希拉里	PropN	Hillary = Hillary Clinton	L.38
xīyǐn	吸引	V	to attract, to draw	L.38
Xīzàng	西藏	PropN	Tibet	L.38
xíguàn	习惯/習慣	N/V	custom, habit; to be accustomed to, to have the habit of	L.35
xiāngdāng yú	相当于/相當於	Phr	to be equivalent to	L.37
Xiānggǎng	香港	PropN	Hong Kong	L.40
xiāng jiéhé	相结合/相結合	V	to combine with, to integrate with	L.33
xiángxì	详细/詳細	Adj	detailed, thorough	L.35
xiǎngniàn	想念	V	to miss	L.32
xiàngdǎo	向导/嚮導	V/N	to guide, to lead, to act as a guide; a guide	L.38
xiàngrìkuí	向日葵	N	sunflower	L.37
xiāoshòu	销售/銷售	V	to sell, to market	L.40
xiǎojiàn	小件	N	small items	L.38
Xiǎomǐ	小米	PropN	Xiaomi (Chinese cellphone company)	L.31
xiǎoqū	小区/小區	N	residential compound, neighborhood	L.33
xiǎoxīn	小心	V	to be careful, to be cautious, to watch out	L.38
xīnrán	欣然	Adj	joyful	L.37
Xīnlàng	新浪	PropN	Sina (http://sina.com.cn)	L.33
xīnshui	薪水	N	salary	L.40
xìnhào	信号/信號	N	signal	L.31
xìnwù	信物	N	keepsake, token (of trust)	L.38
xíngchéng	形成	V	to form, to shape, to develop	L.37
xíngchéng	行程	N	itinerary, travel itinerary, trip	L.36
xìngbié	性别	N	sex, gender, sexual distinction (male or female)	L.39

xìngmíng	姓名	N	full name, surname and given name (e.g. on forms)	L.39
xìngqù	兴趣/興趣	N	interest	L.31
xiōng	胸	N	chest, thorax	L.33
xuǎnxiū	选修/選修	V	to take an elective course	L.40
xuǎnzé	选择/選擇	V	to choose, to select	L.39
xuéfèi	学费/學費	N	tuition	L.34
xuélì	学历/學歷	N	educational record, educational background	L.39
xuéshēngzhèng	学生证/學生證	N	student ID	L.36
xuěshān	雪山	N	snow-covered mountain	L.36

yālì	压力/壓力	N	pressure	L.40
yǎlíng	哑铃/啞鈴	N	dumbbell (exercise equipment)	L.33
yǎnlì	眼力	N	power of discrimination, taste, judgment; eyesight	L.38
yǎnxià	眼下	N	at present	L.39
Yáng shì	杨式/楊式	PropN	Yang's style of Taijiquan	L.34
yàngbǎn	样板/樣板	N	sample plate, template, model, example	L.39
yàngběn	样本/樣本	N	sample book, (printing) sample, specimen	L.39
yěxǔ	也许/也許	Adv	perhaps, maybe, possibly	L.32
yèwù	业务/業務	N	business, service	L.31
yèyú	业余/業餘	Attr	spare time, after hours; amateur	L.39
yīlái……èrlái……	一来……二来……/一來……二來……		first…second…	L.31
yídòng	移动/移動	V	to move, to shift	L.31
yídòng diànhuà	移动电话/移動電話	Phr	mobile phone, cellular phone	L.31
yímiàn……yímiàn……	一面……一面……		while, at the same time (indicating two simultaneous actions)	L.39
yíqiè	一切	Pron	all, everything, the entire matter	L.36
yǐbiàn	以便	Conj	in order to, so that, with the aim of	L.40

yǐjí	以及	Conj	and	L.31
yǐnèi	以内	Suf	within, less than	L.40
Yìdàlì	意大利/義大利	PropN	Italy	L.36
yìjǔ-liǎngdé	一举两得/一舉兩得	Phr	"one-move-double-gain", to kill two birds with one stone	L.34
yìshù	艺术/藝術	N / Adj	art (literature, dance, singing); conforming to good taste	L.37
yìshùpǐn	艺术品/藝術品	N	art object, work of art	L.38
yìzú	一族	N	a certain kind of people	L.32
yīnyuè	音乐/音樂	N	music	L.32
yīnyuèhuì	音乐会/音樂會	N	concert	L.32
yínsè	银色/銀色	N	silver color	L.31
yǐnshí	饮食/飲食	N	food and drink, diet	L.35
yìnshuāpǐn	印刷品	N	printed matter	L.37
yīngcái	英才	N	person of outstanding talent	L.40
Yīngyǔjiǎo	英语角/英語角	N	English (language) corner	L.34
yíngxiāo	营销/營銷	V	to sell, to market	L.40
yíngyètīng	营业厅/營業廳	N	business office	L.31
yǐngxiǎng	影响/影響	V / N	to influence, to impact; influence, impact	L.36
yǒngyuǎn	永远/永遠	Adv	forever, always	L.32
yòng cān	用餐	VO	to dine, to have a meal	L.35
yōudiǎn	优点/優點	N	merit, advantaqe	L.31
yōujiǔ	悠久	Adj	long (in time), long ago, age-old	L.38
yōupán	优盘/優盤	N	USB flash drive	L.39
yóu	游/遊	V	to travel, to tour	L.35
yóuhuà	油画/油畫	N	oil painting	L.37
yóukè	游客/遊客	N	tourist, sightseer, visitor	L.35
yóulǎn	游览/遊覽	V	to sight-see, to tour	L.35
yóuxì	游戏/遊戲	V / N	to play; game, recreation	L.33

yóu yǒng	游泳	VO	to swim	L.33
yǒuchéng	有成	V	to succeed (literary)	L.32
yǒumíng	有名	Adj	famous, celebrated, well-known	L.37
yǒuxiàn	有限	Adj	limited, finite	L.37
yǒu xuéwèn	有学问/有學問	VO	to be knowledgable, to be learned	L.32
yǒuyǎng yùndòng	有氧运动/有氧運動	N	aerobics (oxygenating exercise)	L.33
yúcūn	渔村/漁村	N	fishing village	L.37
yújiā	瑜伽	N	Yoga	L.34
yújiāfú	瑜伽服	N	Yoga outfit	L.34
yǔqí	与其/與其	Conj	rather than, better than	L.35
yùdiāo	玉雕	N	jade carving (as an art form)	L.38
yùqì	玉器	N	jadeware	L.38
yuánchuàng	原创/原創	N	original (work, research, etc.)	L.37
Yuánjiājiè	袁家界	PropN	Yuanjiajie (scenic area in Hunan province)	L.35
yuánlín	园林/園林	N	garden, park	L.36
yuēshù	约束/約束	V	to restrain, to bind	L.36
Yuèjù	越剧/越劇	PropN	Shaoxing Opera	L.32
yuèkǎ	月卡	N	monthly card	L.33
Yúnnán	云南/雲南	PropN	Yunnan (province)	L.36
yùndòng	运动/運動	N	sports, physical exercise	L.33
yùnqi	运气/運氣	N / Adj	fate, destiny; good luck, good fortune	L.38
yùnzuò	运作/運作	V	to operate, to run, to implement (of an organization, institution, economy, etc.)	L.40

Z

zájì	杂技/雜技	N	acrobatics	L.32
zàichǎng	在场/在場	V	to be present, to be on the scene	L.32
zánmen	咱们/咱們	Pron	we	L.36

zǎn(qián)	攒(钱)/攢(錢)	V	to save up (money), to assemble a sum of money)	L.36
zànzhù	赞助/贊助	V	to sponsor, to support, to assist	L.36
zēngqiáng	增强	V	to increase (in quantity), to strengthen, to reinforce	L.33
zháinán-zháinǚ	宅男宅女	N	a homebody; young men and women who like to stay at home and addicted to online games, manga, etc.	L.33
zhàn	占/佔	V	to occupy, to take by force; constitute	L.35
Zhāngjiājiè	张家界/張家界	PropN	Zhangjiajie (scenic area in Hunan)	L.35
zhāopìn	招聘	V	to advertise job vacancies, to invite job applications	L.40
zhāopìn	兆	Attr	MB	L.31
Zhào	浙江	PropN	Zhejiang (province)	L.36
Zhèjiāng Dàxué	浙江大学/浙江大學	PropN	Zhejiang University (in Hangzhou)	L.36
zhēn	针/針	N	needle, sth. resembling a needle; acupuncture	L.40
zhēnpǐn	真品	N	the original, the real one	L.38
zhēngpìn	征聘/徵聘	V	to advertise, to post a job vacancy (usually for a teacher or professional)	L.31
zhèng	挣/掙	V	to earn, to make (money, by one's labour)	L.33
zhèngfǎn	正反	N	front and back, positive and negative	L.39
zhèngmiàn	正面	N	front, right side; positive (example, etc.)	L.39
zhīlèi	之类/之類	Suf	things like, and the like, and so on	L.38
zhīshi	知识/知識	N	knowledge	L.40
zhǐyào	只要	Conj	so long as, provided that (often used with "就 jiù" or "便 biàn")	L.40
Zhǐyào gōngfu shēn, tiěchǔ mó chéng zhēn	只要功夫深,铁杵磨成针/只要功夫深,鐵杵磨成針		Saying "If one perseveres long enough, one can grind an iron rod down to a needle", i.e. persistence leads to success	L.40
zhìnéng	智能	Adj	intelligent, smart	L.31
zhìnéng shǒujī	智能手机/智能手機	Phr	smart phone	L.31
zhōngchǎn jiējí	中产阶级/中產階級	N	middle class	L.37

Pinyin	简体/繁體	Type	English	Lesson
Zhōngguó Diànxìn	中国电信/中國電信	PropN	China Telecom	L.31
Zhōngguó Liántōng	中国联通/中國聯通	PropN	China Unicom	L.31
Zhōngguó Yídòng	中国移动/中國移動	PropN	China Mobile	L.31
Zhōngshān Dàxué	中山大学/中山大學	PropN	Zhongshan University in Guangzhou (short form: 中大 Zhōng Dà)	L.34
zhōngyāng	中央	N	central, central authorities	L.34
Zhōngyāng Diànshìtái	中央电视台/中央電視臺	PropN	China Central TV (CCTV)	L.34
zhòng	重	Adj	heavy, considerable (in amount or value)	L.38
Zhōuzhuāng	周庄/周莊	PropN	Zhouzhuang (a town near Shanghai in Jiangsu province which has preserved its canals)	L.36
zhǔbō	主播	N	anchor (at radio or TV station)	L.40
zhǔguǎn	主管	N	person in charge of, administrator, manager	L.40
zhǔjiào	主叫	N	cauing dialing	L.31
zhǔyào	主要	Adj	main, major, essential, primary	L.31
zhùcè	注册	V	to register, to enroll	L.31
zhùjiào	助教	N	teaching assistant	L.32
zhùmíng	著名	Adj	famous, renowned, well-known	L.36
zhùsù	住宿	V	to get accommodation	L.35
zhùzhòng	注重	V	to emphasize, to stress, to attach importance to	L.40
zhuānmén	专门/專門	Adj / Adv	special, specialized; specially	L.35
zhuānxiū	专修/專修	V	to specialize in (a field of study)	L.40
zhuǎnhuàn	转换/轉換	V	to change, to switch, to transform (of direction, topic, etc.)	L.37
zhuànzhuan	转转/轉轉	V	to take a short walk, to go for a stroll	L.37
zhuàn qián	赚钱/賺錢	VO	to make money, to run business at a profit	L.37
zhuàngguān	壮观/壯觀	Adj	magnificent, grand-looking	L.36
zhuànglì	壮丽/壯麗	Adj	grand-looking, magnificent, glorious	L.36
zhuī	追	V	to pursue, to chase after	L.32
zīliào	资料/資料	N	material; information, data	L.39

zìchuàng	自创/自創	V	to create by oneself	L.34
zìhuà	字画/字畫	N	calligraphy and drawing	L.38
zìjiàyóu	自驾游/自駕遊	V/N	to have a self-drive tour	L.36
zì shí qí lì	自食其力	V	to earn one's own living, to support oneself	L.31
zìxíngchē(dānchē)	自行车 (单车)/自行車 (單車)	N	bicycle	L.33
zìyóu	自由	N/Adj	freedom, liberty; be free, carefree	L.36
zìyóuxíng	自由行	V	to have a DIY tour, to make all your own arrangements in touring	L.36
zìyóu zìzài	自由自在	Phr	be free and unrestrained	L.36
zìyuàn	自愿/自願	V	to volunteer, of one's own free will	L.38
zìzhǔ	自主	V	to do on one's own initiative, to decide for oneself	L.35
zìzhù	自助	V	to help oneself	L.35
zìzhùyóu	自助游/自助遊	V	to have a DIY tour, choosing your own tour, seeing the sights on your own	L.36
zǒng'é	总额/總額	N	total, total amount	L.37
zǒngtǒng	总统/總統	N	the president, chief of state (of a republic)	L.38
zúqiú	足球	N	football, soccer; soccer ball	L.34
zuò	座	Meas/N	for fixed structures: buildings, mountains, bridges; seat, base	L.36
zuòpǐn	作品	N	literary or artistic work	L.37

Listening Scripts 录音文本 Lùyīn Wénběn

第三十一课 买手机

1. 欢迎光临大安电器城！今天是本商城开业五周年纪念日，为了感谢大家一直以来的支持，今天凡是购买苹果、三星以及华为手机的，价格在2000元以上的顾客，都享有八折优惠。大家快来购买吧！

2. Clerk：先生您好！请问您想买什么？
   Customer：你这儿有没有三星700型号的粉红色手机？
   Clerk：先生，您说的这款是中学女生喜欢的，中年人用这种比较可爱的手机不太适合吧。
   Customer：我不是自己用。我女儿下个星期过15岁生日，我打算买个手机给她当作生日礼物。
   Clerk：噢，是这样啊。那么这款手机正合适。请您看看，就是这个。

第三十二课 发微信

1. 王小姐：张经理，我很想知道这次您招聘办公室助理为什么没有选我。
   张经理：你的条件不错，但是我认为你不够认真。
   王小姐：您为什么这么说呢？我非常想在贵公司工作呀！
   张经理：你还记得我们培训的那三天里，你一直在玩手机吗？我认为你对这份工作根本没有兴趣。
   王小姐：实在对不起！那几天我男朋友开车发生了意外，住在医院里，我非常担心，所以一直在和他的父母、姐姐发信息，想了解他的情况。现在我知道了，以后遇到这种情况，一定会注意的。谢谢您告诉我没被选用的原因。

2. Male：小李，哎呀，真不好意思，来晚了！
   Female：你怎么现在才来？我都等了一个钟头了。你怎么不知道打个电话告诉我一声？
   Male：我一直都在给你打电话，你的手机一直都是无法接通啊。
   Female：是吗？啊，我想起来了，一定是手机里没有钱了，我还没有去充值呢。
   Male：等我们吃完饭以后我再陪你去买充值卡吧，现在我们都很饿了。
   Female：好的，我们先去吃午饭。

录音文本 Listening Scripts

第三十三课　健身房

1. Tutor：陈先生，我打算再教小东两次就不来了。

   Father：怎么回事？难道你觉得我给你的工资太低吗？我可以给你加工资啊。

   Tutor：陈先生，请您不要误会，这和工资的高低没有关系。主要的原因是我最近收到了了英国研究所的入学通知，下个月就要去英国留学了。

   Father：恭喜你啊！小东非常喜欢你这位家教，如果他知道你要走了，一定会很舍不得。

   Tutor：我会提前告诉小东的。我可以推荐一位朋友来做家教吗？他是我的室友，叫张洋。我可以先介绍你们认识，如果您觉得他不错，我走了以后可以请他来教小东。

   Father：好呀，你下星期找个时间带张洋来我们家一趟吧，我请你们吃顿饭。我想先认识认识张洋，让小东也先和他熟悉熟悉。

2. A：我最近办了一张海淀健身房的次卡，计划从下个星期开始，每个星期二、四、六去游泳，你觉得怎么样？你和我一块儿去好吗？

   B：我很喜欢运动，但是不会游泳。即使和你一起去健身房，也不能和你一起游泳。

   A：不会游泳不要紧，健身房里有跑步机、动感单车、登山机，你也可以在那儿跳有氧操。如果你想学游泳，我可以教你。

   B：你说得对，尽管我早就办了健身次卡，但是因为没有人和我一起去锻炼，我还没有用过那张卡呢。我们以后一起去吧，你游泳我骑单车。

   A：那太好了，下个星期二我来找你。

第三十四课　学太极

1. 小李，你好！我们的太极拳老师刚来电话说，他父亲生病了，明天一早得带他父亲去医院看病，所以我们明天早上就没有太极拳课了。不过我们几个同学还是想早上7点钟去大安公园练习练习，练完了一起去吃早饭，你要不要跟我们一起去？给我回个电话啊。再见！

2. 老师：小李，你注意到了没有，我们练太极拳的那个公园人越来越多，现在我们有四五十个学生，地方实在不够大。你说，我们是不是该换个地方？

   小李：我也注意到了，现在我们练习的时候总得和其他人抢地方，真是很不方便。

277

老师：你觉得公园附近的那个健身中心怎么样？

小李：那个健身中心好是好，但是你得有健身卡才进得去。有的学生可能没有办卡。

老师：我们明天和学生们商量一下这件事，听听他们的意见再决定吧。

小李：好，我们明天问问。

第三十五课　旅行社

1. 林先生您好，我是四海旅游社的小张，我们已经帮您买好了去张家界的往返机票了。您是七月六号从上海出发，七月十二号回来。票价一共是2000块钱，请您明天下午五点以前把费用给我们。您可以从网上银行直接转账给我们，也可以来我们在南京路的办公室当面交给我。如果有问题，请您打我的手机，142-3154-7382。再见！

2. 小李：张老师，我带的一般都是从国外来的旅游团。我这几天带你们这个学生团，没有安排任何的购物活动，所以我个人没有额外的收入，只能靠你们给的小费。这样吧，按照我们旅行社的规定，小费是一人一天5美元，你们一共20个人，一共四天，那就是400美元，换算成人民币，也就是两千多块，您给我两千块就行了。

   张老师：小李，这四天大家在一起都很愉快，上火车前，我本来打算给你一笔小费的。可是你说两千块钱，这可不在我的预算里。当初我和你们旅行社谈价钱的时候，可没有人告诉我要给这么高的小费啊。

   小李：导游带国外旅游团都是这个价，你要是不信的话，可以打电话问我们上海的旅游社，我说的是实话，没有骗你们。

   张老师：我现在手上只有一千两百块钱，只能给你这么多。这钱给了你，我在路上就只有一百块了。

   小李：一千两百块也行，不过，我会告诉我的旅游社，以后绝对不会再带你们这种团了。

   张老师：我以后也绝对不会再用你们旅游社了。

第三十六课　自由行

1. 小张：小李，我今年春节有十天假，你有空吗？我们一起去丽江旅游，好吗？

小李：去丽江旅游？好极了！我还没有去过云南。除了丽江，我们还能去昆明、大理、香格里拉走走。你是哪几天有假？

小张：我春节前三天和春节起一个星期有假，这段时间都可以。你呢？

小李：我可没有你那么有福气，除夕一天、春节一天加上春节后三天，一共就是五天的假。

小张：我们不去那么远的地方也行，去一趟香港三天就够了。怎么样？

小李：嗯，这主意不错。等我上网查查怎么去香港自助游。

小张：好啊，我等你的回信。

2. 路先生您好，我们现在有一张您想要的7月14号上午9点从上海飞成都的经济舱机票，票价稍微高了些，要两千块钱，没有优惠。如果您可以提前一天坐晚上9点的那班，我们这里另外有一张打七折的机票，票价是一千四百块钱，不过您得在今天下午四点前取票。如果您对这张票感兴趣的话，请听到这个电话录音后，给我们回个电话。再见！

第三十七课　大芬村

1. 马先生和朱先生两位都是画家，以下是他们的对话：

马：听说你下个月就要搬到深圳去了，打算在那儿做什么呢？

朱：是的，我在深圳有个老同学，四年前在那儿开了一个画室，专卖手绘古典油画的仿制品。他们的生意做得越来越大，正需要画家去帮忙，他请我去。

马：你是个原创画家，为什么愿意画仿制品呢？在北京，你有自己的画室和画廊，到了深圳你只是给老同学打工啊。你真愿意这么做吗？

朱：有自己的画室、画廊，能自己创作，当然是很好的事儿。但是卖原创作品的收入不固定。生意好的时候还行，可是有的时候生意不好，一个月连一张画也卖不出去，生活压力就挺大的。

马：你说的也不是没有道理。但是不能画自己想画的，只是模仿别人的画，对你这么一位画家来说，实在太可惜了。

朱：模仿别人的画虽然不是我的兴趣，但是是一份不错的工作，我就不用担心生活问题了。如果我真想创作，下了班回家，还是可以在家创作的。

2. 尼：请问您是王子杰先生吗？

　　王：我就是，请问您找我有什么事吗？

　　尼：是这样的，昨天我在广州青年画展看到了一幅您画的《广州的夏天》。这幅画非常有创意，我很喜欢。我不但想买下这幅画，还想批量生产。不知道您同不同意我们批量生产？

　　王：谢谢您喜欢我的画。这幅画我可以卖给您，这是我两年前花了一个夏天的时间画的。至于批量生产，我不太会同意。

　　尼：为什么？现在很多青年画家都希望自己的作品被批量生产，那样能赚很多的钱。

　　王：我想如果只是为了发财，我就不会选择当一个画家了。我认为艺术的伟大就在于能让艺术家自由地创作，每一个作品在世界上都是唯一的，我不能让我的作品像发广告一样那么廉价。

　　尼：虽然我不同意您的看法，但是我理解您，您不用现在就做出决定。请问您下星期一有时间吗？我想请您到我的办公室来参观参观。

　　王：这是我的荣幸。我下星期一正好有时间，我可以去您的办公室。

　　尼：好极了！这是我的名片，上头有我们公司的名称和地址，还有我的手机号码。我下星期一上午10点在办公室等您。

　　王：好的，我们下星期一10点见。

第三十八课　潘家园

1. 启功 (1912—2005) 是一位中国现代书法家，他写的字在艺术市场上能卖到很高的价钱，因此他的字有很多仿制品。如果你去北京潘家园的字画区就能看到不少启功的仿制字画，有的写得相当像，如果不是专家，看不出来是不是真的。据说启功自己也知道潘家园里有人卖他书法的仿制品。有朋友建议他告这些仿制的人和卖仿制品的人，他反而笑说："一幅字卖几十元，也许还不值这些钱，我何必让人没法儿生活呢？"常常有人拿字来请他鉴定是不是真是他写的，他说："写得好的就是假的，写得坏的就是真的。"说得大家都哈哈大笑。

2. 马克：小杨，今天星期六，你陪我去趟潘家园好吗？

　　小杨：上星期六我们不是才去的吗？你买了那么多的古画还不够吗？

马克：古画？就是那些画，我得回去找那家字画店老板，他骗了我。

小杨：潘家园里什么都有，你得会鉴定才行啊。

马克：哼，那家字画店老板说，他卖的画都是唐代的真品，每张画卖八百块，我买了四张，一共花了三千块钱。昨天我的同事说，四张画全是仿制品，我气坏了。

小杨：这有什么好生气的。难道你相信唐代的真画每张就值八百块钱吗？这种价钱就不是买真品的价钱。如果真是唐代的画，在市场上根本都买不到的。我看，你还是别花时间去潘家园找字画店老板吵架了。要是你今天一定要去潘家园，那你就自己去，我不陪了。要是你想去798艺术区看看，我可以陪你去。

马克：要是这样，我听你的吧，咱们去798艺术区看看，这次我绝不上当了。

第三十九课　复印

1. A：你看看我今天刚从复印店拿回来的名片，怎么样？

   B：哇，谁设计的？真漂亮！

   A：我请复印店老板设计的，他那儿有不少样本供人参考。我选了其中的一个样本，不过还请他修改了一下。

   B：嗯，不过我看到了一个不小的问题，他好像把你的名字印错了。

   A：哎呀，真糟糕，怎么把我的名字打错了！我印了三盒，一盒100张，看来全都没有用了。

   B：这是复印店的错，你应该可以请他们重印。

   A：我明天下午去找他们！

2. 小王：小张，我优盘里有一个文档，得赶在四点前把它发给李老师，可是我今天没有带笔记本电脑来学校，你可以借我用一下你的电脑吗？

   小张：我很怕别人的优盘插在我的电脑上。你记不记得上学期小李的优盘把大家的电脑都感染了病毒，修电脑就花了一个多星期。

   小王：你放心，我的优盘是新买的，不会有病毒的。

   小张：嗯，这很难说。我看，你还是去图书馆，用学校的电脑发吧。

   小王：那我去图书馆吧。

第四十课　求职

1. 小林你好，我是昨天上午跟你面谈的大中电子公司人事经理丁强。我们公司对你很有兴趣。我们想知道，明天中午十二点你有没有时间来龙凤大饭店三楼的贵宾间和我们吃个午饭。我们可以一面吃饭，一面谈一些具体的工作情况。请在今天下午五点以前给我打个电话或发个短信，告诉我明天能不能来。我的电话号码就在我给你的名片上，在这儿我就不再告诉你了。再见。

2. 张：Julie，今天你和美华电子公司的面谈怎么样？
　Julie：还行，不过他们问了我一个问题，我挺不高兴的。
　张：什么问题啊？
　Julie：他们问我计划几年以后结婚。我现在连个男朋友都没有，怎么知道几年以后结婚。也许一辈子也嫁不出去呢。
　张：这种问题实在太过分了。结不结婚和工作有什么关系啊！
　Julie：是啊，但是现在年轻女生出去找工作，公司好像特别爱问这种问题。我就不相信他们也问男生这个问题，真是重男轻女。难道女人结婚以后就不能好好儿干活儿了吗？
　张：你别生气。现在你不是正好没有男朋友吗，这对你可能是个好事呢。你就告诉他们实话，没有男朋友，短期之内也不考虑结婚。他们可能更喜欢聘用你这样的女生呢。
　Julie：呵呵，你也希望我找不到男朋友啊。